CHAKRAS

CHAKRAS

LOS SIETE PASOS
DE LA AUTOCURACIÓN
Y EL CRECIMIENTO PERSONAL

Dra. BRENDA DAVIES

ARKANO BOOKS

Título original: *The Rainbow Journey*

Traducción: Miguel Iribarren

Diseño de portada: Miguel Ángel Parreño

© 1998 by Dra. Brenda Davies
Publicado por acuerdo con Hodder and Stoughton Ltd.
Londres (Gran Bretaña)

La autora ha hecho grandes esfuerzos por localizar a todos los
propietarios de los derechos de autor. En los casos en que no lo ha
conseguido, pide disculpas y tratará de realizar el correspondiente
reconocimiento en futuras ediciones.

De la presente edición en castellano:
© Arkano Books, 1999
    Alquimia, 6
    28933 Móstoles (Madrid) - España
    Tels.: 91 614 53 46 - 91 614 58 49
    E-mail: alfaomega@sew.es - www.alfaomegadistribucion.com

Primera edición: noviembre de 2000

Depósito Legal: M. 28.917-2000
I.S.B.N.: 84-89897-36-0
Impreso en España por: Artes Gráficas COFÁS, S.A.

*Quiero dedicar
amorosamente este libro
a mi padre y a mi
madre, a mis hijos Keith
y Lesda, y a mi amor...*

AGRADECIMIENTOS

Resulta imposible nombrar una a una a todas las personas hacia las que me siento agradecida. Mis padres Hilda y Tom, me dieron la vida, me amaron y conformaron mi educación, estableciendo el rumbo que me ha llevado a escribir *Chakras*. Aunque mi padre ya no está en este mundo, doy gracias a los dos desde el fondo de mi corazón y les envío mi amor sin fin. Mis hijos, Keith y Lisa, han permanecido a mi lado en los momentos duros y quiero trasmitirles mi gratitud por su dolor, su paciencia, su amor y su apoyo. Han enriquecido mi vida de muchas maneras. Doy gracias amorosamente a mi mejor amiga, Vickie, que me ha amado, animado y ha actuado como comadrona en el nacimiento de este libro, ofreciéndome su constante apoyo y sustento. Su contagioso humor siempre me ha permitido reírme de mí misma y mantener una perspectiva pegada a la tierra.

Doy gracias a Claire Gillman, mi editora y ahora también amiga, que me ha enseñado a escribir, convirtiendo mis ampulosas notas en un texto legible. Su habilidad ha sido fuente de inspiración. Gracias también a Rowena Webb por su tolerancia y comprensión. Scott Hunt ha sido mi voluntarioso ayudante, siempre dispuesto a hacer lo que pudiera para compartir las cargas de la consulta y darme el espacio que necesitaba. También doy las gracias a Caroline Evans por retocar mis dibujos y a Rodney Paull por refinarlos; a Paulette Sharkey, que era mi sufriente secretaria al principio del proyecto, y a Melanie Marlowe, que pasó a máquina el manuscrito antes de que yo aprendiera a teclear. Nigel Shakespeare, mi secretario personal desde hace poco, siempre se ha mostrado dispuesto a apoyar mi trabajo. También hay muchas otras personas hacia las que siento agradecimiento, aunque son demasiado numerosas como para nombrarlas.

Quiero dar las gracias a mis profesores, y eso incluye a todos mis alumnos con los que, a la vez que enseñaba, aprendía algo. Doy las gracias a todos los que me han ayudado a curarme, y eso incluye a todos los que he tenido el privilegio de guiar a través de su propia curación. Doy las gracias a todos los que me han dado algo, y eso incluye a todos los que me han permitido dar. Y por las grandes lecciones que venían envueltas en dolor, y que en su momento no deseaba, doy también las gracias. Porque a menudo éstas han sido las lecciones que me han hecho avanzar más deprisa y las más esenciales para mi crecimiento. Doy gracias por el interminable amor que he sentido y por los cuidados que me han ofrecido tantas personas. Por la tolerancia y la indulgencia recibidas y por la maravilla de tener personas admirables acompañándome en mi camino. Están los que me han acompañado brevemente y los que han estado conmigo buena parte de esta vida terrenal y también en vidas anteriores. Están aquellos con los que la relación ha cambiado y queda una profunda amistad. No dudo que compartiremos otras vidas con otras apariencias.

Ofrezco mi amor sincero y doy gracias de todo corazón a todos aquellos que han sido el viento que empujaba mis alas.

BRENDA DAVIES
Octubre de 1997

SUMARIO

EL NACIMIENTO DE UN LIBRO

Chakras es hijo de una larga gestación; estuvo a punto de nacer muchas veces, pero después quedaba aparcado porque prefería dedicar el tiempo a mis pacientes. Finalmente, a finales del verano de 1996, caí enferma y eso me permitió escuchar los mensajes que había estado evitando durante mucho tiempo. Durante tres meses me aparté de la clínica y de mi tabajo como psiquiatra, y por fin nació *Chakras*. Al igual que en el caso de mis hijos biológicos, su nacimiento me ha dado una gran alegría y ha supuesto una importante piedra de toque en mi vida. En aquel momento no era consciente de que su nacimiento podría anunciar mi retirada parcial del trabajo clínico tal como lo había conocido. Creo que en cierto modo siempre había sabido que ocurriría así, aunque previamente no me había sentido preparada. Tal vez por eso dudé durante tanto tiempo.

Los eventos que se sucedieron en mi vida laboral poco después no estaban planeados y yo no me sentía preparada para afrontarlos. Sin embargo, creo firmemente que Dios —o el universo— siempre hace las cosas bien, y así fue también en esta ocasión.

En la primavera de 1996, después de un exilio de casi veinte años, volví a visitar mi amada Zambia donde viví y practiqué la medicina en la década de los setenta. Mientras escuchaba a un instructor dar su charla sobre las precauciones a tomar antes de emprender un viaje en canoa por el río Zambezi, me di cuenta que sus palabras eran toda una lección sobre la vida: «si os caéis del bote», dijo, «elevad vuestros pies, tumbaos y relajaos. Vuestro chaleco salvavidas sabe lo que hay que hacer. Dejad que el río os sostenga. No os ahoga-

réis». Estoy segura de que Dios me envió ese mensaje para confirmar
lo que siempre he enseñado, sabiendo que pronto tendría que recor-
dármelo a mí misma. El resultado de los diversos movimientos ocurridos después de este viaje fue más importante de lo que nunca habría podido prever. Se me recordó que debía hacer lo que enseñaba,
es decir, vivir en el presente, enviar amor y curación incondicionalmente allí donde fueran necesarios y dar gracias por las oportunidades creadas por lo inesperado.

Todo aquel período me demostró que yo también tengo que escuchar a mi voz interna a todos los niveles —cuerpo, emociones,
mente y espíritu— para ser fiel a mis valores, y que debo negarme a
hacer concesiones que me impidan ser quien soy.

Mi deseo de continuar trabajando como siempre lo había hecho
y con las personas, tanto empleados como pacientes, que amo y respeto, me había llevado a perder el horizonte de mi propio crecimiento y, por tanto, la oportunidad de modelar un estilo de vida más saludable. En cuanto recuperé mi propósito, el resto se hizo mucho más
fácil.

Aferrarnos a lo que creemos que queremos no siempre es la mejor idea. Cuando aceptamos lo que el universo nos ofrece en su gran
sabiduría, se amplían nuestros horizontes, lo que nos permite avanzar
por nuestro camino habiendo aprendido una lección más. La mayoría de los golpes y del dolor están causados por intentos de aferrarnos a lo que fue, porque no estamos dispuestos a soltar. Debemos
permitir que el río de la vida nos lleve a encontrar el lugar donde tenemos que estar.

Chakras ha sido mi propio viaje. Aunque recibí la bendición de
tener unos padres maravillosos y una buenas raíces que me han permitido mantenerme cerca de mi camino, siempre he tenido mis propios planes, que establecí mucho antes de esta encarnación y en los
que sigo trabajando. Cuando haya aprendido todo lo que tengo que
aprender, enseñado todo lo que tengo que enseñar, dado todo lo que
tengo que dar y recibido todo lo que tengo que recibir, mi viaje en
esta vida se habrá completado. Estaré preparada para dejar mi cuerpo y regresar al lugar de libertad del que procedo.

Puede que el viaje no sea siempre fácil, pero es interesante, y
cuanto más lejos vamos, más fácil se va haciendo, hasta que final-

mente podemos vivir en dos niveles a la vez, el humano y el espiritual. A medida que despejamos el camino vamos encontrando los dones más sorprendentes, que o bien no sabíamos que estaban allí porque permanecían enterrados bajo mucha basura, o simplemente no los sabíamos usar. Te aseguró que el viaje te llevará a otro lugar en el que aprenderás a comprenderte más a ti mismo y a juzgar menos a los demás. Es un lugar en el que la alegría se convierte en una residente permanente de tu vida y en el que el acceso a la fuerza más alta, sea cual sea el nombre que le des, es tan fácil como maravilloso. Tanto si estás trabajando activamente en ti mismo, como si aparentemente no estás haciendo nada, tu crecimiento continúa. Por tanto, ¿por qué no tratar de sacar el máximo partido de cada día? Este himno sánscrito resume la actitud justa y puede ayudarte a ponerte en camino:

> Mira a este día porque es la vida; lo mejor de la vida.
> En su breve curso residen todas las realidades y la verdad de la existencia:
> La alegría de crecer,
>> el esplendor de la acción
>>> la gloria del poder.
> Porque ayer sólo es un recuerdo,
> y mañana sólo es una visión,
> pero el hoy bien vivido hace que cada ayer sea un recuerdo feliz,
> y cada mañana una visión de esperanza.
> Por tanto, mira bien a este día.

Capítulo I

AUTODESCUBRIMIENTO

Mi práctica de la medicina ha ido cambiando a lo largo de los años. Llegué a ella relativamente tarde, después de haber trabajado como farmacéutica y de haber criado a mis dos hijos. Inicialmente trataba el cuerpo de mis pacientes; después me hice psiquiatra y trabajé fundamentalmente con sus mentes, y, además, también soy una sanadora espiritual.

Para evitar la mofa de mis colegas y la desaprobación del estamento médico en general, solía mantener separada de la medicina mi práctica de sanadora. Pero mi experiencia personal me ha hecho ver que la sanación espiritual es una herramienta esencial y eficaz para tratar a los pacientes, y, por decirlo así, a lo largo de los últimos diez años he ido saliendo de mi escondite. He combinado con éxito las tres disciplinas. Creo que para conseguir un estado saludable —y eso es a lo que me he comprometido— debemos tratar cuerpo, mente y espíritu.

La sanación nos ofrece, tanto a mí como a mis pacientes, una dimensión extra. El cuerpo no puede curarse mientras la mente esté inquieta, y la mente no puede estar bien si existe un torbellino emocional; además, nada puede ser pleno y total a menos que tengamos también en cuenta el espíritu. El planteamiento holístico no se limita a abolir los síntomas, que después de todo sólo son la manifestación externa de un dolor interno, sino que permite avanzar a lo largo de un amplio espectro de posibilidades. A veces resulta más difícil alcanzar resultados tangibles de este modo, pero la curación es más completa y la experiencia de aprendizaje de inmenso valor. En ocasiones, cuando los pacientes tienen que soportar dolor, el proceso es menos cómodo de lo que podría resultar empleando medicación; pero, si la sanación se realiza bien, no tendremos que volver a pasar otra vez por el mismo sitio.

La salud espiritual es nuestro estado natural y es un objetivo alcanzable por cada uno de nosotros. Nuestra tarea consiste en retirar el polvo que cubre y oscurece esa realidad en este momento. Tenemos dentro de nosotros todo lo necesario. Todos somos sabios y maravillosos, y la educación espiritual, como cualquier otra, sólo es un proceso de ir redescubriendo lo que ya sabemos. En cualquier caso, a veces nos da miedo tomar conciencia de que nada fuera de nosotros puede hacernos plenos y felices. Ya lo somos. La verdadera felicidad, alegría, paz y seguridad están dentro de todos nosotros. Basta con encontrarlas.

Tener a nuestro lado personas amorosas y de mentalidad similar resulta más satisfactorio, pero la fuerza, la gracia y el poder te pertenecen a ti y sólo a ti. Otorgar ese poder a cualquier otra persona, sea terapeuta, psiquiatra, amante, familiar o al estado, es minar tu valía espiritual. El verdadero amor fortalece a la persona amada y al mismo tiempo nos permite celebrar nuestro propio poder. Ten cuidado con los gurús que se niegan a compartir su conocimiento y por tanto no fortalecen a sus pupilos.

Nuevas perspectivas

Este libro sólo tendrá sentido si eres capaz de abandonar la manera de pensar rígida y restrictiva que a la mayoría se nos ha enseñado desde niños; te pide que reestructures las viejas ideas y abraces una nueva perspectiva. Se nos ha enseñado que cada cosa debe responder a una causa lógica, que para creer en la existencia de algo debemos pedir pruebas. Pero piensa, por ejemplo, en la existencia del arco iris. Siempre ha existido. Existía mucho antes de que lo comprendiéramos. No es necesario conocer cómo se forma para saber que está ahí. Y tampoco tiene que estar siempre presente para que sepamos que es real.

En el momento en que estuvimos preparados, pudimos probar cómo y por qué existe. Pudimos aprender que la luz puede dividirse en el espectro de colores y que el arco iris se forma dispersando esas frecuencias luminosas. Nuestro nuevo conocimiento nos ayuda a apreciar más el arco iris, pero eso no significa que fuera menos válido anteriormente porque no lo entendíamos del todo. El arco iris no esperó a existir hasta que el ser humano pudiera entenderlo. Algunos de los conceptos que expongo en este libro siguen la misma pauta.

Lo primero que quiero pedirte es que trates de pensar más lateralmente; que aceptes la posibilidad de que pueda haber más vida de lo que habías pensado hasta ahora. Generalmente se nos ha enseñado a concentrarnos y a pensar de manera ordenada, lo cual es esencial para hacer nuestro camino de vida. Sin embargo, lo que ahora te estoy sugiriendo es que aprendas a ver una porción mayor de la película de una vez. De momento tienes los ojos enfocados en las palabras de esta página. Miras con tus ojos las letras impresas, pero simultáneamente eres consciente del campo de visión periférica. Puedes aprender a observar todo ese campo de una vez suavizando el enfoque y dejando que penetre por tu ojo. Es casi como si invirtieras el proceso; en lugar de mirar hacia fuera, permites que el campo de visión fluya hacia ti. También hay otras experiencias que pueden intensificarse suavizando el enfoque y dejando que fluyan hacia ti.

El pensamiento lateral consiste en permitir que se introduzcan en tu mente otras posibilidades. Relájate y permite que fluyan pensamientos, conceptos y recuerdos. Lo que obtendrás será una visión de la realidad mucho más amplia que antes. Al principio no podrás mantener estos conceptos durante mucho tiempo. Tal vez descubras que las ideas se acercan flotando, pero, antes de poder cogerlas, ya han desaparecido. Esto puede producirte una sensación de frustración, pero también una curiosa sensación de excitación, porque sabes que ha ocurrido algo distinto, algo especial. El truco consiste en no tratar de captar ni de aferrarte a nada. Lo que viste, sentiste, o comprendiste momentáneamente volverá. Flotará de nuevo en tu conciencia con la misma delicada excitación. Cuando tengas la suficiente habilidad como para permitir que ocurra sin más, fluirá y te dará una nueva comprensión sin que tengas que hacer ningún esfuerzo por tu parte. Finalmente, los nuevos conceptos se presentarán como conocimientos plenamente formados que elevarán tu vida.

Hace poco un amigo me dio un regalo útil. Es un aparato que avisa a los ciervos para que no se interpongan en el camino de mi

vehículo. Tiene el aspecto de una pequeña pieza de metal y parece que
no hace más que descansar en el portamaletas del coche; sin embargo, está emitiendo un sonido de frecuencia inaudible para el oído
humano que nos protege tanto al ciervo como a mí de una posible
colisión. Ese aparato funciona más allá del ámbito de mis experiencias habituales. No puedo oírlo, pero acepto que emite un sonido.
Aunque no puedas ver ni oír inmediatamente las cosas de las que hablo, por favor, procura confiar. Así como se puede comprobar y medir el sonido emitido por el aparato de mi coche, lo mismo ocurre
con la mayoría de las cosas de las que voy a ir hablando.

A lo largo de los últimos años se han realizado investigaciones
científicas en laboratorios de Estados Unidos bajo las condiciones
más estrictas, y actualmente existen pruebas científicas de la existencia del aura corporal y de los chakras, los elementos con los que vas
a trabajar. Pero mucho antes de que dichas pruebas estuvieran dispo-
nibles había personas que hablaban de sus experiencias personales,
que compartían con el mundo lo que podían sentir, ver y oír. Te re-
mitiré a la excelente revisión de estas investigaciones que realiza Barbara Brennan en su libro *Manos que curan* *, y al libro *The Chakras,*
de Shafica Karagulla y Dora van Gelder Kunz.

Las cosas que describiré y relataré en este libro son tan normales
para mí como la existencia del arco iris. Y hay personas cuya visión
es mucho mejor que la mía. Procuraré no envidiar su mayor desarrollo, ya que sé que estoy en mi camino y que día a día voy mejorando
mi visión y mi comprensión.

¿Enfermedad o desequilibrio?

Lo que comparto en esta obra es una síntesis de mi labor a lo largo de más de veinte años; abarca tanto mi trabajo regular con pacientes en mi profesión de médica y psiquiatra, como mi labor de curan-
dera. Con los años he aprendido a comprender la enfermedad de un
modo diferente —que algunos llamarían idiosincrásico— que va
más allá del límite de la medicina y de los diagnósticos tradicionales.

---

* Barbara Brennan, *Manos que curan*, Ed. Martínez Roca, Barcelona, 1990.

Entiendo la enfermedad como un reflejo del grado de comodidad, o más bien de incomodidad, de nuestra alma, por lo que el tratamiento debe estar dirigido al alma en la misma medida que al cuerpo.

La enfermedad indica que algo no está en equilibrio. En algún aspecto, hay algo que no está en orden. Los síntomas de la enfermedad pueden enseñarnos muy específicamente cuál es el problema y dónde está, siempre que aprendamos unas nuevas reglas y una nueva manera de mirar lo que nos dicen nuestros cuerpos y nuestras mentes.

A veces se produce un deterioro considerable antes de que estemos dispuestos a echar una mirada a lo que nos ocurre; es algo que puede estar ocurriéndote ahora mismo. En ocasiones, tenemos tantas resistencias a afrontar lo que nos pasa que, cuando nos decidimos, resulta imposible librarnos completamente del desequilibrio. En cualquier caso y, sea cual sea el problema, siempre puedes mejorar si empiezas a responsabilizarte de tu enfermedad, y por tanto de su cura.

Los síntomas son las señales que nos indican el camino a recorrer. Si meto la mano en agua muy caliente, los sensores de mi mano me recordarán que esa no es una práctica saludable. Los sensores son muy útiles ya que sin ellos me haría mucho daño. Los sensores emocionales me dan avisos similares. Si me someto a un peligro emocional, mis sensores emocionales me recuerdan que no debo seguir por ahí.

Aunque desde el punto de vista físico aprendo muy rápidamente y no vuelvo a meter la mano en el agua caliente, por alguna razón me lleva más tiempo entender las señales emocionales. Y lo mismo ocurre en lo espiritual. Puedo recibir avisos durante mucho tiempo de que algo anda mal y de que lo que estoy haciendo no es espiritualmente sabio, pero, en principio, la mayoría no solemos escuchar los avisos iniciales.

Desgraciadamente es muy probable que desoigamos el mensaje hasta que nuestro ser mental, emocional o físico nos lo envíe en un código que podamos realmente entender y resulte difícil de obviar. A menudo necesitamos ponernos enfermos para detenernos y tomar nota.

Sin embargo, si dedicamos tiempo y espacio a escuchar, podemos aprender a captar las señales mucho antes, reduciendo así el riesgo de enfermedad. *Chakras* te enseñará cómo hacerlo. Si empleas los ejercicios y técnicas de este libro, además de aclarar el pasado aprenderás nuevos modos de curarte y seguir adelante. Una vez que aprendemos a «oír» de manera espiritual y estamos dispuestos a actuar conforme a las señales recibidas, estaremos más conscientes y preparados para lo que ocurra y comenzaremos a avanzar más deprisa, atrayendo las cosas que deseamos en nuestra vida y dejando ir lo que haya quedado obsoleto.

Sé que no estoy sola en mi comprensión, y no me cabe duda de que dentro de poco se producirá una aceptación universal del importante papel que tiene el espíritu en nuestro bienestar total. Muchos médicos, cirujanos, ginecólogos y psiquiatras de gran talento ya están combinando la práctica convencional con las antiguas artes en el tratamiento de las enfermedades, permitiendo que la oración se convierta en parte importante de su trabajo y animando al reconocimiento por parte de los pacientes de los aspectos espirituales y del extraordinario poder que aportan al proceso de recuperación. La facilidad, duración y completitud de la curación aumentan enormemente gracias a esta dimensión extra.

De hecho algunos departamentos universitarios están estudiando actualmente el fenómeno de la oración. Hay ciertas pruebas bien diseñadas que estudian y miden la diferencia en la recuperación de pacientes que tienen creencias espirituales, con y por los que se reza antes de una intervención quirúrgica, y los que no. Los resultados son más que significativos, y en algunos casos extraordinarios.

Sin embargo, este libro no trata especialmente de la oración o, al menos, no de lo que habitualmente entendemos por oración. Pero, si puedes aceptar que vivir bondadosa e íntegramente es oración, que sonreír a un niño y darle tus mejores deseos es oración, que la expresión sexual en una relación amorosa es oración, que acariciar tiernamente a tu niño es oración, que realizar una llamada telefónica amorosa es oración, ¡entonces este libro trata de todo tipo de oraciones! Aprender a enviar energía amorosa desde el corazón y a permitir que ésta se transmute en energía curativa para favorecer que alguien se ponga bien, también es una práctica espiritual viva: una oración.

Por tanto, ¿estás dispuesto a abrirte a tus propios poderes curativos? ¿A asegurarte de que vives tu vida al máximo? ¿A realizar tu potencial? ¿A vivir en paz con una sensación de seguridad interna que ninguna fuerza externa pueda arrebatarte? ¿Y a aprender a curar?

¿Estás dispuesto a tomar un papel activo en tu bienestar en todos los aspectos, en convertirte en la mejor persona que puedes llegar a ser?

Este libro trata de tu propia curación, pero sin bloquear otras vías de ayuda. También está relacionado con el dar y el recibir, porque sólo manteniendo abierta y fluida esta dinámica podemos disponer de la energía que todos necesitamos para estar sanos. Una parte muy importante de la curación tiene que ver con la recepción. Una de las principales causas de la enfermedad es que a veces tenemos la energía tan bloqueada que no podemos recibir. Por tanto, este libro trata sobre la autorresponsabilidad; sobre el cuidado de uno mismo y la aceptación de la responsabilidad por hacerlo; sobre ser independiente, pero lo suficientemente sabio como para permitirme la alegría de que otros me den, siempre que su ofrecimiento sea íntegro y bueno para mí. También trata del coraje de decir «no» cuando creemos que lo que se nos ofrece no es positivo para nosotros. Este libro trata sobre tener la amplitud suficiente para aceptar la existencia del arco iris aunque aún no lo podamos ver, y dejar a los demás el espacio necesario para ver y creer en lo que deseen, sin juzgarles y sin necesitar que vean las cosas como nosotros. En definitiva, puedes creer exactamente lo que desees. Estás en tu derecho. Pero ¿qué tal suspender los juicios durante un rato?

Hay algo que te ha llevado a leer este libro en este momento. Tal vez descubras que todo tu mundo cambia a medida que comienzas a responsabilizarte de tu vida, a medida que aprendes a comprenderte mejor y a verte y ver a los demás con más compasión. No me cabe duda de que ocurrirá lo que sea mejor para ti.

Tu viaje

Ya has empezado tu viaje. Estás en él. Pero ahora puedes elegir proceder de manera planificada y eficaz o tambalearte sin control. Si estás dispuesto a confiar un poco y a darte una oportunidad, puedes hacer las cosas de manera diferente. Si estás dispuesto a ver cómo saboteas tu progreso, puedes aprender a tomar conciencia de esas tácticas y evitarlas.

A medida que te cures, sentirás momentos de alegría y claridad que aunque en principio pueden parecer elusivos, acabarán penetrando toda tu realidad. Puede que algunos dolores profundos sigan exigiendo atención, pero no podrán reducir la sensación de paz y libertad que sentirás y con la que aprenderás a conectar cuando quieras o necesites.

En momentos de crisis podemos olvidar, podemos sentirnos sobrepasados por el dolor y volver atrás; pero eso también es parte del viaje. No somos perfectos. Nuestros tropiezos nos recuerdan que seguimos aquí, que aún nos queda trabajo por hacer. Volver a caer en viejos dolores o antiguos comportamientos no niega ni invalida el trabajo realizado. Simplemente indica dónde debemos mejorar, dónde queda dolor por sanar y cuál debe ser nuestro siguiente punto de atención. Las crisis nos ayudan a darnos amor, compasión, comprensión, atención y tiempo hasta que logramos recuperar el equilibrio.

El objetivo del viaje es alcanzar y mantener un estado de equilibrio y una sensación de alegría por ser quiénes realmente somos en todos los aspectos. A medida que vayas avanzando, probablemente desearás estar con otras personas que estén realizando un viaje similar, ya que así enriqueceréis vuestra experiencia mutua.

A medida que vayas avanzando, sé paciente y delicado contigo mismo. Al principio, el proceso de crecimiento no resulta sencillo. Cambiar viejos hábitos y alterar formas de pensar arraigadas no es tarea fácil, como tampoco lo es liberarnos de la negatividad manteniendo una perspectiva realista o conservar un sano escepticismo que deje lugar a la posibilidad de que las cosas mejoren. Nuestro plan es despertar, limpiar y vitalizar nuestra energía, y aprender a permitir que fluya libremente, que nos bañe constantemente manteniéndonos es un estado de armonía y equilibrio.

Los motivos por los que estás interesado en emprender este viaje son importantes y han de ser examinados antes de comenzar. Este viaje de autodescubrimiento generará un poder enorme, que ha de ser empleado para tu bien superior, con un sentido de amor y servicio hacia los demás. Si no existe este compromiso con el bien mayor, sólo pueden producirse decepciones. Tal vez puedas dedicar algún tiempo a reflexionar sobre tus razones para venir y después comenzamos.

Mi propio viaje

A menudo he bromeado diciendo que si alguna vez escribo mi autobiografía, se titulará: «La hija del desratizador», porque ésa es quien soy.

Mi viaje personal en esta vida comenzó en un pequeño pueblo del nordeste de Inglaterra; fui la menor de dos hermanas. Mi madre era enfermera, aunque no volvió a practicar su profesión después de que naciéramos nosotras. A mi padre le hubiera encantado ir a la universidad, pero como en su familia eran catorce hermanos, le resultó imposible. En cambio se convirtió en un hábil y solicitado soldador, especializado en hacer trabajos en altas chimeneas y campanarios de iglesias. Se casaron en los años previos a la segunda Guerra Mundial con grandes esperanzas de futuro. Pero la vida de mi padre quedó truncada antes de cumplir los treinta por las heridas recibidas en la guerra. Regresó a casa con epilepsia en el lóbulo temporal, por lo que no pudo regresar a su empleo anterior y durante el resto de su vida laboral fue el desratizador local. Podía valerse por sí mismo, y su necesidad de independencia le llevó a superar muchas de sus dificultades. Nos ofreció un modelo de coraje, dignidad y sabiduría norteña que continúa siendo fuente de inspiración para mí.

Mi madre era y sigue siendo una mujer muy amorosa; recuerdo días dulces y felices salpicados de risas y afecto, además de respeto hacia ella por ser nuestra madre. Se sentía muy orgullosa de nosotras, sus hijas, y nunca tuvimos ninguna duda de que nos tenía en alta estima, lo que nos dio mucha confianza para abrirnos camino en el mundo. Papá no era tan cariñoso y pocas veces nos besaba o acariciaba, aunque también tenía sus maneras de mostrar el gran amor que sentía por nosotras. Sólo se abrió emocionalmente a mí cuando pasé de los cuarenta, aunque incluso entonces pocas veces me decía que me quería. Uno de mis mejores momentos con él fue poco antes de morir cuando, en respuesta a mis habituales declaraciones de amor, él me respondió: «Por supuesto que me quieres y nuestro amor será eternamente recíproco. ¿No es así como debería ser siempre?»

Mis padres me dieron la mejor crianza y educación que pudieron, con unas raíces firmes y fuertes, unos valores sólidos, el sentimiento de orgullo por ser quien soy y una filosofía de autosuficiencia e independencia.

Cuando era una niña pequeña —digamos con cuatro o cinco años— comencé a experimentar un fenómeno que me resulta difícil de describir. Sentía como si el amor me rodeara, me atravesara e irradiara a través de mí. Tenía que aterrizar aquella sensación de algún modo y solía hacerlo tocando algo o a alguien, generalmente a uno de mis animales o a mamá. Una corriente intensa y palpable había comenzado a fluir a través de mí y, mucho antes de saber nada de los chakras, podía sentir lugares dentro de mí y a mi alrededor donde la energía parecía detenerse brevemente antes de continuar fluyendo.

Así nació mi espiritualidad. Me sentía maravillosamente y llena de amor. Podía usarlo con mis animales, cosa que hacía regularmente. Mirando atrás, ahí es donde comenzó mi curación, aunque ni yo misma ni nadie más podía reconocerla como tal en ese momento.

Muchos años después, cuando ya estaba casada y con dos hijos y había vuelto a la universidad para estudiar medicina, un ginecólogo con el que trabajaba me indicó que había algo diferente en mi manera de tratar a las pacientes. Las mujeres con las que me sentaba y a las que tocaba apenas necesitaban sedantes o anestesia. Pero ni siquiera entonces reconocí que la sanación se había convertido en una parte importante de mi práctica.

Cuando vivía en Zambia con poco más de treinta años, me fascinaba el poder de los curanderos tradicionales, que a menudo tenían respuestas de las que la medicina moderna carecía. Recuerdo a un paciente que había sido víctima de un accidente de circulación y se había dañado la columna. Le enviamos a casa en una silla de ruedas sin esperanza de que volviera a andar. Unas semanas después entró en la sala empujando su silla. Nos dio las gracias por haber hecho lo que estaba en nuestra mano, ¡y nos dijo que el curandero del pueblo le había librado del hechizo y que ahora estaba perfectamente! Existen otras historias similares que me han enseñado lecciones que nunca olvidaré, abriéndome los ojos al poder de la curación.

La transición de la medicina a la cirugía, y después a la psiquiatría, enriqueció enormemente mi viaje: del cuerpo a la mente y de la mente al espíritu hasta completar el ciclo. Al mismo tiempo trabajaba en mi propio proceso y clarificaba mi camino. Mis dos hijos habían crecido y en 1984, tras reconocer que entre nosotros existía una importante grieta, mi marido y yo acordamos que nuestro largo matrimonio debía llegar a un final amistoso. Así me sentí libre de ser quien soy.

Por fin tuve el valor de afirmarme a pesar de las mofas de mis colegas de profesión y «presentarme» como sanadora espiritual. Comencé a combinar mi excelente formación en medicina tradicional con las antiguas capacidades creativas del chamán. Mi consulta respondió creciendo desmesuradamente. Mucho antes, cuando quería desesperadamente convertirme en médica, había hecho a Dios la promesa de que vería a todas las personas que Él me enviara, y lo hice incluso cuando pensaba que no disponía del tiempo o la energía necesarios. Él siempre me dio ambos.

Finalmente en 1996 reconocí que las cosas tenían que cambiar. En esa época era una psiquiatra muy ocupada ya que estaba al frente de mi consulta privada en Londres, era directora de desarrollo clínico en una preciosa clínica de un barrio residencial y daba cursos de espiritualidad en otros países del mundo en la medida en que el tiempo me lo permitía. En mi práctica psiquiátrica mantenía un equilibrio entre dos mundos. Por un lado estaba la psiquiatría alopática clásica, y por el otro la sanación y la medicina complementaria. Además, mi propio crecimiento espiritual siempre me estaba haciendo señas.

Llevaba algún tiempo practicando la sanación en la consulta, ya que a mis pacientes les gustaba esta dimensión extra por la sensación de autorrealización y control que les daba. A mí me permitía ser quien soy, dejándome energetizada y plena. Sin embargo, en la clínica procuraba emplear únicamente la medicina moderna y me sentía incómoda usando métodos alternativos que sabía efectivos, pero incongruentes con la filosofía de la institución.

El lugar donde podía trasladarme a los límites de lo espiritual y de la sanación eran mis talleres, que había estado dirigiendo durante casi quince años. Allí podía trabajar con energía espiritual y usar las antiguas técnicas y el poder del amor. Podía ver gran variedad de respuestas en la gente, que sanaba rápidamente y sin necesidad de medicación, movilizando sus sentimientos, curando sus heridas, liberando energía y avanzando. Era un privilegio observar la cantidad de amor que se generaba en dichos cursos. Desgraciadamente, en el hospital no disponía de las instalaciones necesarias para continuar con el trabajo espiritual para todas las personas que lo deseaban. Durante mucho tiempo luché con mi corazón y mi conciencia, tratando de encontrar la manera de encajar mis necesidades, las de mis pacientes y las de la clínica. No llegaba a escuchar los mensajes espirituales, y como tampoco hacía caso del sufrimiento emocional que me producía no practicar lo que debía practicar, el dolor se infiltró hasta lo físico. Enfermé y desde ese momento ya no pude ignorar el mensaje.

Finalmente me vi obligada a tomarme tiempo para mí por primera vez en veinte años; así pude adquirir perspectiva y entender la causa de mis aflicciones. Me estaba haciendo a mí misma lo que había visto hacer a mis pacientes durante muchos años. Trataba de hacer lo mejor para todos. Procuraba estar disponible a mis pacientes, para la clínica y su personal, que en tan alta estima tenía, de tal forma que acababa descuidándome a mí misma.

Por fin acepté que tenía que hacer un movimiento y comenzar a usar las energías espirituales a diario. Tenía que incluirlas en mi manera de ser cotidiana y también en mi trabajo, aunque ello supusiera cortar lazos con la maravillosa gente con la que había trabajado. Ya no podía seguir cediendo partes de mí misma y restringiendo mi propio potencial en un intento de ayudar a los demás a realizar el suyo. Básicamente tenía que ayudarme a mí misma antes de poder ayudar a los demás. Abandonar la clínica supuso un gran cambio económico y emocional, pero me permitió recuperar mi integridad, ser quien soy y reclamar una libertad clínica que se había ido erosionando con los años.

Relato todo esto porque mucha gente que me conoció y trabajó conmigo se quedó perpleja por lo sucedido en esa época: en primer lugar estaba enferma, lo que parecía cuestionar el tipo de sanación que enseñaba; además, me tomé tres meses para descansar y pensar, y después tuvo lugar este gran movimiento. Y aún hay más. Muchos de mis pacientes creían que tenía la vida resuelta y que podía vivir consistentemente lo que enseñaba. Creo que es saludable comprobar que cualquiera, casi sin darse cuenta, puede manifestar un estilo de vida poco saludable, y que a veces la única manera de verlo es tomar distancia para evaluar la situación.

Mientras me recuperaba en Carolina del Sur, en medio de todos estos cambios y de un gran sufrimiento, conocí a una psicóloga clínica, la doctora Helen Barry. Aunque rozaba los ochenta años, no parecía tener más de sesenta y cinco, y compartió conmigo buena parte de su sabiduría. Me habló de que, en una ocasión, recibiendo clases de arte el profesor le dijo que se distanciara para observar mejor su trabajo: «Separa la nariz del cuadro», fueron sus palabras.

Resultaron ser muy útiles y sigo oyéndolas en mi cabeza constantemente. Tomar distancia de mi vida, como me vi obligada a hacer cuando no me sentía bien, fue exactamente lo necesario para obtener una visión más precisa.

Siempre he enseñado que los mensajes nos llegan primero de manera espiritual, y los percibimos como una sensación molesta e incómoda. Sabemos que algo no está en su lugar, que no estamos viviendo de acuerdo a nuestros propios criterios o valores internos, que estamos conformándonos y que no estamos teniendo el coraje necesario para defender lo que sabemos que es justo.

Probablemente comencé a escuchar los mensajes hacia 1993, pero continué trabajando de la manera tradicional, tratando de no causar problemas ni causárselos a mis colegas. Para evitar quedarme consternada en mi trabajo, evitaba hablar de la sanación y trasladé mis talleres a otros países, de modo que de vez en cuando podía disponer de una semana para trabajar como deseaba. Pero ninguno de estos movimientos fue lo suficientemente radical. Tenía que confiar en que el universo me haría estar bien, como he hecho creer a tantos a lo largo de los años. Aún más, tenía que confiar en que los demás también se sentirían bien. Tenía que abandonar la actitud codependiente que me llevaba a preocuparme de cómo se las arreglaría todo el mundo si me fuera.

Este libro es el resultado de mi cambio de dirección. Unifica lo que he estado enseñando durante la mayor parte de mi vida profesional y procede a partes iguales de la Brenda psiquiatra, de la Brenda sanadora espiritual y de la Brenda mujer. Brenda es más feliz ahora de lo que se permitió ser durante los dos o tres años que precedieron al cambio. Las lecciones aprendidas durante este tiempo también han ayudado, espero, a enriquecer el libro. Uno de mis dichos favoritos es que el universo siempre lo hace bien, y así ocurrió en el proceso que he descrito. Obviamente, tanto en 1993 como un par de años después no estaba preparada para dar el salto que acabé dando. Tuve que esperar hasta que todo estuviera en su lugar y entonces la transición fue sencilla. Todos los obstáculos que se habían presentado previamente se apartaron dejando el camino abierto, y pude avanzar por él sin esfuerzo aparente.

Algunos dirán que podemos perder la vida esperando que se presente el momento oportuno. No puedo decir que esté completamente de acuerdo con ellos. Podemos posponer las cosas, reaccionando a los sucesos sin iniciar cambios reales por nosotros mismos. O podemos sentarnos al volante de nuestras vidas y avanzar hacia nuestro objetivo. Pero se nos debe permitir elegir el momento. Hay muchas personas: amigos, parientes, parejas, terapeutas, psiquiatras y otros que, con la mejor intención, parecen pensar que podrían vivir nuestras vidas mejor que nosotros. Sin embargo, aprendemos exactamente lo que necesitamos, y probablemente no hay otra forma mejor de hacer las cosas que el conjunto de circunstancias que nos rodean en este mismo momento. La lección de hoy es importante y esencial, estemos donde estemos. Nada se pierde. Nada.

Introducir cambios

El hecho de que estés leyendo este libro indica que quieres hacer algún cambio, y aunque el paso que estás dando hoy sólo consiste en leer sin hacer nada más, todo está en su lugar. Cuando estés preparado, el resto seguirá.

Cuando te preguntes qué camino seguir, qué cambios introducir, dedica unos momentos a sintonizar con lo que ocurre en tu cuerpo y en tus emociones. ¿Te sientes agotado? ¿Hay ciertas personas que detestar ver porque después te sientes mal, aletargado o incluso enfermo? ¿Te produce dolor de cabeza el hecho de pasar tiempo en algún lugar o con alguien? ¿Te sientes ansioso o temeroso sin razón aparente? ¿Te sientes perdido y sin dirección? ¿Sientes que no perteneces a ninguna parte y quizá nunca has pertenecido? ¿Permaneces sometido a situaciones injustas durante tanto tiempo que, de hecho, pasas a ser precisamente el que las provoca? ¿Tienes enfermedades que te gustaría entender mejor y aliviar? (¡No se garantiza ningún milagro!) Si la respuesta a la mayoría de estas preguntas es «sí», sería sabio que pensaras en introducir cambios.

¿O tienes un sentimiento de ligereza? ¿Hay personas a tu alrededor con las que te sientes energetizado? ¿Hay lugares o actividades que te hacen sentir expandido y elevado? ¿Hay momentos en los que te sientes cómodo y seguro? ¿Se siente bien tu cuerpo? En tal caso estás recibiendo poderosas indicaciones respecto a dónde tienes que estar, con quién y qué tienes que hacer.

Cuando decidas introducir cambios, lo mejor es llevarlos a cabo sin culpabilidad, con amor por todos los implicados y con la convicción de que, hagas lo que hagas, no son sólo por tu bien, sino por el bien de todos. De ese modo tu movimiento será ligero y fácil, y sabrás que estás actuando desde la intención más pura y elevada.

En ocasiones seguirá habiendo un sentimiento molesto en alguna parte, generalmente en la región del plexo solar. A veces nuestros planes están ligeramente desenfocados y nuestra integridad se siente amenazada (*véase* capítulo 8, pág. 185). Si es así, detente e imagina que estás mirando a través de la lente de una cámara. ¿Qué es lo que tienes que reajustar levemente para reenfocar la imagen, para producir más claridad? Tómate el tiempo que necesites y verás dónde tienes que ir más lento, o dónde tienes que hacer un reajuste más radical. Pero procura tener claro que lo que te impulsa no es la culpabilidad ni la necesidad de ocuparte de los demás más que de ti mismo. Cuando vuelvas a sentirte cómodo, sigue adelante. Nadie te está cronometrando. Nadie te está diciendo que tienes que introducir cambios, hacer ejercicios o meditaciones más rápidamente de lo que eres capaz, ni siquiera que tengas que hacer nada de esto en absoluto.

Chakras te lleva a realizar un recorrido por los centros energéticos del cuerpo. Te muestra cómo los sucesos de la vida, el dolor y las alteraciones emocionales crean bloqueos que impiden el flujo libre y natural de la energía produciendo la enfermedad; y no sólo a través del cuerpo físico, sino también a través de los cuerpos emocional y espiritual, que gobiernan conjuntamente nuestro bienestar total. En este libro se describe y comenta cada chakra con cierto detalle antes de estudiar los efectos de las alteraciones en cada zona.

Seguiremos la progresión natural a través de los siete centros energéticos principales, desde la base hasta la coronilla. La meditación y los ejercicios prácticos te ayudan a mejorar tu salud y vitalidad. Y aunque no pretende curar las enfermedades, este libro puede ayudarte a prevenirlas y favorecer la autocuración. En todos los casos, si los pasos se siguen diligentemente, debe producirse un aumento de la autoconfianza, de la autoestima y del bienestar.

En este trabajo pongo el énfasis en la responsabilidad personal y en el establecimiento de un nuevo estilo de vida que incorpore la práctica espiritual (no necesariamente religiosa) en tu rutina diaria. Durante muchos años, la mayoría hemos renunciado a responsabilizarnos de nuestra propia salud y hemos tratado ansiosamente de dejarla en manos de médicos y terapeutas. Este libro te enseña a recuperar el poder de curarte a ti mismo y de hacerte total.

El viaje hacia la totalidad debería ser divertido, aunque a veces no está libre de sufrimiento. Si se presenta, procura no resistirte a él. El dolor aumenta con la resistencia; si te deslizas dentro de él, te apoyas en él y lo respiras, será transitorio y producirá mucho crecimiento personal. Permítete sentir tanto amor y compasión como seas capaz de reunir en este momento; a medida que progreses, ambos aumentarán, tanto hacia ti mismo como hacia toda la humanidad.

Ven... Conviértete en la mejor persona que puedas ser.

¡Disfruta!

CAPÍTULO 2

ANTES DE EMBARCAR...

Cakras es una guía completa para la autocuración. Tiene el propósito de ayudarte a controlar tu propia salud, aunque siempre permaneciendo asociado a tus médicos, terapeutas complementarios u otros profesionales. También tiene el propósito de ayudarte a aprender más de la totalidad de ti: no sólo de tu ser físico, emocional, intelectual o espiritual, sino de tu totalidad.

Porque si cualquiera de estas áreas está bloqueada o enferma, alcanzar el equilibrio en las demás resulta mucho más difícil. A veces parece que tenemos un problema en una parte de nosotros, cuando en realidad el problema está en otra. Puede ocurrir, por ejemplo, que te quejes de un dolor de espalda, y sin embargo tengas que mirar lo que llevas contigo en el plano psicológico para poder quitarte esa carga de encima. Puede que estés triste y te sientas deprimido, cuando, en realidad, lo que tienes que hacer es movilizar un posible enfado o mirar tu vida de un modo más holístico. Las deficiencias espirituales pueden dar lugar a sentimientos de aislamiento y abandono que tienen que sanarse desde dentro, de modo que no te vuelvas a sentir aislado nunca más.

Muchos de nosotros estamos atrapados en una visión limitada de nuestra totalidad, llegando a considerarnos seres físicos que tienen una mente y sentimientos, pero nada más. Algunos apenas tienen sentimientos, y la idea de que somos entidades espirituales es para ellos una noción extraña y ridícula. Este hecho no está directamente relacionado con la inteligencia de la persona ni con su educación. Puede deberse a que seas un alma joven, con mucho que aprender del mundo físico y material, y por tanto incapaz de abarcar la totalidad. Puede ocurrir que el dolor te haya llevado a encerrarte y a convertirte en un ser cínico, dejándote con una especie de estrecha visión de túnel con la que es imposible contemplar el panorama de manera holística. Sea cual sea tu situación, leyendo este libro estás emprendiendo el camino hacia la sabiduría superior.

A medida que avances en *Chakras*, aprenderás a cuidar de la totalidad de ti, a despejar los bloqueos que se han producido como resultado de las experiencias acumuladas en las vidas vividas hasta este momento. Este libro te enseñará nuevos modos de reconocer y liberar la energía para que puedas usarla en tu beneficio y sentirte verdaderamente bien. Y cuando digo «bien», no me refiero exclusivamente a estar libre de enfermedades, sino a sentirte realmente bien, a tener energía que compartir y un vigor que puede durarte todo el día y toda la noche si es necesario. Sentirás alegría por las cosas simples que cada día nos ofrece a cada uno, pero que a menudo nos perdemos por tener los sentidos adormecidos y los ojos enfocados en el único camino que vemos delante de nosotros. La vida tiene mucho más que ofrecernos.

Puedes aprender a abrazar tu vida y vivirla plenamente, guiándola hacia donde quieras que vaya mientras vas tomando nota de las señales físicas, emocionales, mentales y espirituales que se presentan a lo largo del camino.

No hay razón por la que no deberíamos estar mucho más sanos de lo que estamos. La autocuración puede dar la vuelta completamente a algunas enfermedades. Todos los aspectos de nuestra vida pueden mejorar hasta cierto punto, y también la vida en general. La sanación no consiste exclusivamente en liberarse de la enfermedad cuando se presenta; también está relacionada con prevenir la enfermedad y favorecer la salud. Uno de nuestros principales objetivos es ayudarnos a dar lo mejor de nosotros mismos, encontrando nuestro verdadero sendero y realizando nuestro potencial. Es muy útil tener y prestar atención a un sistema de señales que nos avise cuando haya algo que no está bien. Sin embargo, a menudo ignoramos las señales: no tienes más que mirar lo que permití que me ocurriera en 1996. Incluso el conocimiento y la comprensión no impiden que nos bloqueemos de vez en cuando.

Este libro nos habla de estar activos, vigilantes, y de aprender una nueva manera de vivir que nos permita crecer con alegría.

Cómo emplear este libro

Este libro está dividido en diez capítulos. El capítulo 3 explica los principios de la sanación, el aura y los siete chakras principales. Cada uno de los capítulos siguientes está dedicado a un chakra específico e incluye ejercicios y meditaciones centrados en problemas asociados con esos centros. El apéndice A (principalmente para terapeutas, aunque puedes leerlo si lo deseas) explica la relación entre los chakras y las principales glándulas y plexos nerviosos, y el apéndice B examina algunas pruebas de la existencia de los cuerpos etéricos.

Puedes decidir leer el libro de una vez y después trabajarlo paso a paso. Tal vez absorbas un capítulo muy rápidamente y necesites mucho tiempo para otro. ¡Eso está bien! Hazlo como te sientas más cómodo. Pero... *necesitas* hacerlo todo. Aunque descubras que tu bloqueo principal se encuentra en el primer chakra, a medida que asciendas por el sistema también encontrarás otras distorsiones, aunque sean mínimas. Asimismo, un bloqueo en el chakra de la garganta afectará a todos los demás en cierta medida. Tal vez descubras que, como un área estaba bloqueada, has estado compensando en otra. Como tendemos al equilibrio, todo necesitará reajustarse aunque sea poco a poco.

Al final de esta sección hay un cuestionario de autoevaluación (pág. 42) que te dará una idea de dónde se hallan tus principales bloqueos. No te sientas descorazonado si descubres que tienes problemas en todos los chakras, ni demasiado contento si descubres que la mayoría están despejados: todos, por muy evolucionados que estemos, podemos beneficiarnos de una puesta a punto.

Una vez más, no te sientas alarmado ni descorazonado si despejas un área y a continuación descubres que vuelve a estar bloqueada. Esto no debe sorprenderte. Si llevas mucho tiempo viviendo con un flujo de energía escaso, puede que te resulte difícil vivir con una claridad absoluta durante algún tiempo. Una fuerte corriente de energía clara y radiante es una dieta muy rica que hay que afrontar. La curación sólo tendrá lugar en la medida en que puedas lidiar con ella. Los milagros ocurren, pero no todo el mundo está preparado para ellos. Después de todo, tu situación actual y tu estado de salud y bienestar es aquello a lo que estás acostumbrado, aunque no te guste mucho. Además, estando ahí estás aprendiendo algo. Puede que los cambios tengan que ser graduales. A veces nos da mucho miedo abandonar lo que sabemos y dar un salto en el vacío. Sé delicado y compasivo contigo mismo.

Tanto si estás empezando tu camino como si te encuentras ya muy avanzado; tanto si eres un profesional que emplea técnicas de curación en su trabajo como si sólo buscas vivir mejor, *Chakra* te ofrece sugerencias, directrices y oportunidades de crecimiento. Parte de la terminología puede resultarte extraña. Espero que todo se vaya aclarando a medida que avancemos, pero si no estás seguro de algún significado, recurre al Glosario de la página 251.

Nada de lo que te ofrece este libro está pensado para reemplazar a cualquier otra fuente de ayuda que puedas estar empleando. Por ejemplo, no tiene la intención de hacer que abandones tu terapia o medicación, o que permitas que interfiera con otros aspectos de tu vida a menos que así lo elijas. Pero, si a medida que trabajas con *Chakras* te envuelve un sentimiento de ligera excitación, quizá puedas seguirlo y ver dónde te lleva, porque indica que tu espíritu está respondiendo a tu acercamiento y dando la bienvenida a tu despertar.

La vida puede estar llena de las cosas más sorprendentes y maravillosas. Puede estar llena de amor y de risas. Puede ser alegre, emocionante, y llenarte el corazón de paz y de placer. Aunque hasta el momento no te haya ido demasiado bien, puede mejorar mucho, pero para ello tienes que hacer el trabajo. Y si todavía no estás allí, por favor no pienses que te estoy juzgando y que pienso que no has trabajado lo suficiente. Me llena de admiración el coraje que veo en la gente que trabaja sus asuntos. Mi corazón está con ellos y a veces siento que me gustaría hacer la labor por ellos, pero enseguida me doy cuenta de que esa no es mi tarea. El trabajo lo tiene que hacer cada uno. Nunca deja de admirarme la fuerza que algunos exhiben. A menudo, los que parecen tener los peores problemas demuestran disponer del inusitado vigor de seguir adelante mucho más allá del punto donde la mayoría tiraríamos la toalla. Les digo y me digo que han adquirido capacidades de supervivencia que tal vez yo nunca tendré, porque ellos han tenido que sobrevivir.

Si sientes que no puedes dar un paso más, tómate tiempo y cuídate. Te sorprenderá comprobar las reservas a las que puedes recurrir. Siempre podemos ir un poco más lejos si es necesario hacerlo.

Cuando te sientas mejor, verás que la salud y la felicidad no dependen de nada material ni de ninguna persona de nuestra vida, aunque tener un compañero de viaje compatible es algo maravilloso y dice mucho en favor de la prosperidad. La salud y la felicidad están muy relacionadas con tu ser interno, con tu trabajo, con tu crecimiento, con el magnífico ser que eres y siempre has sido. A veces la depresión, el comportamiento disfuncional o la enfermedad son como una capa que nos hemos acostumbrado a llevar puesta, pero podemos quitárnosla de encima porque debajo de ella está lo real.

Las cosas que vas a necesitar

Veamos las cosas que tienes que reunir antes de empezar.

CUADERNOS

Es una buena idea que te hagas con un par de cuadernos de ejercicios. En uno de ellos escribirás las afirmaciones (*véase* Glosario) que irás creando a medida que avances; el otro puedes dedicarlo a escribir tu diario.

A menudo, escribir durante unos veinte minutos te permite adentrarte en tu sensación e ir al grano. Puede resultar muy revelador. Pero, además, a medida que empiezas a trabajar el pasado, una buena manera de clarificar tus sentimientos es escribir cartas que, aunque no envíes, te permitan decir tu opinión y exteriorizar lo que sientes, ya que esta práctica puede resultar muy terapéutica. Estas cartas pueden ir en el segundo cuaderno; así mantendrás un registro de tu viaje.

Habrá sucesos muy sorprendentes —puedes darle el nombre de «coincidencias»— que merece la pena registrar para que puedas dibujar un mapa de tu progreso y finalmente descartar cualquier escepticismo inicial.

CARTAS DE ÁNGELES

Otra de las cosas que puedes emplear es un juego de cartas de ángeles. Son una colección de pequeñas cartas, cada una de ellas con el nombre de una cualidad o don que podrías necesitar en un momento, por ejemplo: paz, confianza, sinceridad. La idea es resaltar esa idea en tu ser y pedir al ángel apropiado que te ayude. Cuando menciono las cartas de ángeles en los talleres, la gente suele reírse entre dientes: piensan que se han equivocado de sitio y que después de todo esta psiquiatra está loca. Sin embargo, poco después, esa misma gente es la que más boquiabierta se queda cuando se dan cuanta de que este pequeño oráculo refleja exactamente su necesidad.

A los que habéis usado el *I Ching,* un antiguo oráculo chino diseñado por Confucio, no os resultará tan extraño. El oráculo nos permite plantear preguntas y conectar con poderes que están presentes en ese momento temporal para permitirnos adquirir más sabiduría. Carl Jung empleaba el *I Ching* regularmente para diagnosticar y, aunque yo no lo utilizo con este fin, a menudo lo he empleado en mi vida personal para ayudar a clarificar situaciones a las que había estado dando muchas vueltas. Las cartas de ángeles pueden emplearse de manera similar, aunque el proceso es mucho más simple. Si pides lo que necesitas con corazón abierto y puro, y buena intención, te sorprenderá la precisión de la respuesta.

Las cartas de ángeles pueden comprarse en la mayoría de las librerías esotéricas y también en tiendas de cristales y gemas.

GRABADORA/REPRODUCTOR DE CD

Para facilitar la mayor fluidez en la práctica de las meditaciones, sería conveniente que las grabases o consiguieses que un amigo te las lea.

ESPACIO SAGRADO

Estaría bien que escogieras un lugar de trabajo tranquilo. Trataremos de encontrar un lugar interno de quietud pero, si es posible, elige un lugar de trabajo del que puedas apropiarte, donde no se te moleste y puedas poner algunos objetos que sean significativos para ti y te hagan sentirte en paz.

Quizá unas velas (sé cuidadoso al encenderlas y no dejes de prestarles atención), un cristal o dos, tus libros, un buen bolígrafo, tal vez unas flores, un vaporizador para tus aromas favoritos (algunos de ellos son más apropiados que otros dependiendo de los chakras; lo iremos viendo sobre la marcha), una fotografía..., cualquier cosa que te guste. Si no tienes una habitación que puedas usar, una esquina, un armario o una pequeña mesilla bastará. Incluso una caja con una tela encima puede convertirse en tu espacio sagrado personal.

CRISTALES

Poseer los cristales adecuados no tiene por qué ser difícil ni caro. No son imprescindibles. Si lo deseas, puedes hacer todos los ejercicios con un cristal de cuarzo, una pequeña amatista o una pieza de cuarzo rosa. Si deseas tener una piedra para cada chakra, puedes empezar por pequeñas piedras que nos son muy caras e ir añadiendo sobre la marcha a voluntad. No son esenciales.

Emplear cristales puede ser muy divertido y suele aumentar enormemente el nivel energético. La regla general es permitir que sea el cristal el que te elija a ti en lugar de que seas tú quien lo elijas. Simplemente pon la mano sobre una colección de cristales y espera un segundo hasta que sientas cuál es el tuyo. Entonces tienes la responsabilidad de cuidar de él para que pueda darte lo mejor de sí.

Es muy importante mantener el cristal limpio, ya que funciona dando y recibiendo energía. Tu reloj de cuarzo marca el tiempo perfectamente porque el pequeño cristal emite una corriente continua de electrones. Una vez elegido el cristal, ponlo durante la noche en una solución de agua marina y sal, después acláralo y sécalo con papel de cocina limpio antes de ponerlo en el lugar donde desees tenerlo. No es una buena idea tener un cuarzo claro en la habitación porque, si eres sensible, su energía puede mantenerte despierto. La amatista será mejor debido a su efecto relajante.

Si tus cristales trabajan duro, pueden perder eficacia a menos que los reenergetices regularmente. Algunos terapeutas los mantienen en camas de sal, otros los lavan regularmente en soluciones de sal marina o incluso los devuelven a la tierra temporalmente. Yo pongo los míos en la tierra alrededor de mis plantas (¡y a veces los olvido!), o en la base de los árboles del jardín. Los reenergetizo regularmente poniéndolos en una solución de sal marina y dejándolos a la intemperie las noches de Luna llena. De vez en cuando siento que uno de ellos tiene que volver a la tierra permanentemente; entonces lo llevo a un lugar especial y, con una pequeña ceremonia de agradecimiento por su trabajo, lo devuelvo a la naturaleza.

Si decides elegir un cristal para cada chakra, recomiendo una selección en cada capítulo. Uno por chakra es suficiente, pero no me cabe duda de que una vez que establezcas una relación con los cristales, querrás aumentar tu colección.

AGUA

Bebe siempre un vaso de agua al final de los ejercicios y meditaciones. Yo empleo agua energetizada que produzco dejando un cristal de cuarzo en la jarra de agua. A veces también la cargo de color poniendo el agua en una botella del color adecuado, dejando dentro el cristal cuya energía deseo y exponiendo la botella al sol. Pruébalo y te sorprenderá cómo puede cambiar tu energía.

LISTA DE COMODIDADES

Una buena idea antes de empezar y hasta que consigas hacer de ello un hábito, es elaborar una lista de elementos que te harán sentirte cómodo. Habrá momentos en los que tengas que cuidar de ti mismo (en el caso ideal, constantemente). Pega una copia en la puerta de tu frigorífico, en tu escritorio, en la cabecera de la cama y, por supuesto, ten otra en el lugar de trabajo.

A medida que avances y entres en contacto con la totalidad de ti, sabrás lo que necesitas y podrás reorganizar tu lista dependiendo del chakra que quieras nutrir. Los ejercicios de los capítulos siguientes te orientarán acerca de lo que te puede ayudar, pero, de momento, comienza a elaborar una lista que después podrás mejorar. Éstos son los elementos que incluyo en mi lista:

- Caminar por mi jardín o por la playa.
- Coleccionar conchas, hojas u otras cosas hermosas.
- Estar mucho rato en la ducha sintiendo que el agua no sólo limpia mi cuerpo, sino también mi aura; o darme una largo baño en agua perfumada.
- Nadar.
- Bailar; me gusta bailar sola en mi casa; a veces me muevo con la música manteniendo los ojos cerrados.
- Montar en bicicleta.
- Recibir un abrazo.
- Hablar con mis amigos.
- Escuchar el silencio.
- Escuchar las campanitas tubulares que suenan con el viento.
- Lavar y reordenar mis cristales.
- Encender velas.
- Poner música agradable.
- Estar en el jardín al amanecer y observar los primeros rayos de sol.
- Meditar y sentir la alegría de la trascendencia; esto es más que comodidad: es euforia, un éxtasis indescriptible.
- Hacer el amor.
- Recibir un masaje.
- Acurrucarme en el sofá con un libro.
- Pasar un rato en una tienda de libros o biblioteca.

Y así sucesivamente.

Estoy segura de que si das rienda suelta a tu imaginación puedes elaborar tu propia lista. Disfruta haciéndola y empléala cuando desees. Remítete a ella cuando estés aburrido, cuando quieras comer sin hambre o si sientes que las cosas se te hacen pesadas y necesitas relajarte y cambiar de ritmo.

Es muy importante poder cambiar tu energía interna cuando lo necesitas, algo que puede realizarse simplemente haciendo aquello que te guste; produce resultados casi instantáneos. Cuando trabajo sobre mí misma, empleo todos los elementos —fuego, tierra, aire y agua— para limpiar mi espacio y hacerlo sagrado. Hablaré más de esto en los capítulos 4-7 ya que cada uno de los primeros cuatro chakras está asociado con uno de estos elementos.

Cuando imparto mis cursos, llevo conmigo todos los instrumentos de percusión, campanas y gongs, incienso, etc. (para consternación de los empleados del aeropuerto). Así puedo mantener la energía limpia y ligera donde estemos trabajando, disipar el sufrimiento y favorecer la curación.

Cuestionario

Ahora ya estás preparado para empezar, pero, antes de hacerlo, toma un rato para completar este cuestionario. Sólo cuesta unos minutos, pero puede sorprenderte todo lo que encontrarás:

LISTA DE EQUIPAMIENTO

- *Chakras*
- Dos cuadernos de ejercicios.
- Las cartas de los ángeles.
- Grabadora.
- Pequeño lugar reservado para tu trabajo espiritual.
- Velas.
- Cristales.
- Bolígrafo.
- Vaso de agua.
- Lista de comodidades.

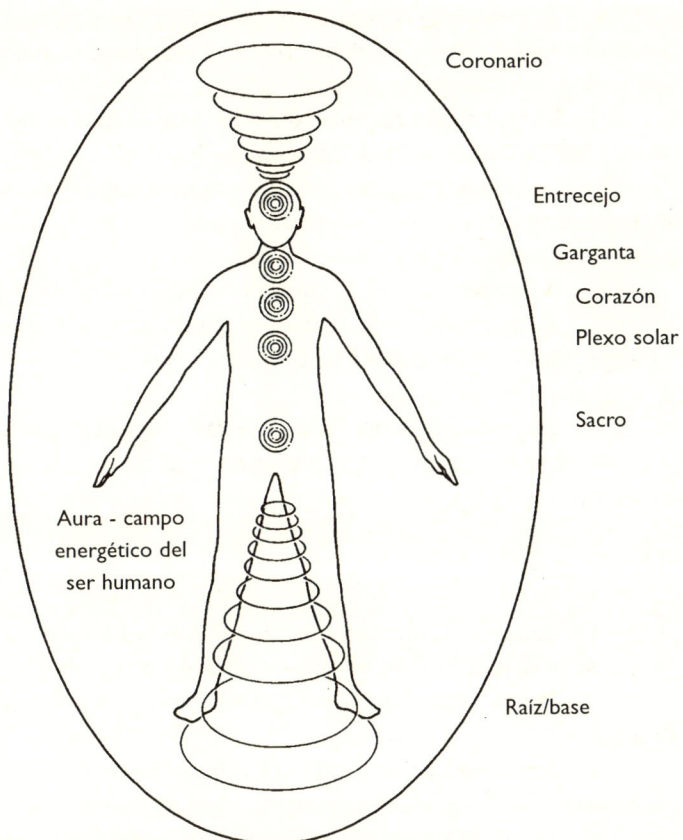

Figura 1: El sistema de chakras.

CHAKRA RAÍZ

(a) ¿Sientes, o has sentido alguna vez, que no perteneces a ningún lugar o que te sientes solo allí donde estés?

(b) ¿Sientes que quieres escaparte de tu vida bebiendo, tomando drogas, teniendo experiencias de salida del cuerpo, suicidándote?

(c) ¿Te sientes ambivalente con tu vida y a veces desearías estar muerto?

(d) ¿Te sientes decepcionado en cuanto al sexo, eres impotente (a menos que esto esté asociado con una enfermedad física) o no llegas a tener verdaderos orgasmos?

(e) ¿Tuviste algún trauma, tensión o dificultad entre la concepción y la edad de entre tres y cinco años?

(f) ¿Te sientes inseguro y necesitas compensar ese sentimiento acumulando posesiones, comprando cosas que en realidad no necesitas o negándote a gastar dinero?

(g) ¿Te sientes bajo de energía, débil, cansado o enfermo?

(h) ¿Tienes problemas físicos en las piernas o pies o sufres de hemorroides o estreñimiento crónico?

Si tu respuesta a la mayoría de estas preguntas es «sí», es muy probable que tengas algún problema en el chakra raíz.

CHAKRA SACRO

(a) ¿Tienes dificultades con tu sexualidad o con dar y recibir placer sexual, sintiéndote a veces congelado o agresivo?

(b) ¿Tienes dificultades para ser tocado y acariciado delicadamente?

(c) ¿Tienes un apetito sexual más bien escaso? ¿Eres incapaz de tener orgasmos o de tener y mantener una erección?

(d) ¿Sientes que tu vitalidad y tu vigor son bajos?

(e) ¿Canalizas a veces tu deseo sexual en fantasías más que en tener una relación real o tienes muchos compañeros sexuales para evitar comprometerte con uno de ellos?

(f) ¿Tienes problemas de riñón, vejiga o de retención de fluidos?

(g) ¿Has sufrido apuros y traumas entre las edades de cinco y ocho años?

(h) ¿Tienes problemas con el sentido del gusto? Si has respondido «sí» a la mayoría de estas preguntas, tu chakra sacro probablemente podría salir beneficiado con algún trabajo.

Chakra Plexo Solar

(a) ¿Tienes problemas digestivos como úlceras, indigestión recurrente o acidez? ¿Tienes diabetes?

(b) ¿Eres de naturaleza fogosa e irritable?

(c) ¿Tienes problemas con las figuras de autoridad, bien sintiéndote pequeño e insignificante o bien agresivo y rebelde?

(d) ¿Sientes de vez en cuando ira o rabia (quizá al tomar alcohol) a las que te cuesta acceder en otros momentos?

(e) ¿Sufriste apuros o traumas entre las edades de ocho y doce años?

(f) ¿Te sientes a veces tan poderoso o tan impotente que te da miedo?

(g) ¿Te ha costado alcanzar tu potencial por más que has trabajado?

(h) ¿Tienes problemas por carecer de voluntad y te dejas llevar por la opinión de los demás en lugar de formar una propia? ¿O tienes mucha voluntad y vas a la tuya sin importarte las consecuencias de tus acciones sobre los demás?

Contestar «sí» a la mayoría de estas preguntas indica que tu poder personal, prosperidad y voluntad podrían mejorar clarificando tu plexo solar.

Chakra corazón

(a) ¿Te cuesta amar o sentirte amado?

(b) ¿Eres negativo y pesimista o mandón y dictatorial?

(c) ¿Te implicas en la vida de otros y te cuesta tomar distancia y dejar que cometan sus propios errores?

(d) ¿Te sientes agotado, fatigado o vacío la mayor parte del tiempo?

(e) ¿Tienes problemas circulatorios, de presión sanguínea o de corazón? ¿Tienes asma o problemas respiratorios?

(f) ¿Eres impaciente e intolerante, o tan paciente y tolerante que la gente se aprovecha de ti?

(g) ¿Sufriste dificultades o traumas entre las edades de doce y quince o dieciséis años?

(h) ¿Tienes dificultades para sentir compasión o empatía y perdonar, o te sientes tan compasivo y empático que te dejas arrastrar por el dolor de los demás?

Si tu respuesta a la mayoría de las preguntas anteriores es un «sí», tienes un problema con el cuarto chakra. Aunque en la mayoría de los chakras el problema es que están bloqueados, en el chakra corazón es igualmente probable que se haya quedado abierto permanentemente, haciéndote vulnerable a todo lo que te rodea.

Éste es un problema que sufren muchos sanadores y profesionales de la curación. Es lo que produce el agotamiento. Es tan importante aprender a cerrar los chakras cuando es necesario como mantenerlos libres y abiertos (*véanse* ejercicios de protección en la página 72).

CHAKRA DE LA GARGANTA

(a) ¿Tienes problemas auditivos o de discurso?

(b) ¿Te sientes muchas veces incomprendido o eres consciente de tus dificultades para expresarte?

(c) ¿Has tenido dificultades para encontrar tu verdadero camino, carrera profesional o vocación?

(d) ¿Has tenido problemas de tiroides, de garganta, de oídos o de cuello?

(e) ¿Sufriste traumas o apuros entre las edades de quince o dieciséis y veinte o veintiuno?

(f) ¿Sientes que tu creatividad está bloqueada o que no eres una persona creativa?

(g) ¿Tienes dificultades con alguna de las funciones rítmicas de tu vida, por ejemplo el ritmo de tu respiración, de los latidos de tu corazón o de tu ciclo menstrual? ¿Tienes problemas para mantener el ritmo de la música cuando bailas?

(h) ¿Tienes algún problema de comunicación, incluyendo el de ser incapaz de escuchar el punto de vista de los demás?

La creatividad y la vocación, además de la comunicación, puedes clarificarse trabajando con el chakra de la garganta. Si has respondido «sí» a la mayoría de estas preguntas, tienes alguna dificultad aquí.

CHAKRA DEL ENTRECEJO

(a) ¿Sufres migraña u otro tipo de dolor de cabeza?

(b) ¿Tienes dificultades con alguna de las regulaciones internas, bien sea hormonal, de temperatura, estado de ánimo o violencia?

(c) ¿Tienes pesadillas?

(d) ¿Eres incapaz de visualizar tu futuro?

(e) ¿Te cuesta ver claro tus propios problemas o los de los demás?

(f) ¿Te sientes atascado o necesitado de libertad?

(g) ¿Te sientes culpable porque a pesar de todo lo que tienes no eres feliz?

(h) ¿Sufriste alteraciones o traumas entre las edades de veintiuno y veintiséis años?

Cuando llegamos a este nivel, a menudo el problema es más de falta de desarrollo que de bloqueos, aunque éstos también pueden existir. Si has respondido con un «sí» a la mayoría de las preguntas anteriores, esto indica que te vendría bien trabajar este centro. La apertura de este chakra descubre posibilidades que apenas habrás soñado. Por favor, nótese que este chakra suele desarrollarse después de los veinte años; por tanto, date tiempo si todavía no has cumplido esa edad.

CHAKRA DE LA CORONA (O CORONARIO)

(a) ¿Sientes una llamada a dedicarte a la curación, el *chanelling* o a implicarte en algún tipo de arte místico?

(b) ¿Tienes deseos de estar iluminado y de vivir la sensación de unidad con todas las cosas?

(c) ¿Tienes sentimientos de dicha, totalidad o euforia que no hayan sido inducidos por ninguna causa externa (por ejemplo, drogas o estar enamorado), aunque sea por unos momentos?

(d) ¿Deseas ver más allá de lo material y contemplar la totalidad de la vida como una maravillosa oportunidad de aprender?

(e) ¿Te sientes inundado de amor por todas las cosas?

(f) ¿Deseas tener una conexión directa con Dios, el universo o cualquiera que sea el nombre que le des a la gran fuerza?

(g) ¿Eres capaz de ver con compasión, perdón e incluso gratitud
por las enseñanzas recibidas a los que te han herido o agraviado?

(h) ¿Puedes ver tu vida con alegría y con un amor inacabable?

Si puedes responder con un «sí» a la mayoría de las preguntas
anteriores, estás en vías de vivir en armonía y equilibrio, y de limpiar
buena parte del daño sufrido en el camino de aprendizaje que has realizado en esta vida. Sin embargo, este estado conlleva una responsabilidad: la de compartir generosamente, aunque no indiscriminadamen-
te; la de ser un modelo para otros que están en el sendero luchando
por llegar a una mayor iluminación. En este punto la vida se vuelve
mucho más fácil y alegre, aunque quedan lecciones por aprender ya
que el viaje continúa.

Espero que tu viaje, el «Viaje del Arco Iris», hacia el descubrimiento de tu verdadero ser sea emocionante y esté lleno de maravillas. Mi
corazón y mi amor se dirigen a ti que estás a punto de empezar.

ALGUIEN QUE TE ESCUCHE CON SIMPATÍA

Si no estás en terapia al empezar tu «viaje del arco iris»,
sería bueno que tuvieras en mente a alguna persona con la que
poder hablar cuando lo necesites. Habrá momentos en que tendrás que enfrentarte con cosas del pasado que no te gustarán ni
querrás recordar. Por favor, si llegan esos momentos, recuerda
que ya has sobrevivido. Nada del pasado puede hacerte daño
ahora. Ya se acabó. Lo que ha quedado son los sentimientos
que no expresas. Si eres consciente de que hay recuerdos dolorosos, sería un buen momento para encontrar a un terapeuta
compasivo. (Puede ocurrir que el terapeuta adecuado se presente en tu vida sin más. A medida que avances y aprendas a
confiar en el universo y en lo que tiene que ofrecerte, mejora-
rás en tu capacidad de mirar las oportunidades que surgen.)

CAPÍTULO 3

LAS BASES
DE LA ESPIRITUALIDAD

Antes de empezar a trabajar, clarifiquemos algunos de los conceptos que vamos a usar. Como con cualquier otro tema, tenemos que empezar por las cosas básicas, definirlas y definir su relación mutua. Quizá esto sea aún más importante cuando tratamos con algo tan maravilloso como la espiritualidad y la curación, que se han resistido a definiciones a pesar de ser tan reales. Aunque las personas han sido conscientes de su espiritualidad durante siglos, describirla —no hablemos ya de probarla— ha sido muy difícil hasta hace relativamente poco.

Entonces, ¿qué es la espiritualidad? Bien, supongo que cada persona la siente de un modo diferente. Yo puedo compartir con vosotros lo que significa para mí:

La espiritualidad es un río. Un río de conciencia clara y cristalina. Una corriente de luz. Mi conexión con Dios. Mi conexión con la totalidad del universo. Fluye a mí y alrededor de mí, es parte de mí, llena cada rincón de mi ser. Me trae calma y paz, alegría y sabiduría, y una energía sorprendente. Al mismo tiempo me ralentiza y suspende el tiempo; sin embargo, lo reaviva todo. Me da claridad y potencia la velocidad de mis pensamientos y acciones mientras atenúa el tiempo. Me envía una corriente continua de ideas —conocimientos ya formados— que vienen acompañados de una elevada y brillante sensación de serenidad. Tan clara, tan natural, tan extraordinariamente ordinaria.

Aunque necesité cierto esfuerzo personal, dedicación y motivación para despejar mi camino y abrir la conexión con el alma, desde que aprendí a hacerlo la energía ha continuado circulando con facilidad, fluidamente, maravillosamente. Es mi estado de ser natural; es completo, perfecto. Todo lo que tengo que hacer es pedir. Pedir y prepararme; lo demás es tan fácil como abrir un grifo: el agua fluye. Cuando empieza a ocurrir, da la sensación de una corriente que fluye suavemente; sin embargo, por momentos lo hace con tanta fuerza que apenas puedo aguantarlo. Puede haber un tramo de fluir tan lento que parece haberse detenido, aunque sigo sintiendo que está allí: alegría, regocijo, claridad cristalina, conciencia total, como si yo me quedara a un lado mientras la corriente de energía se vierte. El ritmo cambia repentinamente. A veces quiero llorar, mi respiración queda casi suspendida: breves respiraciones mantienen mi cuerpo mientras la energía de Dios me utiliza como vehículo por el que fluir. Me quedo a un lado y observo cómo ocurre el milagro. Observo la maravillosa luz. Escucho la corriente de pensamientos. Espero, como una niña, que continúe y no se detenga nunca. Me siento agradecida. Apenas me atrevo a moverme por temor a que se detenga, aunque sé que no lo hará. Siento reverencia.

En esa maravilla hay vida, luz, irradiación y un sentimiento de juventud. Estoy en sintonía, en contacto; experimento un poder delicado pero definitivo, sabiduría, una euforia que me atraviesa. Y después siento una enorme alegría, una gran paz. A veces deseo estar tranquila y sola. Otras siento una necesidad urgente de compartir, de aterrizar el amor, de transmitirlo en la curación. Y después viene el sentimiento de estar enraizada, curada, total, alegre y sana. Ésta es mi experiencia de la espiritualidad. El espíritu o alma ha sido definido como la parte de nosotros que es esencial para la vida y sin embargo no tiene sustancia visible y tangible; es la esencia inmortal de nuestro ser, nuestro yo superior, la parte de nosotros que tiene las funciones de amar, pensar y expresar voluntad. Es responsable de hechos habitualmente considerados más allá de la experiencia humana general. Algunos dirán que es la parte de Dios que reside en nosotros y que nos une en el cuerpo común de la humanidad.

El alma tiene poco que ver con la religión, aunque los que sienten pena y dolor suelen buscarla en ella. Desgraciadamente, la religión a menudo nos divide, mientras que la espiritualidad siempre nos une. Sean cuales sean las palabras empleadas para describir el fenómeno espiritual, puedes aprender a ser consciente de este aspecto de ti y comenzar a usarlo como una poderosa herramienta que producirá cambios radicales en tu vida.

Nuestro espíritu es eterno, mientras que la experiencia humana no es más que un momento. La totalidad es como un collar de perlas: el espíritu es el hilo que une las perlas, las vidas de nuestra existencia terrenal. Cada una de ellas parece ser completa, pero en realidad son partes mínimas de la esencia eterna de la vida. Nada muere realmente. Como los árboles que parecen dormir en invierno para revivir en primavera, florecer, volver a perder las hojas y esperar a la primavera siguiente, nosotros también tenemos nuestro ciclo. Podemos conectar con ese espíritu eterno y emplearlo para nuestro beneficio y el de los demás.

Todos somos seres espirituales, aunque ahora tengamos forma humana. La espiritualidad es un factor que está siempre presente en nuestra vida cotidiana. Algunos lo reconocen activamente y utilizan esa parte de sí, mientras que otros aún no lo han hecho. Este libro tiene la intención de ayudarte a reconocer tu espiritualidad y movilizarla para que la puedas usar en cada aspecto de tu vida, mientras te curas y recuperas tu totalidad.

El arte de la sanación

En algunos lugares nuestro río está empantanado por los desechos del pasado, atascado por los desperdicios de la vida que flotan en él. Tenemos que tratarnos delicadamente mientras vamos destrabando partes del naufragio y nos vamos desenredando del pasado. Debemos quitarnos de encima con sensibilidad los dolores y amarguras que cortan nuestro flujo natural e impiden el paso al amor, tanto humano como divino, que es lo que nos nutre: nuestro alimento espiritual. La sanación nos permite liberarnos, equilibrarnos y recuperar la totalidad.

La sanación es el arte de hacer que lo que está enfermo recupere su salud y bienestar natural. Básicamente, todo tiene que ver con el amor. Sea cual sea la forma que asuma, la sanación siempre nos fortalece, animándonos a tomar conciencia y a responsabilizarnos del bienestar de la totalidad.

Sea cual sea la enfermedad, hay estudios que prueban que el estado psicológico de la persona es de primera importancia en el proceso de recuperación. Y como nuestro estado psicológico depende de nuestra paz mental, que, a su vez, es función de nuestro espíritu, la recuperación de la enfermedad siempre implica un proceso espiritual. En esencia, el cuerpo no puede sanarse sin equilibrarse con la mente y el espíritu, y la sanación no puede ocurrir en ausencia del amor.

Tanto el Antiguo como el Nuevo Testamento, y también otras escrituras religiosas, informan de actos de sanación, pero eso no quiere decir que sean cosas del pasado. En el siglo XX siguen produciéndose sanaciones a diario en todo el mundo: en iglesias, sinagogas y otros lugares sagrados, en quirófanos, en consultas, en el borde la carretera después de un accidente, y en muchos otros lugares. La madre que abraza a su niño enfermo y permite que su amor fluya hacia él está favoreciendo su recuperación, aunque es posible que el pequeño siga necesitando atención médica.

Hay médicos que rezan por sus pacientes, y cirujanos que rezan antes de entrar en el quirófano. También hay personas que trabajan específicamente como curanderos en sus hogares o consultas en todos los rincones del mundo. En todas las culturas hay chamanes que piden la intervención divina para sí mismos y para los demás. De hecho, la sanación ocurre cuando alguien tiene el amor y la fe necesarios para invocar la ayuda de un poder de bondad más allá de sí mismo.

¿Cómo funciona?

La sanación ocurre por la transmisión de energía de una fuente divina al receptor a través de un curandero que simplemente actúa como conducto. El sanador tiene una parte muy pequeña en la transacción: la de preparar una atmósfera segura y amorosa para que se produzca la sanación y la de ser una herramienta todo lo perfecta que sea posible. A veces explico la sanación empleando una metáfora: es como arrancar con las pinzas un coche que se ha quedado sin batería. El curandero te transmite el primer impulso de energía para ponerte en marcha, pero a continuación tienes que hacer tu parte y mantener el motor en funcionamiento.

Al igual que se puede medir la electricidad, la energía transmitida por el sanador puede ser registrada en función de sus propiedades electrostáticas y electromagnéticas, y puede ser fotografiada con la técnica Kirlian. La sanación ha sido investigada y está probada. Estas investigaciones son el tema del estudio en cuatro volúmenes, realizado por el doctor Daniel Benor, *Healing Research - Holistic Energy Medicine and Spirituality*.

La sanación puede ocurrir por «imposición de manos», a través de la oración, bien formalmente en un contexto religioso o por medio de una plegaria espontánea, o puede realizarse por el flujo de energía que pasa a través de los chakras sin que el sanador toque al paciente en ningún momento.

El grado de sanación está gobernado por lo que sea adecuado en ese momento. En algunos casos ocurrirá un «milagro» espontáneo, una remisión completa de la enfermedad, aunque el proceso suele ser mucho más gradual. En otros casos puede producirse simplemente una sensación de paz. Practicar la sanación en el momento de la muerte no impedirá que ésta se produzca, pero puede permitir a todos los implicados, tanto al receptor como a sus familiares y amigos, tener una sensación de paz y dignidad mientras la persona regresa al mundo espiritual.

Aunque la sanación sigue siendo ridiculizada por muchos y negada por muchos más, los que se han acercado a ella con mente abierta (y también muchos excépticos) han sentido, si no su poder, sí su paz. Sin embargo, conviene hacer una advertencia: aunque los milagros ocurren, permanece alerta ante los que afirman realizarlos. Desgraciadamente hay personas que se declaran capaces de obrar milagros más desde su ego que desde su espíritu o corazón, decepcionando y desilusionando a los necesitados. Los milagros están en manos de Dios y no en la mente humana ni bajo control de los hombres. Cuando tenemos el privilegio de ser usados como herramienta para una curación tan poderosa, en la mente del sanador se produce un sentimiento de gran humildad y asombro, no un sentimiento de orgullo.

SANACIÓN EN AUSENCIA

En su libro *Manos que curan*, Barbara Brennan relata que ya en el siglo XII Boirac y Liebault describieron el fenómeno consistente en que una persona podía verse afectada por otra a distancia. Esta variedad de curación sigue siendo empleada actualmente por muchos sanadores, que tienen una lista de las personas que la han solicitado y dedican tiempo cada día a enviar amor y energía curativa hacia ellas, así como a las zonas del mundo que tienen dificultades.

Ésta es una práctica en la que puedes participar. Quizá la manera más útil de hacerlo es emitir el pensamiento, con todo el poder que puedas reunir, de que la sanación sea concedida a quienes más la necesiten. Algunos individuos que se oponen con determinación al concepto de sanación no quieren recibirla, y es esencial respetar su opción. Enviar sanación a quienes no desean recibirla es una forma de imposición que debe evitarse. Pero es muy distinto enviar amor al planeta con corazón puro, con nuestra mayor integridad y con la intención de que vaya a sanar a quien más lo necesite; sé que en este caso la sanación está dirigida por una sabiduría superior.

Sin embargo, este libro trata sobre la autosanación, y el amor y la energía que empleamos en sanar a otros también puede emplearse para sanarnos a nosotros mismos. Aunque a menudo necesitamos algo o a alguien fuera de nosotros, sea un médico o terapeuta, medicación, o ayuda práctica, podemos hacer mucho por sanarnos a nosotros mismos. El poder está en ti. Puedes aprender a clarificar tu energía, acceder al plano espiritual y movilizar tu poder innato para sanarte a ti mismo. En muchos casos, nuestra capacidad de autosanación parece perderse porque renunciamos a responsabilizarnos de nuestro bienestar, dejándolo en manos de médicos, amigos, consejeros, la iglesia o cualquiera que esté dispuesto a asumir la responsabilidad. Esta actitud ha llevado a que perdamos como individuos, familias, sociedades, grupos sociales, naciones y planeta la armonía y el equilibrio que eran originalmente el orden común del universo. Sin duda éste era el sendero que teníamos que tomar para aprender que necesitamos volver a las bases: amor, sanación, integridad, apoyo mutuo, honestidad. Allí encontraremos todo lo que necesitamos y más.

No estoy sugiriendo que abandonemos las formas de curación modernas, ni que dejes de recurrir a la ayuda que empleas actualmente. Dentro de la esfera de la sanación hay lugar para la medicación que alivia el sufrimiento o impide una muerte prematura, por ejemplo por una infección. Sin embargo, la medicina moderna ha de ir acompañada por dones y cualidades espirituales para alcanzar los mejores resultados posibles. En general, el paciente ha de tener el control y utilizar su poder para responsabilizarse de su propio bienestar.

A lo largo de los últimos veinte años se han producido intentos muy claros de que los estudiantes de medicina consideren a sus pacientes personas, más que casos clínicos, y se ha producido un movimiento en favor de que los pacientes se impliquen en su propia curación. Desgraciadamente, todavía existe cierta tendencia a ver al paciente como «el problema de vejiga de la cama diez» y al médico como el dios que puede curarlo todo. La profesión médica no es la única culpable de este estado de cosas. Como dije anteriormente, a menudo la persona que está mal o se siente infeliz desea que alguien haga el trabajo por ella. En tal caso, no puede ocurrir la verdadera sanación.

Mi cruzada personal ha consistido en casar la medicina ortodoxa con la sanación y las terapias complementarias. Este planteamiento integrado y verdaderamente holístico considera que cada uno de nosotros es un ser total: física, emocional, mental y espiritualmente. En mi opinión, éste es el único camino de avance sensato. Intentar mantener separado lo antiguo de lo moderno, lo espiritual de lo físico, es como intentar contener la marea.

El momento justo, el lugar justo

Por mucho que intentes ocultar el problema real, esconder el dolor o controlar la situación, finalmente la sanación tiene lugar donde y cuando se necesita.

Hace algunos años vino a verme una señora aquejada de un dolor de espalda. Cuando entró en mi consulta apenas podía caminar y tuve que ayudarle a llegar hasta el sofá. En cuanto nos pusimos a hablar se hizo evidente para mí que, aunque los síntomas que presentaba eran dolores agudos e insensibilidad, su verdadero problema era su matrimonio y las dificultades infantiles que le habían llevado a elegir una relación abusiva. Le dije que aunque estaba encantada de intentar lo que pudiera por aliviar su dolor físico, lo que tenía que hacer era recibir psicoterapia y entender por qué se permitía permanecer en una situación así. Recibió sanación y salió de la habitación caminando por su propio pie y libre de dolor. Posteriormente reservó hora para la consulta terapéutica, pero no acudió.

No volví a saber nada de ella hasta dos años después, cuando regresó con síntomas similares. Apenas podía andar. Hablamos de sus circunstancias en ese momento, y en particular de su matrimonio, que había seguido siendo mutuamente abusivo. En esta ocasión estaba más abierta a recibir algunos datos psicológicos. Cuando volvió a salir de mi consulta ese día, de nuevo totalmente libre de dolor físico, concertó una serie de visitas en las que empezó a hacer el trabajo necesario para cambiar su vida. Realizó este proceso con mucho éxito, empleando una combinación de sanación y psicoterapia. La espalda no ha vuelto a molestarle durante los últimos ocho años y sigue casada con su marido, pero hace mucho tiempo que han dejado de abusar el uno del otro.

Buena parte del trabajo consistió en corregir los bloqueos energéticos que había acumulado desde los años de abuso infantil hasta que decidió responsabilizarse y curarse. Había intentado ceder la responsabilidad de su bienestar a todo el mundo, incluida yo. Se había sometido a operaciones, medicación analgésica y a muchos tratamientos de su médico de cabecera, pero no pudo aprovechar sus excelentes cuidados sin apartar antes los bloqueos energéticos que le mantenían estancada desde el punto de vista físico. Su agudo dolor de espalda era el resultado final de la negativa a escuchar el mensaje de que algo no iba bien tanto emocional como espiritualmente.

Cuerpos etéricos

El cuerpo humano es en general tan denso que podemos verlo, tocarlo, olerlo y sentirlo. La parte que la mayoría de nosotros no podemos ver directamente —el aura y, dentro de ella, los chakras (des-

critos con detalle un poco más adelante en este mismo capítulo)—
se denomina cuerpo etérico o, con más precisión, cuerpos etéricos.
Cada cuerpo vivo crea a su alrededor un campo energético, y el campo energético humano, o aura, es vivificado por las corrientes de
energía que crean los chakras en su constante movimiento giratorio.
Los chakras son para el aura lo que las corrientes para el océano: lo
transforman en una tremenda fuerza viviente.

La energía fluye al cuerpo físico a través de este cuerpo extendi-
do, manteniéndolo vivo y activado. Esta energía es tan esencial para
nuestra vida y bienestar como el alimento y el aire. Sin esta fuerza no
podríamos sobrevivir. Y así como el cuerpo físico está en estado de
cambio constante, con sus células en un eterno ciclo de degenera-
ción y regeneración, también nuestro cuerpo etérico está en constante movimiento. Gira a nuestro alrededor, transfiriendo energía al y
del cuerpo físico, sintiendo lo que está a nuestro alrededor y sirvien-
do de almacén de formas mentales y recuerdos.

El aura nos da una información esencial que rellena la separación
entre lo físico y lo psicológico, entre la biología y el misticismo, entre
la medicina física y la psicoterapia. El aura es el lugar donde pensamientos y emociones tienen sustancia real, donde pueden percibirse
las formas mentales y las emociones que circulan entre las personas en
sus interacciones. A quienes pueden verla, esta sustancia se les presenta como una especie de mucosidad, humo o luz brillante.

Todo lo que tiene que ver contigo, desde tu vigor, resistencia, la
textura de tu piel o el brillo de tu pelo, hasta la percepción de un
hermoso atardecer, tu disfrute de un día en el bosque o tu deleite al
ver que alguien va bien, puede verse afectado si mejoras tu sistema
energético. Puedes lograrlo limpiando, equilibrando y nutriendo tus
chakras, rodeándote consecuentemente de un aura sana y pacífica.

Algunos pueden ver con toda claridad el aura, que en realidad es
una extensión sutil del cuerpo físico. Consiste en una serie de siete
capas de diversos grosores y colores, cada una de ellas asociada con
uno de los chakras y con una función específica. A veces se pierde la
definición de las capas individuales, que se funden en una masa de
luz coloreada y brillante en constante movimiento.

La capacidad de ver auras es simplemente una extensión de la
visión normal. Es una capacidad a la que es muy fácil acceder para

algunos de nosotros, algo tan normal como ver el rostro de un amigo para los demás. Los que tienen el poder de ver campos energéticos sutiles, simplemente son sensibles a un rango de vibraciones más amplio de lo que es habitual. Los que no pueden ver el aura tienden a ridiculizar y a no creer a los que pueden verla y, por tanto, muchas veces se ha ignorado una herramienta importante para la comprensión de las situaciones humanas. Por lo tanto, avanzamos más lentamente hacia un estado de paz y armonía universal de lo que lo haríamos de otro modo. La mayoría de los niños pueden ver el aura y a menudo los chakras dentro de ella, pero normalmente, a menos que la cultiven, pierden esta capacidad a una edad muy temprana. Una amiga me dijo muy contenta que su hija había traído un dibujo de la guardería en el que se le veía a ella con lazos que parecían salir de su pelo. La niña le explicó que eran los «trocitos de color» de mamá y le describió perfectamente el aura tal como la veía.

La mayoría de nosotros olvidamos quiénes somos antes de entrar en la escuela primaria, olvidando también nuestras dotes de espíritus sabios. Y, aunque podemos redescubrirlas posteriormente en la vida realizando trabajo espiritual, están virtualmente perdidas para los que, por una razón u otra, no desean usarlas o se sienten amenazados por el hecho de que otros parecen poseer poderes que ellos no tienen.

Aunque niegues la existencia del aura (véase Apéndice B), puedes admitir que sientes una presencia alrededor de ciertas personas. La mayoría de las personas que han estado en presencia de Madre Teresa o de Madre Meera, u otros sanadores o místicos poderosos, no han podido dejar de sentir una fuerza muy tangible que les rodea. Es muy difícil que su aura, poderosa y muy desarrollada, pase desapercibida.

El mismo fenómeno se presenta alrededor de todos y cada uno de nosotros. Para alcanzar un brillo similar tenemos que trabajar en disolver los bloqueos y los residuos psicológicos y emocionales que ahogan nuestro flujo energético y nos impiden plasmar nuestro pleno potencial.

Asimismo, puede que de vez en cuando te hayas encontrado a alguien con un aura muy alterada que puede ser tan palpable como la presencia clara y brillante. Y del mismo modo que una persona muy desarrollada puede sanar a otras con la energía curativa que emana, las personas alteradas también pueden afectarnos involuntariamente. Es esencial aprender a protegernos; antes de realizar ningún trabajo con auras estudiaremos los ejercicios de protección (*véase* página 72).

Nunca se insistirá demasiado en la importancia de aprender a proteger la propia energía de la contaminación externa y de impedir que sea drenada por los que, en su desesperación, se alimentan de otras almas más sanas. A pesar de que soy muy consciente de los peligros de no protegerme, ha habido un par de ocasiones en las que no llegué a respetar este aspecto de mi trabajo y me dejé herir por energías surgidas mientras trabajaba con personas que, aún no siendo culpa suya, se habían visto envueltas en prácticas poco saludables.

Es de una gran arrogancia creer que tenemos el poder suficiente para superar o soportar estas fuerzas negativas. El poder del bien y del amor siempre es superior al del mal, pero debemos tener un sano respeto por ambos. Así como sería necio plantarnos en medio de una calle con mucho tráfico asumiendo que Dios nos protegerá, es necio no tomar las precauciones adecuadas frente a posibles peligros.

Como sanadora y como psiquiatra me resulta inevitable tratar de manera directa con el dolor, y sin los ejercicios de protección me agotaría rápidamente y sería de muy poca utilidad para los demás.

Nada de lo que hay en este libro puede dañarte en modo alguno, pero en tu ambiente puede haber personas que hayan sufrido mucho y que lleven en su aura no sólo las cicatrices emocionales y espirituales de los abusos soportados, sino negatividades de las que ciertamente puedes prescindir. Nuestro objetivo es liberarnos para ser más sanos y felices, y poder hacer que el amor y la energía curativa fluyan hacia el mundo. Es importante no tomar nada insalubre de fuera de nosotros. A veces, en su inocencia y excesivo deseo de ayudar, los novicios en el trabajo espiritual pueden captar penas y dolores y trasmitirlos a otros.

La energía de vida

La mayoría de las culturas tienen su propia palabra para designar esa fuerza de vida o energía que es esencial para nuestra existencia y para nuestro bienestar. Tanto si hablamos del *chi* de la medicina china o del *prana* de la enseñanzas indias, la energía a la que nos referimos es la misma. Se trata de esa fuerza que es el constituyente básico de la vida, la misma energía que se hace visible en el aura.

Mientras que el alimento sustenta la vida del cuerpo físico, esta energía espiritual es esencial para nutrirnos y elevarnos más allá de la mera forma física. Es esta energía —energía espiritual— la que explica nuestros sentimientos superiores: nuestra claridad, coraje, caridad, iniciativa, amor, lealtad, fe..., y es la que, en determinados momentos, nos permite realizar actos que van más allá de lo que nuestros cuerpos físicos podrían lograr. Es el material del que se compone nuestra alma.

Supongo que en ocasiones te has dado cuenta de que alguien te estaba mirando, aunque tú no pudieras verle directamente. O quizá se ha puesto demasiado cerca de ti y te has sentido invadido. Tal vez otra persona ha dado un paso hacia ti y tú, casi sin quererlo, has dado un paso atrás. Tu aura, y en particular tus chakras, actúan como un sistema de señales que protege el espacio personal que te rodea. Este «espacio» de tu aura está lleno de energía, es como un huevo que te envuelve. Está en contacto íntimo contigo, y afecta y es afectado por cada pensamiento, palabra, sentimiento y recuerdo que tienes.

En realidad es parte de ti. Es parte de tu cuerpo, una extensión de ti. Es hasta tal punto así que si pierdes una parte de tu cuerpo físico, por ejemplo en una amputación, el aura de esa parte permanece; es el miembro fantasma que ha sido objeto de tantos estudios. La única diferencia entre tu aura y lo que consideras tu cuerpo es que el aura está hecha de energía pura que es invisible al ojo, no es lo suficientemente densa como para ser captada por el tacto y no produce sensaciones físicas. Por ejemplo, no sientes dolor cuando tu aura entra en contacto con el borde afilado del escritorio, pero lo sientes cuando tu cuerpo físico choca contra él. Sin embargo, eso no hace que el aura sea menos real. Ni el viento ni la electricidad ni las ondas de radio son visibles al ojo humano, pero pocas personas niegan actualmente su existencia.

Los daños sufridos por el aura son visibles para el ojo entrenado. Por ejemplo, la cocaína puede producir agujeros en el aura, y la energía que fluye a través de ellos puede ser muy dañina en todos los aspectos: físico, emocional, mental y espiritual. Las personas que consumen drogas ilegales suelen hacerlo en entornos sórdidos, en atmósferas insanas y en compañía de personas enfermas. No puede sorprendernos que los hábitos de comportamiento alterado desarrollados se prolonguen durante años tras haber abandonado la adicción. Sin una limpieza adecuada y sin prestar atención a los chakras y a la curación del aura, algunas de estas personas nunca se recuperarán plenamente: continuarán luchando con gran variedad de problemas sin aparente relación con su pasado en el mundo de las drogas. Si a esto le añadimos el hecho de que algunas terapias no afrontan realmente los problemas de fondo (incluyendo las espirituales), no puede sorprendernos que muchos vuelvan una y otra vez a la droga de su elección para sentir un mínimo consuelo en lo que consideran un entorno hostil.

LOS CHAKRAS

La palabra *chakra* procede del sánscrito, significa «rueda», y hace referencia a los vórtices de energía que penetran tanto el aura como el cuerpo físico. Existen siete chakras mayores, veintiún chakras menores y muchos chakras de menor importancia. Con el tiempo se han ido descubriendo otros nuevos. De los chakras menores, los más usados son los de las palmas de las manos y las plantas de los pies.

Para la mayoría de la gente es más fácil sentir que ver los chakras. La manera más fácil de sentirlos es poner la mano a unos centímetros del cuerpo físico. La presencia de ropa no afecta a la energía ni a la facilidad con que puede sentirse; por eso no es necesario quitarse la ropa para recibir sanación.

Si pones las manos por delante de ti, con las palmas una frente a otra y a unos veinte centímetros de distancia, y las vas acercando lentamente, puedes sentir un cambio sutil, como si apretaras un cojín suave, cuando el aura de una se junta con la de la otra. ¿Por qué no jugar con esta idea y divertirte descubriendo nuevos aspectos de ti? Los chakras son tan sensibles que se ven afectados por la energía de los demás y también por las energías de algunos lugares. Ya hemos comentado que en presencia de ciertas personas te sientes bien mientras que otras drenan tu energía. Este tipo de sentimientos pueden surgir con una persona a la que no conocías: de repente, estando en la misma habitación que ella, te sientes en paz. Asimismo puedes entrar en contacto con otra persona por unos minutos y sentirte incómodo, incluso enfermo, sin razón aparente para ello. Todos empleamos diversas tácticas energéticas para protegernos, para manipular a los demás y para ocultar nuestra vulnerabilidad, aunque a veces seamos inconscientes de ello.

Aunque en gran medida podemos aprender a protegernos de las experiencias externas, lo que tenemos que hacer es construir un sistema sano que nos mantenga flexibles en todos los aspectos: físico, emocional, mental y espiritual.

Para conseguirlo, cada capítulo de *Chakras* te presenta un chakra específico, estudiando sus funciones, sus características y el tipo de problemas que se producen cuando está «bloqueado». Para ayudar a aclarar estos bloqueos se proponen ejercicios y meditaciones que favorecerán tu crecimiento espiritual. En último término, todo tu sistema se volverá más sano y flexible.

El funcionamiento sano de nuestro sistema de chakras es esencial para nuestro bienestar pero, así como hay gente que sobrevive con sistemas digestivos perezosos que les mantienen permanentemente alterados, la mayoría de nosotros sobrevivimos con sistemas de chakras distorsionados y perturbados. Si nuestro flujo de energía es reducido, nos sentiremos faltos de alegría y de chispa, cuando podríamos sentirnos mucho mejor.

EL SISTEMA DE CHAKRAS

La localización específica de cada chakra se ha discutido con todo detalle en un capítulo precedente (véase figura 1, pág. 43). En este caso vamos a observar el sistema como un todo. Los chakras se parecen a ruedas de luz que giran. Cuando están sanos, giran en el sentido de las agujas del reloj, absorbiendo energía del campo universal para revitalizar constantemente todo nuestro ser. Como giran a distintas velocidades, cada uno emite una frecuencia de luz que se percibe como un color diferente. El más bajo o chakra raíz es rojo, los demás tienen los restantes colores del espectro: anaranjado, amarillo, verde, azul, índigo o violeta y finalmente blanco. De ahí la referencia al «viaje del Arco Iris».

Cada uno de los chakras mayores está asociado con una de las siete capas del aura. El primer chakra está asociado con la capa más cercana al cuerpo físico, el segundo a la segunda, etc. Aunque teóricamente cada una de ellas tiene el color del chakra que la gobierna, en la práctica pocas veces ocurre así. De hecho, el aura a menudo se ve como un único color, que a menudo es el amarillo; aún es más común que tenga zonas de color más denso dentro de él y las distintas capas parezcan estar fundidas. A veces las capas están oscurecidas por otros elementos, por ejemplo viejas emociones o formas mentales. Algunas emociones no resueltas, como la ira inexpresada, pueden residir en el aura durante años.

Aunque siempre se les nombra desde de la base hacia arriba, los principales chakras reciben distintos nombres en las diferentes escuelas, lo que puede producir cierta confusión. Algunas emplean nombres asociados a su localización y otras utilizan nombres asociados a su función. En el contexto de este libro, los siete chakras en los que nos centraremos recibirán los nombres siguientes:

Chakra 1 - *chakra base o raíz*

Este chakra está situado en la base de la columna, entre el cóccix y el hueso pélvico, y tiene color rojo. Su función principal es la de mantenernos enraizados en el mundo físico y mantenernos vivos. Está asociado a las sensaciones físicas. La primera capa del aura también está asociada con el cuerpo físico.

Chakra 2 - *chakra sacro*

Este chakra se encuentra en la línea media, debajo del ombligo. Es de color naranja y su principal función está relacionada con la reproducción y el dar y recibir placer sexual. La segunda capa del aura está asociada con las emociones.

Chakra 3 - *chakra plexo solar*

El plexo solar está situado bien en la línea media, bien ligeramente a la izquierda, encima del estómago. Es de color amarillo.

Éste es el lugar donde formamos nuestras opiniones de las cosas, es el centro de potencia, poder y voluntad. La tercera capa del aura está asociada con las funciones mentales.

Chakra 4 - *chakra corazón*

A veces nos referimos a él como chakra de transición, ya que los tres inferiores están relacionados con lo físico, emocional y mental, y ahora empezamos a avanzar hacia lo espiritual. El corazón es el puente entre ambos reinos y es el centro del amor humano. También es el centro del sentimiento, y es de color verde esmeralda. Su capa es el plano astral (*véase* Glosario).

Chakra 5 - *chakra garganta*

Como su nombre indica, este chakra está en la garganta y es parte del reino de lo divino. Cuando está bien desarrollado, nos permite expresar nuestra verdad con coraje y también escuchar sin juzgar. Es el lugar de nuestra integridad y de nuestra vocación. Es de color azul o turquesa. La quinta capa es el cuerpo etérico.

Chakra 6 - *chakra del entrecejo (a veces denominado erróneamente «tercer ojo»)*

Este chakra nos lleva al reino celestial y a un amor que sobrepasa el amor humano. Es el lugar de la clara visión en el sentido espiritual. La capa asociada con este chakra es el cuerpo celestial. Es de color violeta o azul oscuro.

Chakra 7 - *chakra coronario*

Situado en la parte superior de la cabeza, el chakra coronario es nuestro acceso a lo divino, a los reinos espirituales. Nos permite absorber energía espiritual para nuestro uso personal o para ayudar a otros en la curación. También es el centro del conocimiento, conocimiento sin pensamiento ni razón. Aquí se integra la totalidad: lo físico, lo emocional, lo intelectual y lo espiritual.

Los chakras menores se encuentran:

- Delante de cada oreja.
- Encima de cada pecho.
- En la palma de cada mano.
- En la planta de cada pie.
- Detrás de los dos ojos.
- Encima de los ovarios y de los testículos.
- Detrás de las rodillas.

También hay chakras conectados con el estómago y con el timo; hay uno debajo del chakra de la garganta, por encima del esternón y entre las clavículas; otro está situado junto al gran chakra del plexo solar, y también hay dos en el bazo. Los de menor importancia suelen encontrarse en las articulaciones, y generalmente coinciden con los puntos de acupuntura.

Los chakras principales: sacro, plexo solar, corazón, garganta y entrecejo pueden percibirse tanto desde delante como por detrás del cuerpo, aunque por la parte de atrás se perciben un poco más arriba (*véase* figura 2). Tienen una conexión central con la columna vertebral, e idealmente debería haber un flujo energético de la parte frontal a la posterior y de la posterior a la frontal. El chakra coronario y el de la base forman un eje vertical que atraviesa el centro de todos los demás chakras. Puede sentirse por encima de la cabeza, y forma el canal de energía que se extiende desde la base de la columna y entre las piernas hacia el suelo.

La energía fluye en ambas direcciones. El chakra raíz absorbe energía de la tierra y también nos permite aterrizar nuestra energía espiritual, de manera muy parecida a cómo un pararrayos desvía a tierra la electricidad. Nos da estabilidad. Por su parte, el chakra coronario aporta energía desde arriba y constituye nuestro punto de acceso directo a la energía espiritual. El canal por el que fluye la energía entre la coronilla y la raíz, a veces recibe el nombre de canal o corriente de fuerza vertical o central. La conexión e interdependencia íntima entre los chakras da a entender que es imposible pensar en ellos aisladamente cuando discutimos su efecto sobre nuestro funcionamiento total como seres humanos.

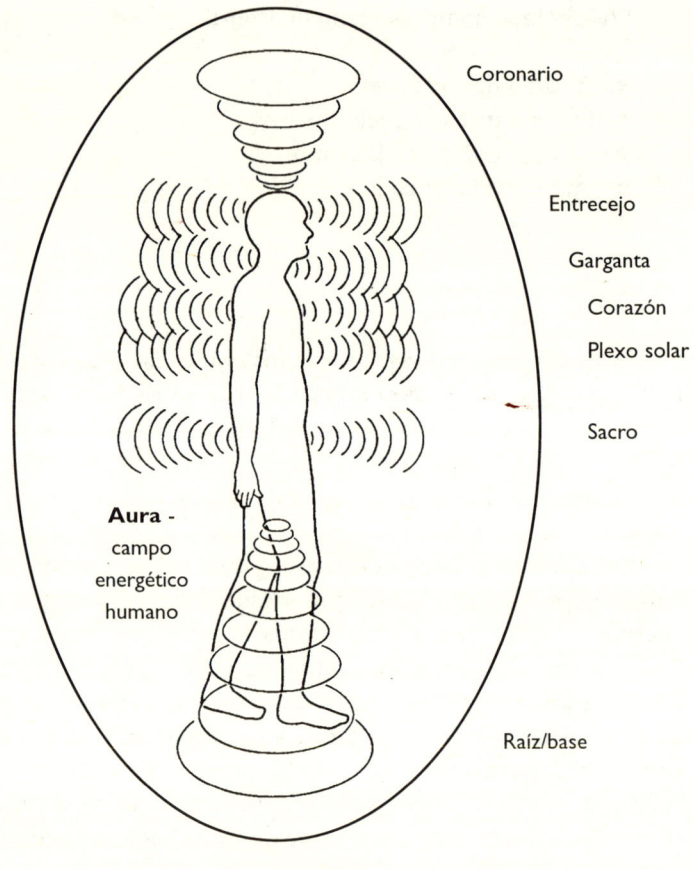

Coronario

Entrecejo

Garganta

Corazón

Plexo solar

Sacro

Aura -
campo
energético
humano

Raíz/base

Figura 2

Bloqueos energéticos (véase *figura 3*)

Cuando un chakra no funciona bien solemos decir que está bloqueado, aunque esta palabra cubre una amplia variedad de problemas. Puede que el chakra gire demasiado despacio o en la dirección
equivocada, que apenas gire (a veces se dice que está «silencioso»),
que esté desequilibrado o que esté realmente dañado. Asimismo puede estar excesivamente activo y brillante, de modo que no podamos
abrirlo y cerrarlo a voluntad.

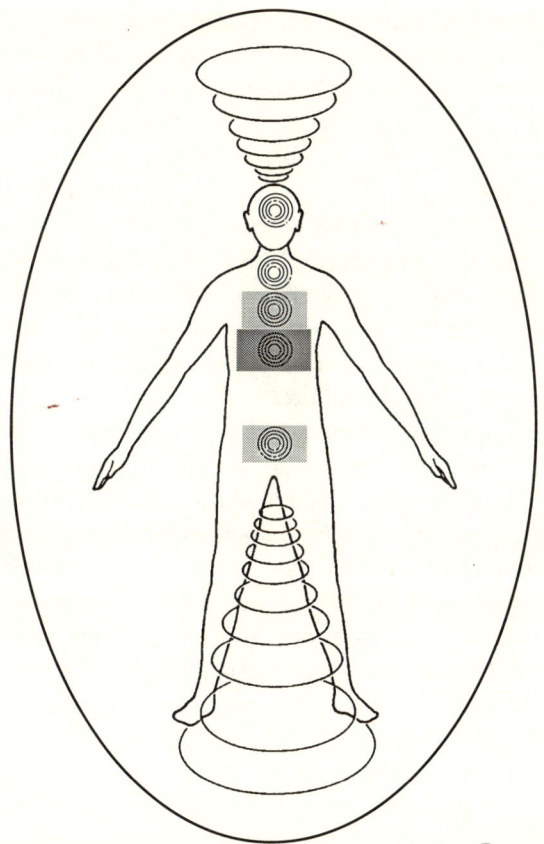

Figura 3:
Importante bloqueo en el plexo solar por antiguas amarguras, ira y dolor que impiden el libre flujo de energía, con desarrollo de bloqueos secundarios en otros lugares. El corazón es incapaz de amar verdaderamente y el sacro es incapaz de disfrutar de una liberación sexual completa. La creatividad y el potencial están restringidos, como también lo están la comunicación abierta, la visión y la conciencia.

Cuando un chakra está «abierto» (aunque nunca están del todo cerrados), no queda otro remedio que tratar la energía y el material psicológico asociado que fluye a través de él. Aunque es verdad que hasta cierto punto cuanto mayor es el flujo energético, más sanos nos encontramos, parte de la energía con la que tenemos que tratar puede causarnos sufrimiento psicológico o emocional. Ésta es la principal causa de que cerremos o «bloqueemos» nuestros chakras.

Los bloqueos no son accidentales: los diseñas y los pones en su lugar para protegerte de lo que en ese momento no puedes procesar. Sin embargo, la mayoría de los bloqueos son caducos e impiden el futuro crecimiento.

Limpiarlos es un ejercicio parecido a limpiar un manantial de agua (*véase* figura 4). Observamos las cosas que hemos acumulado y vamos descartando algunas de ellas. Entre tanto, puede que nos encontremos con algo que sea muy hermoso y que nos gustaría volver a poner a la luz. Limpiar los chakras es como desenpolvarlos y pulirlos, o quitarles las capas de óxido.

Cualquiera que sea su causa, toda alteración afecta a nuestro flujo energético. Como todos los chakras están íntimamente vinculados, un bloqueo en uno de ellos afectará al funcionamiento de los demás, produciendo alteraciones físicas, emocionales y/o espirituales.

Como analogía, podemos decir que si tengo un importante bloqueo en una pierna, afectará a la circulación más allá de ese punto. Aunque el cuerpo emplee otros canales para compensar y parezca que le va muy bien a pesar del bloqueo, finalmente el problema se complicará demasiado como para ignorarlo y necesitaré ayuda para afrontarlo.

Asimismo, y en términos muy simples, si tengo un bloqueo en mi segundo chakra, entonces no habrá energía para un flujo óptimo hacia el tercero, cuarto, quinto, sexto o séptimo. Aunque cada chakra opera individualmente, la conexión entre ellos es esencial para una eficiencia óptima.

Cada uno de los siete chakras principales está asociado con una de las glándulas del sistema endocrino (*véase* Apéndice A). Por ejemplo, como el chakra de la garganta está asociado con la glándula tiroides y dicha glándula tiene importantes funciones como el crecimiento, el movimiento, el control de la temperatura y muchas otras, entonces una lesión o la pérdida de función del quinto chakra puede tener efectos sobre todas estas funciones.

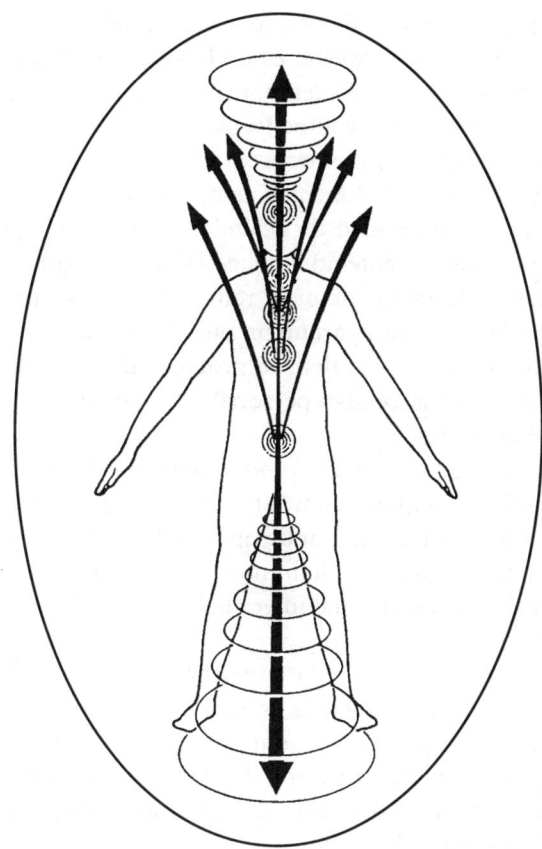

Figura 4:
La liberación del dolor en el plexo solar permite una rápida liberación de otros
chakras que produce un incremento de energía en todos los ámbitos.

Tipos de bloqueo

Diferentes tipos de bloqueos energéticos, correspondientes a mecanismos de defensa psicológicos, sirven a distintas funciones y los desarrollamos para protegernos de situaciones que nos resultan demasiado difíciles en un momento dado. Entre ellos se encuentran:

- La represión de sentimientos, que suele producir depresión y desesperación (generalmente es un bloqueo del chakra corazón).
- Compresión y solidificación, principalmente de rabia, que se percibe como potencialmente destructiva si se le permitiera expresarse (generalmente es un bloqueo del plexo solar).
- Congelación de sentimientos, que a menudo produce una gran tensión y la necesidad de defenderse contra cualquier posible ataque (generalmente un bloqueo del chakra corazón).
- Agotamiento de la energía y renuncia al poder personal, que deja a la persona aparentemente desvalida y necesitada de mucho apoyo de los demás, protegiéndose así de tener que aceptar responsabilidad personal (bloqueo del plexo solar y/o del chakra sacro).
- Negación, habitualmente producto del miedo. En este caso, la persona se comporta como si todo fuera bien, cuando por debajo hay un caos tan grande que trata de evitarlo a toda costa para prevenir un posible hundimiento (esto puede presentarse en el bloqueo de cualquier chakra).

Mucha gente recurre a una combinación de estos bloqueos y pasa de uno a otro dependiendo de las circunstancias en las que se encuentra. Todos empleamos bloqueos de vez en cuando para regular el flujo energético, dependiendo de lo que sentimos que podemos o no podemos afrontar. A veces estos bloqueos temporales pueden ser una herramienta útil.

Mientras paso consulta, suelo dar vueltas en la silla, muevo las manos, cruzo las piernas, cruzo un brazo sobre el pecho o me toco la frente al tiempo que movilizo mi energía y protejo y regulo el flujo tal como se me indica. La mayoría de la gente hace estas cosas de manera inconsciente, en lo que hemos llegado a conocer como lenguaje corporal. En el peor de los casos los bloqueos pueden convertirse en estructuras permanentes, y en el mejor, en formas habituales de embalsar el flujo y evitar ciertos aspectos de nosotros mismos. Con tiempo, delicadeza y un deseo genuino de hacerlo, todo puede acabar aclarándose. Nadie tiene derecho a retirar o a tratar de desmantelar cualquier bloqueo que tengas hasta que le invites a hacerlo.

Acudir a terapia implica invitar al terapeuta a hacer todo lo necesario para ayudarte a ponerte bien. Sin embargo, a menudo he tenido que lidiar con los resultados de una terapia chapucera o con intentos de sanación incompetentes. Recuerda que tú estás al mando, y aunque a veces la terapia es dolorosa y hay necesariamente cosas que aclarar a las que en un principio puedes resistirte, si descubres que una voz dentro de ti te dice que las cosas no van por buen camino, escúchala y discútelo con tu terapeuta.

Nuestro trabajo

El trabajo que vas a hacer sobre ti mismo a lo largo de *Chakras* será tranquilo y sin sobresaltos. De vez en cuando tendrás comprensiones que te harán dar saltos repentinos hacia delante, pero siempre manejarás el control de la situación y podrás avanzar a tu propio ritmo.

No te sorprendas si progresas con rapidez. El aura puede cambiar de apariencia a medida que avanza el trabajo, y la claridad y el sentido de giro de los chakras puede variar completamente en una sesión de sanación. Es posible que no puedas contener este nuevo y repentino aporte energético y vuelvas a colocar rápidamente el bloqueo en su lugar. No te dejes desanimar por ello. Es perfectamente normal ya que, como en la mayoría de las intervenciones que producen cambios duraderos, debe producirse un desarrollo gradual hasta que la nueva forma de ser se establezca permanentemente. Así como un niño que se está muriendo de hambre no podría digerir de repente una dosis de leche enriquecida, un sistema muy necesitado puede ser incapaz de soportar un estallido momentáneo de intensa energía.

Uno de los errores que suelen cometer los sanadores inexpertos es el de olvidar este hecho. El estallido repentino de los bloqueos hará que el material emocional y psicológico que ha producido el bloqueo emerja a la conciencia, lo que puede causar una crisis que el sanador inexperto no está preparado para afrontar. Todo el trabajo que recomiendo es lento y delicado, y te permitirá comenzar a procesar el material reprimido con facilidad.

Ejercicios de protección

Algunos dicen que nunca deberíamos tratar de protegernos porque al hacerlo reconocemos que hay algo que temer. No soy de la misma opinión. Siento que tenemos la responsabilidad de mantener nuestra energía tan pura como sea posible y de cuidar de ella tal como haríamos con cualquier otra cosa de valor.

Es maravilloso permanecer en un entorno donde la energía es pura, donde estamos con personas que nos quieren y nos rodean de energía positiva que nos permite permanecer abiertos, pero para algunos esta situación apenas ocurre. Y cuando hemos aprendido a reciclar el dolor y neutralizarlo, o a permitir que las presencias angélicas lo disipen, podemos hacer un inmenso bien simplemente siendo energías abiertas y limpias allí donde estemos. La gente cercana sentirá la diferencia y responderá positivamente a nuestra presencia.

Sin embargo, hasta alcanzar este estadio, por favor recuerda que si te encuentras demasiado abierto y desprotegido es muy fácil recoger de otras personas lo que yo llamo basura psíquica. Tenemos que tener un respeto sano por el trabajo que hacemos y por el hecho de que muchas personas que aún están trabadas en su dolor, especialmente dolor emocional, llevan consigo una pesada carga de energía negativa. Un elemento que es particularmente fácil de contagiar es la ira. Puede ser útil pensar en ella como si fuera un iceberg: la mayor parte está sumergida y el resto se proyecta hacia fuera. Si alguien de tu entorno consume drogas como heroína, cocaína o anfetaminas, es fácil que tenga el aura dañada, lo que facilita que la energía negativa se le quede pegada. Permitir que la descarguen sobre nosotros no ayudará a nadie, ni a nosotros ni a ellos.

En cualquier caso, acostumbrarse a la protección es una buena práctica. Protegernos significa rodearnos (y si eres terapeuta, rodear a las personas con las que trabajas) con un escudo de energía positiva, de modo que nada negativo pueda invadir nuestro espacio. A veces también implica cerrar los chakras mientras proyectamos a nuestro alrededor energía que no puede ser penetrada por otros. Hay diversas maneras de hacerlo y al final lo conseguirás con un simple pensamiento, pero, para empezar, por favor no trates de encontrar atajos. Tómate el tiempo necesario para hacerlo bien.

Sin duda, la mejor protección es proyectar constantemente un campo de amor a tu alrededor que funcione como una armadura. Puede que con el tiempo acabes eligiendo este método, pero requiere mucha práctica. A veces, por muy bien posicionados que estemos, la situación nos pilla desprevenidos y nuestro lado más humano nos decepciona. Tengo que admitir que, aunque he usado este método durante años, en ocasiones, generalmente como consecuencia de excesos verbales que hacen referencia a mis traumas infantiles, no he logrado establecer las protecciones, quedándome expuesta al dolor y a la ira de la otra persona y respondiendo a ellos. A continuación describo algunos otros métodos muy eficaces.

MÉTODO 1

Cuando hayas acabado de trabajar contigo mismo o cuando vayas a salir al mundo, especialmente si eres una persona con tendencia a perder energía, tómate unos minutos para hacer el ejercicio siguiente:

Toma un par de respiraciones profundas y, mientras lo haces, relájate todo lo que puedas. Imagina que tienes una hermosa flor blanca en la parte superior de tu cabeza con los pétalos plenamente abiertos. Con un pensamiento, observa cómo se cierran. Deja que la flor se convierta en un capullo apretado. A continuación permite que tu atención se dirija hacia el entrecejo. Visualiza allí una preciosa flor de color azul oscuro o violeta y, con un pensamiento, permite que sus pétalos se cierren formando un capullo apretado. Orienta ahora tu atención hacia la garganta. Visualiza una flor azul cielo o turquesa. Deja que sus pétalos se cierren y a continuación deja que tu atención se centre en el corazón. Aquí encuentras una preciosa flor de color verde. Permite también que sus pétalos se vayan cerrando. Dirígete ahora al plexo solar. Aquí encuentras una flor amarilla; deja que sus pétalos se cierren formando un capullo muy, muy apretado. Céntrate ahora en tu chakra sacro. Aquí ves una flor naranja. Deja también que sus pétalos se cierren. Tu chakra base permanece abierto para mantenerte bien enraizado y nutrido por la tierra. Cruza los brazos sobre el pecho. Inclina la cabeza ligeramente hacia delante. Ahora imagina que tienes a tu lado una preciosa capa de color azul medianoche. Permite que te rodee completamente, pasando por encima de tu cabeza para protegerte. Respira. Ten la certeza de que estás protegido.

MÉTODO 2

Toma un par de respiraciones profundas y relájate cuanto puedas. Imagina una hermosa luz blanca descendiendo desde encima de tu cabeza y vertiéndose en forma de pirámide a tu alrededor. Siente que la pirámide se llena de luz. Respira esa luz y deja que penetre en cada rincón de ti, de modo que te sientas lleno y rodeado por ella. Ahora, con una respiración, recubre la pirámide de pura luz dorada. Es importante que sepas que la llevas contigo, que puedes ver y comunicar a través de ella, y que te protegerá de cualquier energía que fluya hacia ti. Cuando venga a tu mente el deseo de hacerlo, refuérzala con más luz.

MÉTODO 3

Este método es particularmente útil para terapeutas y sanadores. Antes de empezar una sesión, limpia tu campo energético con una corriente de amor que fluye hacia fuera, respirándola hacia tu aura, que sellas con luz dorada. Ahora, imagina a tu alrededor una columna de luz dentro de la cual puedas trabajar. Puedes aumentar su tamaño para incluir a tu paciente/cliente si lo deseas, pero, en caso de hacerlo, debes asegurarte de separar completamente vuestras energías al final de la sesión, volviendo a sellar tu propia aura y colocando una capa protectora alrededor de la persona antes de que se vaya. Ten la seguridad de que estás protegido.

ACEPTAR AYUDA

Si actualmente estás recibiendo ayuda emocional o psicológica, por favor no la dejes. No te dejes llevar por la tentación de abandonar la medicación o cualquier otra intervención tradicional de la que seas objeto. Comenta lo que estás haciendo y dispón de algún sistema de apoyo con el que poder contar en caso de necesidad. Pero sé consciente en todo momento de que habrá gente a tu alrededor que te acosará. Pueden ridiculizarte y estrangular la tierna planta de tu crecimiento espiritual antes de que haya tenido tiempo de enraizarse; por tanto, elige con cuidado a las personas en las que confías. Permite que te guíe tu intuición. ¡Tienes una intuición! Ahora es el momento de emplearla. Normalmente, la voz de tu intuición te guiará con precisión y delicadeza. Como orientación general, si oyes una voz que te dice en tono paternal que debes hacer algo, no se trata de la intuición, sino de un padre que interiorizaste hace mucho tiempo.

Así pues... vamos a entrar en el primer chakra o chakra raíz, que es terrenal, poderoso y estabilizador: ¡Su principal deseo es mantenernos vivos!

CAPÍTULO 4

CHAKRA RAÍZ: LA BASE CARMESÍ

Todas las alegrías del cielo están desparramadas por la tierra.

ANÓNIMO

¿Te has preguntado alguna vez por qué algunas personas tienen presencia, carisma? ¿Por qué, cualesquiera que sean sus circunstancias, son optimistas la mayor parte del tiempo? ¿Por qué apenas parecen tener crisis de confianza en sí mismos y su autoestima tiene un buen nivel? Algunas personas parecen capaces de manifestar lo que desean y pocas veces dejan de conseguirlo. Siempre se presenta algo para ellas. ¿Se trata de su suerte? ¿De su signo astrológico? ¿De su personalidad?

Bien, puede ser. Pero hay un hecho que subyace a todos esos elementos, y es que están bien enraizados, tienen unos buenos cimientos, tuvieron un buen vínculo con sus madres y otros cuidadores a temprana edad, y tienen una buena sensación de su cuerpo físico. De hecho, lo que demuestran es que tienen un chakra base sano, equilibrado, que gira con rapidez y sin obstrucciones.

Si dedicas tiempo y esfuerzo a nutrir el chakra raíz, sentirás la recompensa en términos de estabilidad y seguridad; tendrás una sensación de pertenencia y autoestima. Sin embargo, como nuestro actual estilo de vida nos proporciona poco contacto con la tierra y muy poco tiempo para nutrirnos, estas cualidades suelen eludirnos. Incluso las personas cuyos comienzos son muy estables pueden perder la sensación de seguridad interna si descuidan o pierden el respeto por sus raíces.

Sin la energía fuerte y robusta del primer chakra, nuestro ascenso espiritual queda bloqueado. Además, somos incapaces de sentirnos verdaderamente contentos o de estar sanos (física, emocional o espiritualmente); nos resulta difícil sentir la alegría de estar vivos y aún más difícil soportar las exigencias de la vida. Si el chakra raíz es débil o está cerrado, nos sentimos perdidos, desenraizados. Nos dejamos llevar como una hoja al viento, sin propósito aparente, sin valor ni dirección, y nuestra autoestima es escasa.

Por tanto, en este chakra, el juego se llama supervivencia. El chakra raíz trata de mantenernos vivos pase lo que pase. Gobierna nuestros instintos básicos: comer, dormir, encuentros sexuales, autoconservación y preservación de la especie. Está allí para mantenernos en marcha hasta que completemos el trabajo que hemos venido a realizar. Está asociado con las glándulas suprarrenales (*véase* el Apéndice A) y con la respuesta de lucha o huida que entra en juego instintivamente para protegernos cuando nos sentimos amenazados. Nos apremia a convertirnos en todo lo que podemos ser, gobernando nuestro impulso de cuidarnos, nutrirnos y mantenernos en forma. De este modo, el chakra raíz hace que estemos preparados para tratar con lo que la vida nos envíe y también para prosperar. Nos asegura el don del buen juicio, una herramienta necesaria para evitar el peligro, aunque también nos permite sentirnos aventureros y asumir riesgos.

Nuestro cuerpo físico y el alimento que tomamos, además de todos los bienes materiales con los que adornamos nuestra vida, surgen de la tierra. Este chakra está relacionado con la materia, la sustancia, la tierra y todo lo que procede de ella. Por tanto, está asociado con nuestros hábitos alimenticios, con nuestra manera de cuidar de nosotros mismos, con nuestra motivación de ganar dinero para vivir bien, con nuestra capacidad de manifestar lo que necesitamos. Es el primero de los siete grandes chakras, y si no aseguramos su salud y estabilidad, él no puede asegurar las nuestras.

Muchos buscadores de la paz y de la espiritualidad intentan descartar lo físico, lo concreto, creyendo que ocuparse de la materia es contrario al ser espiritual, pero no hay nada más distante de la verdad. Está claro que hacer un ídolo de las cosas materiales no es sano, pero estamos en el mundo físico, tenemos cuerpos físicos y necesita-

mos alimento, abrigo, ropa y comodidades. No sólo debemos tenerlos, sino que debemos disfrutar de ellos.

Somos seres espirituales dando lo mejor de nosotros como seres
humanos durante nuestra estancia en el planeta. Mi cuerpo físico es
la prueba visible de mi encarnación, y también es la parte de mí que
alberga mi espíritu, mis emociones y mi inteligencia. Interpreta el
mundo físico que le rodea empleando tanto su complejo sistema nervioso como los sentidos. Mi cuerpo es, de hecho, el medio que me
permite realizar cualquier tarea que me haya planteado para esta encarnación. Cuando hayamos enseñado todo lo que tenemos que enseñar, aprendido todo lo que tenemos que aprender, dado todo lo
que tenemos que dar y recibido todo lo que tenemos que recibir, será
nuestro momento de partir y volver a la libertad del espíritu. Pero,
de momento, estamos aquí y debemos asumir el mundo físico si queremos sobrevivir y plasmar nuestro más elevado potencial.

Contruir unos buenos cimientos: el trabajo elemental

Imagina que construyes una casa. Naturalmente comienzas por
poner los cimientos para asegurarte de que haya una buena base que
soporte la estructura. En cierto sentido, los cimientos son la parte
más importante de la casa. Sin ellos no podrá superar la prueba del
tiempo ni el impacto de los elementos. Nuestra salud y nuestro desarrollo espiritual requieren la misma firmeza en sus cimientos.

Nuestro chakra raíz es el primer escalón de la escalera del arco
iris, y es el equivalente a los cimientos de una casa que se hunden en
la tierra. Si nos saltamos el trabajo que tenemos que hacer a este nivel y pasamos a otros chakras que para algunos son más emocionan-
tes y atrayentes porque gobiernan la emoción, el pensamiento, la visión y la comprensión, estamos corriendo un riesgo. Sin el trabajo de
enraizamiento fundamental, no tendremos el impulso necesario para
mantenernos firmes en los tiempos difíciles que pudieran sobrevivir.
Si no limpiamos y sanamos el chakra raíz, no estamos bien asentados; somos como un árbol sin raíces: cuando venga la primera tor-
menta fuerte, nos tumbará.

Este maravilloso y robusto chakra es la fuente de la que mana la energía que lo vivifica todo según vamos avanzando en nuestro viaje de iluminación y descubrimiento.

Figura 5:
Limpiar el primer chakra permite que todo el sistema se abra y nos aporte sus dones.

Una fuente de energía

El chakra raíz es una rueda de luz de unos ocho centímetros de diámetro que gira para formar un embudo de luz que apunta hacia la tierra desde la base de la columna, o con más precisión, desde el perineo (la parte del tejido situado entre ano y vagina/escroto). Es el más bajo de los chakras y gira a la frecuencia de la luz roja, lo que produce su definido color carmesí. El rubí emite luz de esta misma frecuencia.

Estando en el extremo inferior del canal central de fuerza, el chakra base afecta a todos los demás de una manera muy poderosa. Mantiene constantemente un flujo de energía sólida que tiende a enraizarnos. También está dispuesto a enviar una ola de energía ascendente hacia los demás chakras siempre que éstos estén dispuestos a responder. Su efecto sobre nuestra vitalidad es fundamental. Frecuentemente, la curación de este chakra mejora nuestra energía general, aportándonos una sensación de equilibrio y bienestar. A medida que mejora nuestra sensación de seguridad, sentimos menos ansiedad y dormimos mejor.

El trabajo sobre cualquier chakra produce mejoras en todas las áreas de tu vida, pero si no estás bien enraizado su efecto sólo se notará a corto plazo y no podrás mantenerlas. Algunos terapeutas eligen trabajar con el chakra raíz para ayudar al paciente a enraizarse, robustecerse y afrontar las dificultades. En el sistema de autocuración expuesto en este libro, mi insistencia en la importancia de limpiar y sanar este chakra nunca será excesiva. Tiene el potencial de abrir todos los bloqueos del sistema y de hacer trabajar los centros superiores con mucha más facilidad. Es imprescindible poder enraizarse a conveniencia; encontrarás un ejercicio en la página 92 que te ayudará a hacerlo.

El chakra raíz, que tiene un nombre muy apropiado ya que nos enraíza en el planeta, nos da la oportunidad de absorber la energía estimulante y dinámica de la tierra. Esta conexión también nos permite descargar cualquier elemento negativo que de otro modo nos causaría tensión y sobrecarga psíquica. Al comienzo de las meditaciones de este capítulo (p. 95), sugiero una relajación gradual del cuerpo con los dos pies planos sobre el suelo y pido que la atención recorra el cuerpo hacia abajo para permitir que cualquier energía negativa fluya hacia fuera a través de las plantas de los pies y el chakra raíz. En ambas meditaciones usamos el gran don del chakra raíz, que nos permite soltar y devolver regularmente a la tierra lo que ya no necesitamos sabiendo que recibirá el tratamiento adecuado.

Descubrir nuestra verdadera identidad

El chakra raíz nos recuerda quiénes somos verdaderamente. Nos recuerda que somos parte del universo, ayudándonos a reconocer nuestra belleza innata, nuestro especial valor y nuestra unidad con la creación. Nos da concentración, disciplina y una sólida base desde la que explorarnos y explorar el mundo. Nos impide dispersar nuestras energías al viento, y al mismo tiempo simplifica nuestra existencia y nos valida como individuos con voluntad y capacidad de elección propias.

Cuando tenemos un chakra raíz fuerte sabemos que somos tan sorprendentes como otras maravillas del universo y que somos igualmente esenciales en el plan general. Encajamos en él tan bien como la puesta de Sol, la cascada o el ciervo del bosque. Independientemente de cuál sea nuestra contribución al planeta, tomamos conciencia de que es esencial y única. El cambio que produciría la falta de cualquiera de nosotros pondría en marcha una serie de sucesos que de algún modo afectarían al delicado equilibrio de la vida en su totalidad. Este conocimiento hace que nos sintamos orgullosos de lo que hacemos y queramos hacerlo bien. Cuidemos de nuestros hijos, trabajemos en una fábrica o seamos un poderoso ejecutivo, nuestro rendimiento mejora.

También sabemos que nuestra individualidad se tiene en alta estima en este inmenso cosmos. Resulta imposible seguir viéndonos como pequeños seres insignificantes en un mundo que en realidad no nos necesita. Desde la perspectiva espiritual, podemos vernos como seres magníficos, con un cuerpo físico que debemos valorar y del que somos responsables. El hecho de sentirnos seguros con nuestra identidad nos permite, sin celos ni envidias, sentir alegría por el éxito ajeno.

Despertar espiritual

A lo largo de los siglos, los místicos han descrito el inmenso poder del chakra raíz comparándolo con una serpiente, la kundalini, que reside enroscada y dormida en la pelvis. La kundalini (*véase*

Glosario) espera ser despertada cuando nuestro desarrollo espiritual esté suficientemente avanzado como para poder manejar su poder.

Cuando la kundalini comienza a ascender, su energía puede discurrir muy rápidamente por el canal central a lo largo de toda la columna, atravesando en su camino cada uno de los chakras. Emerge al nivel del séptimo chakra habiendo limpiado y revitalizado todo el sistema y abriéndonos el camino de la libertad espiritual.

Figura 6:
Una antigua representación de la kundalini es el caduceo. Muestra a dos serpientes, enroscadas alrededor de una vara central, que se encuentran en el punto más alto, donde dan lugar a dos alas extendidas. Es el símbolo universal de la curación y de la medicina.

El chakra coronario y todos los intermedios pueden estar abiertos y funcionando aunque no haya tenido lugar un ascenso de la kundalini. Sin embargo, en términos prácticos, una de las señales de que el primer chakra se ha abierto es que la persona tenga verdadero carisma, que no debe confundirse con el encanto personal. Es una cualidad que abarca un fuerte sentido del yo, un buen grado de autoestima y valoración personal, pero sin presunción ni arrogancia. Los individuos carismáticos cautivan a los demás con su poder y su atractivo, ya que a su alrededor fluye energía curativa. Generalmente la persona carismática no sólo trabaja desde su poderosa base, sino que mantiene también un equilibrio en los demás chakras y está bendecida por la humildad, ya que su poder es espiritual y no procede del ego.

ELEVAR LA KUNDALINI

Se ha escrito mucho sobre los peligros de intentar una ascensión prematura de la kundalini y, aunque no hay que preocuparse en este sentido por el trabajo que describimos aquí, es imprescindible respetar el extraordinario poder de este centro base. La ascensión prematura de la kundalini explica algunos episodios de comportamiento alterado que a menudo se han tomado por psicosis. Está ampliamente admitido que el shock de una apertura repentina y a veces explosiva de todos los chakras sin el necesario apoyo y experiencia, puede alterar el comportamiento del individuo. Si no se reconoce la naturaleza espiritual de la experiencia (lo que es mucho más probable cuando el paciente está tomando medicación), la curación, recuperación y el desarrollo futuro pueden verse detenidos o retrasados.

Esta situación no debe confundirse con otras enfermedades mentales. No quiero indicar que todas las personas que sufren experiencias psicóticas han tenido un despertar de la kundalini u otra experiencia espiritual, pero es un punto que merece la pena investigar.

En casos así suele ayudar un buen trabajo de sanación y enraizamiento, pero la medicación y los consejos médicos no deben ser ignorados ni rechazados.

Placer sexual

Aunque el chakra asociado a la sexualidad es el segundo (sacro), el primero gobierna nuestro instinto sexual básico.

Si el chakra raíz está cerrado, se nos roba una cualidad de placer sexual totalmente diferente, que sólo está disponible cuando se com-

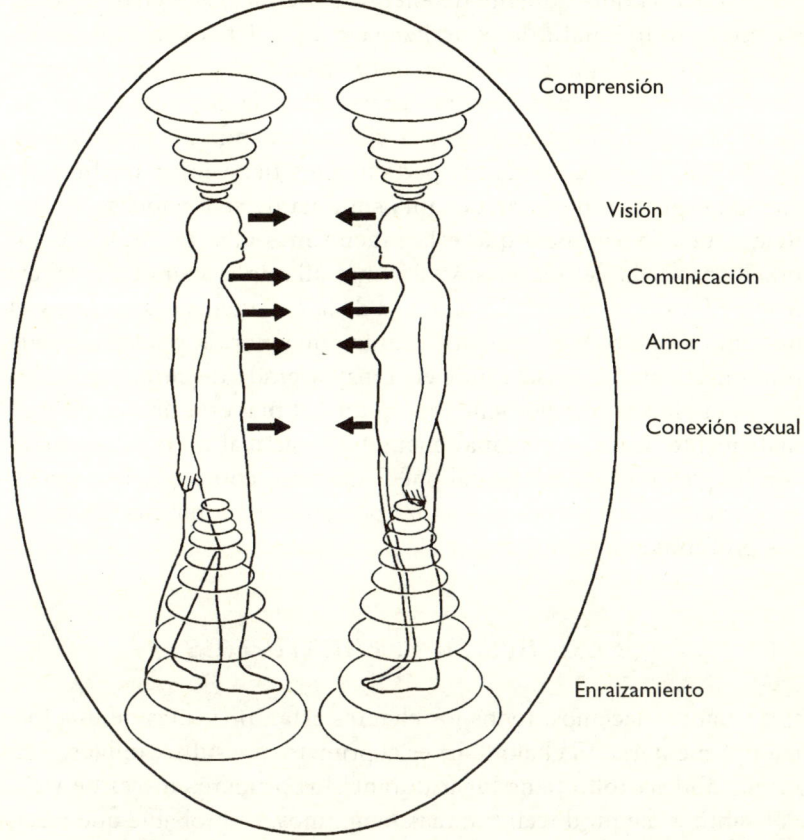

Comprensión

Visión

Comunicación

Amor

Conexión sexual

Enraizamiento

Figura 7:
Orgasmo. Ambos permanecen enraizados pero mutuamente abiertos, en conexión sexual, con poder y voluntad, amor mutuo, buena comunicación y una visión de su unión. Se produce una experiencia sexual de gran conciencia y comprensión y las auras se mezclan.

binan los poderes de los dos primeros chakras. El verdadero orgasmo que, a diferencia de la mera eyaculación, implica y abarca la totalidad del ser, sólo puede ocurrir cuando el chakra raíz nos da la estabilidad para soltar el control y abandonarnos completamente. Para eso debemos tener el chakra base abierto, sabiendo que podemos elevarnos al cielo en un éxtasis y al mismo tiempo permanecer enteros y seguros, pudiendo volver aquí cuando nos sintamos preparados.

A medida que la fuente de energía asciende, cada chakra presta su poder individual a la experiencia sexual. La sexualidad de los componentes despierta en el segundo chakra; el poder de la unión en el tercero. El chakra corazón ofrece amor; la garganta ofrece comunicación. En el entrecejo está la visión y cuando la energía alcanza el chakra coronario de los participantes tiene lugar un flujo de energía espiritual que produce una sinfonía de sensaciones. Así, tenemos una experiencia que está mucho más allá de nuestra comprensión previa del placer sexual y más allá de la mera experiencia física. Eleva el acto sexual a la altura de la experiencia espiritual y el orgasmo a la altura de un suceso único que, con la práctica, puede prolongarse hasta conseguir de él el mayor grado de curación.

Si el chakra raíz no tiene una salud óptima, esta liberación omniabarcante, física, emocional, mental y espiritual no puede ocurrir, con lo que la intimidad sexual puede dejarnos con una sensación de decepción y frustración, ya que no podemos explorar sus alturas ni sus profundidades.

Lesiones en el chakra raíz

Cuando nacemos, todos los chakras están presentes de una forma rudimentaria. El chakra raíz es el primero que sufre cambios, y su principal desarrollo tiene lugar durante los primeros meses de vida. Por tanto, si se producen traumas tempranos, es probable que creen alguna disfunción en nuestra voluntad primaria de sobrevivir. Nuestro sentido de la individualidad y de la valía personal pueden verse afectados hasta el punto de que sintamos ambivalencia hacia la vida, lo que en algunos casos conlleva tanto desprecio por uno mismo que puede derivar en intentos de suicidio.

Otras disfunciones menos graves de este chakra pueden manifestarse como una tendencia a abandonar de otras maneras la propia vida, como disociarse y divagar en el pensamiento, ausentándose emocional y psicológicamente del presente y del propio cuerpo. Recuerdo a una joven que solía pasar la mayoría de las sesiones de terapia conmigo mirando fijamente al espacio existente entre nosotras o enfocándose en un punto que quedaba detrás de mi hombro. Flotaba fuera de sí, en un lugar que era totalmente inaccesible para mí. Al principio de su vida había recibido un trato brutal y, cuando estuvo lo suficientemente bien como para hablar de ello, relataba que durante esos períodos solía salir de su cuerpo y flotar, de modo que observaba lo que estaba ocurriendo pero sin sentirlo.

A veces, este «ausentarse» se produce cuando la gente está en una situación particularmente tensa. Aunque puede deberse a dificultades en el chakra del entrecejo, si es un rasgo regular, y especialmente si está asociado con una historia de traumas infantiles, es muy probable que se trate de un problema del chakra raíz. Esta mujer en concreto pudo afrontar los asuntos dolorosos que tenía que sanar aprendiendo a permanecer en el cuerpo. Para conseguirlo, repitió los ejercicios de enraizamiento que figuran al final de este capítulo.

Si experimentas problemas en el chakra base, puede que también afrontes crisis existenciales acompañadas de inquietud y de un cuestionamiento del valor de la vida y de la creación en general. Esto lleva al cinismo y a la incapacidad de apreciar la maravilla del universo en ningún aspecto. Tal subvaloración del planeta y del entorno acaba produciendo la anarquía interna y un desmoronamiento de los valores y normas sociales generalmente aceptados. Además, el problema puede extenderse más allá del individuo a la subcultura local y, finalmente, al planeta mismo.

A lo largo del último siglo, la totalidad del planeta ha experimentado un problema del chakra raíz que ahora se está resolviendo con la vuelta a valores más plenos y terrenales. La aparición de gran variedad de comercios «verdes», los cursos de espiritualidad —y el mismo hecho de que hayas comprado el libro que tienes entre manos— son parte de este movimiento.

Los niños aprenden siguiendo el ejemplo de sus padres y otras figuras de autoridad, como los profesores. Si hay un desprecio de los valores sociales, o si los valores vigentes están distorsionados o son perniciosos, la generación siguiente estará doblemente dañada por su exposición a ellos. Por ejemplo, el niño que es testigo del racismo, y por lo tanto lo aprende, no sólo está aprendiendo un modo negativo de tratar con su entorno, sino que estará sufriendo una pérdida de la influencia enriquecedora de otras culturas y de la benéfica experiencia de la integración.

El resultado general es una falta de desarrollo del niño, una distorsión definida de su chakra base, o ambos. Las comunidades que han perdido el respeto por el planeta perpetúan el daño producido intergeneracionalmente al chakra raíz. En estas circunstancias, los niños no suelen tener un sentido muy desarrollado del yo, y generalmente son incapaces de valorarse o de valorar a los demás, y tienden a compensarlo desarrollando una especie de arrogancia que permite al ego en crecimiento funcionar en un mundo que se percibe hostil. Otro niño al que se le enseñe a apreciar lo que tiene, aunque viva en un ambiente de escasez material, tendrá un chakra raíz robusto y un fuerte sentido de la autoestima. Deseará estar vivo, querrá realizar su potencial y tendrá la voluntad de cuidar de sí mismo y de nutrir a los demás.

Los padres apenados, carentes (no necesariamente en lo material) y sufrientes que tratan con comunidades apenadas, carentes y sufrientes suelen ser incapaces de ofrecer a sus hijos los modelos positivos que necesitan. Hay padres acaudalados que siguen siendo carentes en otros aspectos. Luchan con su propio dolor y con su «niño interior» sufriente, mientras tratan valientemente de cumplir con su función de padres. A veces, el mismo desahogo material lleva a los padres a tener un estilo de vida que no les permite pasar tiempo con sus hijos, por lo que éstos desarrollan un sentido de identidad basado en títulos y estatus.

He visto a mucha gente joven (y mayor) procedente de entornos privilegiados que está muy poco enraizada. A menudo han dispuesto de tanto, que no tienen un sentido claro del valor de las cosas, por lo que se sienten inquietos y perdidos. La ausencia de necesidad a menudo les ha llevado a derrochar los recursos de que disponen, tanto internos como materiales, por lo que carecen de autoestima. Sin embargo, muchas veces se comportan como si fueran superiores, permitiéndose todo tipo de excentricidades. En el trabajo con ellos, la primera tarea consiste en ayudarles a enraizase trabajando el chakra base. Suelen florecer rápidamente cuando empiezan a sentirse reales, a menudo por primera vez, y comprueban que disponen de recursos (internos y externos) que son muy valiosos tanto para ellos mismos como para los demás siempre que se empleen para el bien común.

Frecuentemente, la incapacidad de la sociedad para proteger y apoyar tanto a los niños como a los padres dotándoles de un entorno positivo produce la perpetuación de la disfunción. Por desgracia, la negatividad nos rodea constantemente y arrebata a muchos la posibilidad de prosperar tanto material como espiritualmente, antes incluso de que puedan ponerse en marcha. Una sociedad que pregona continuamente que no habrá trabajo para quienes abandonen la escuela, les niega la posibilidad de desarrollar otras habilidades latentes que tan sólo necesitan un poco de apoyo para florecer.

Como padres tenemos que ser compasivos con nosotros mismos, con nuestros hijos y con nuestros propios padres. Procura no castigarte ni sentirte culpable por lo que hayas podido hacer en tu función de padre o madre, aunque, siendo madre, conozco lo doloroso que esto puede llegar a ser.

Estoy convencida de que todos hemos hecho las cosas lo mejor posible teniendo en cuenta nuestro grado de comprensión, la información de que disponíamos y nuestro propio estado físico, emocional y mental. Nuestros padres también lo hicieron lo mejor que pudieron, lo mismo que sus propios padres. La vieja y manida idea de que todos somos víctimas de víctimas es muy verdadera. Mirando atrás, si partiera ahora de un punto de vista diferente en lo emocional, mental y espiritual, yo misma haría las cosas de otra manera. Pero sé que lo hice lo mejor que supe y que tengo que perdonarme y pedir a mis hijos que me perdonen por todo lo que hice mal, que fueron bastantes cosas.

Si hemos de ser nuestro propio padre amante, estar abiertos a nuestro crecimiento, sentirnos plenamente vivos, felices, y tener buenas relaciones con nosotros mismos y los demás, no hay sustituto posible para el trabajo que tenemos que hacer con este chakra. Por tanto, para sacar lo mejor de ti y convertirte en la mejor persona posible, el trabajo tiene que empezar en este centro. Los ejercicios y meditaciones siguientes te serán muy útiles.

Cómo conseguir el óptimo de los ejercicios

Cada uno de los ejercicios siguientes mejorará el funcionamiento de tu chakra raíz y favorecerá su limpieza y buen funcionamiento. Puedes repetir los ejercicios todas las veces que desees y en cualquier orden. Incluso cuando progreses hacia los chakras superiores, estos ejercicios pueden seguir siendo válidos y puedes repetirlos en cualquier momento. Siempre tienes que acudir a tu lugar seguro y ponerte cómodo para empezar a trabajar. Llévate el cuaderno, ya que lo necesitarás para los ejercicios y meditaciones. Si lo deseas, enciende una vela, y tómate todo el tiempo que necesites.

Si dispones de un cristal, tenlo a mano. Un cuarzo claro está bien, aunque las piedras especialmente indicadas para trabajar con el chakra raíz son el cuarzo ahumado, el granate y el hematites. Las tres fortalecen tu energía sexual y restablecen el equilibrio. La piedra hematites tiene propiedades que producen un efecto positivo sobre la sangre y te ayudará a permanecer centrado en el trabajo. El cuarzo ahumado te ayudará a centrarte durante la meditación, y también es bueno para librarse de la negatividad y del escepticismo. El granate es una piedra maravillosa y barata, muy adecuada para equilibrar la libido con los componentes emocionales y espirituales de la sexualidad. Tiene efectos sobre los chakras superiores (como los demás cristales) y favorece el amor, la compasión y la imaginación. Si tienes un anillo u otra joya con un rubí engarzado, estaría bien que la llevases puesta siempre que limpies la piedra (*véanse* las anteriores instrucciones para mantener los cristales limpios). El rubí es una piedra fuerte que puede aumentar la armonía y el equilibrio, al tiempo que rebosa poder y pasión, como el chakra raíz mismo.

Si deseas vaporizar un poco de aceite o quemar incienso, los más adecuados son lavanda, sándalo, cedro o pachuli. Si puedes contactar con un aromaterapeuta, estoy segura de que te preparará una mezcla adecuada para ti. Al igual que en los demás chakras, mientras trabajas en éste puedes emplear los aceites de diversas maneras para mantener una atmósfera equilibrada, procurando no molestar con ellos a las personas de tu entorno. Las velas perfumadas, los vaporizadores de aceite y los baños con unas gotas del aceite adecuado serán curativos para ti, pero, por favor, comprueba que a las personas con las que convives no les importa oler tus fragancias. Los perfumes no conocen fronteras y he conocido a personas que les irritaban los «olores nueva era».

Ejercicio 1

Piensa en cinco cosas que te gustaría hacer. Puede tratarse de aquellas que siempre te ha gustado hacer —como pasar un día en la playa, pasar la tarde acurrucado en el sofá con un libro, disfrutar de un masaje—, o de algo completamente nuevo. Establece una fecha realista en cuanto a tus posibilidades y ponlas en práctica. Anótalas en tu diario. Es posible que algunas de las iniciativas puedas ponerlas en marcha inmediatamente y que otras necesiten preparación, pero siempre hay un primer paso que podrás dar de manera casi inmediata. Por ejemplo, si decides tomarte unas vacaciones, el primer paso puede consistir en conseguir algunos programas de tu agencia de viajes o reservarte esos días en el trabajo. Si deseas comenzar un curso de masaje o aromaterapia, comienza por buscar a un buen terapeuta.

Procura incluir alguna actividad que implique contacto con la tierra: dar un paseo por el bosque, caminar por la playa con los pies descalzos, recoger conchas, flores silvestres, piñas u hojas hermosas. Tal vez puedas hacer un collage con ellas o ponerlas en tu altar cuando llegues a casa.

Las citas que conciertes contigo mismo son tan importantes como las que conciertas con cualquier otra persona. Por tanto, procura observarlas y respetarlas del mismo modo. Si por alguna razón te ves obligado a incumplir una cita contigo mismo, reprográmala cuanto antes y mantén la promesa realizada a esta persona tan importante en tu vida como eres tú mismo.

Ejercicio 2

Invítate a algo para celebrar que has dado el primer paso de tu camino de autocuración. Por favor, no pienses que tienes que comprar muchas cosas. Basta con unas velas y el aceite o incienso, o un cristal para este chakra en particular. Será útil emplear un vaporizador de aceite, pero un cuenco con un poco de agua hirviendo y unas gotas de aceite será suficiente. Ten cuidado con el agua hirviendo y con las velas, nunca los dejes desatendidos. Establece una relación con cualquier cosa que compres. Tócala, siéntela, disfrútala, emociónate por tenerla. Apréciala verdaderamente: tomar conciencia de su valor te ayudará a valorarte.

EJERCICIO 3

Escribe en tu diario cualquier cosa que te venga a la cabeza sobre el chakra raíz. Procura desarrollar una técnica de escritura que te permita hacerlo sin levantar la mano del papel para pensar, reescribir ni corregir. Deja que tu mano continúe escribiendo, aunque no te sientas inspirado y te parezca que lo que anotas no tiene sentido. Finalmente, tu cerebro izquierdo, el lógico, se vaciará y permitirá que comunique el cerebro derecho, el creativo. Pueden ocurrirte cosas sorprendentes.

Un problema muy común es el de ponerse en marcha. Si se te presenta, te sugiero que comiences escribiendo: «Esto es muy tonto. No sé por qué Brenda me ha pedido que lo haga, porque me siento estúpido. No tengo nada que escribir. ¿Qué voy a saber de mi chakra raíz? Pero recuerdo que cuando era niño...» Ya te has puesto en marcha. Si vuelves a quedarte atascado, continúa escribiendo: «Estoy atascado. No sé qué más decir. Esto es muy molesto y no quiero hacerlo. Estoy perdiendo el tiempo. Ah, ahora recuerdo.» Y vuelves a estar en marcha.

Como nadie va a leerlo, puedes escribir lo que desees. En un momento dado comenzarás a hablar desde tu aspecto creativo, sin la inhibición de tu cerebro lógico. Emplearemos esta técnica una y otra vez; concédete al menos un cuarto de hora o veinte minutos sin levantar las manos del papel a menos que haya un incendio.

EJERCICIOS DE ENRAIZAMIENTO

Sea cual sea el trabajo que hagamos, es esencial recordar que somos seres espirituales que hemos asumido forma humana y tenemos que permanecer enraizados en la tierra.

Muchas de las personas que emprenden el trabajo espiritual olvidan este hecho, separándose tanto de sus chakras inferiores que se rodean de una sensación etérea y liviana que, además de negarles la seguridad del chakra raíz, les deja expuestos y vulnerables, con lo que hacen un daño indecible a la imagen del movimiento alternativo de sanación y medicinas complementarias. Ten cuidado con los que parecen flotar en un plano superior. Las personas verdaderamente espirituales son muy humanas y ordinarias, aunque de un modo extraordinario. Estar firmemente enraizado en tierra acabará convirtiéndose en tu segunda naturaleza, pero, al igual que los ejercicios de protección, es importante hacerlo de la manera adecuada y sin tomar atajos. Debemos practicar el enraizamiento al final de cada ejercicio, de cada meditación y en cualquier momento que nos sintamos perdidos o que las cosas nos parezcan un poco irreales. Es algo que resulta muy cómodo y nos hace sentirnos fuertes, ya que conecta con el verdadero poder de la tierra y nos mantiene firmes y erguidos como un gran árbol.

Método 1

Siéntate o ponte de pie con la espalda recta y los pies planos sobre el suelo, ligeramente separados, de modo que estés en equilibrio. Si estás de pie, deja que todo tu peso se asiente sobre la pelvis y se distribuya igualmente por las piernas, manteniendo las rodillas ligeramente dobladas. Tal vez desees cerrar los ojos.

Haz unas cuantas respiraciones profundas y relájate todo lo que puedas. Con un único pensamiento envía una preciosa raíz dorada desde la planta de cada pie hacia la profundidad de la tierra. Envía otra desde el extremo inferior de la columna, de modo que te asientes sobre un trípode de raíces doradas. Así como un pararrayos aterriza la energía eléctrica, permite que cualquier cosa que no necesites se descargue hacia la tierra: suelta. La tierra puede absorber cualquier cosa, neutralizarla y reciclarla.

A continuación, inspira con cada respiración la maravillosa energía de la tierra. Siente que te contiene y te alimenta mientras va pasando a través de esas raíces hacia tu cuerpo. Observa cómo te empieza a llenar de una preciosa luz dorada. Es una energía fuerte, terrenal, robusta.

Siéntete sustentado por la tierra. Como un hermoso y robusto árbol, date cuenta de tu fuerza y de tu bienestar. Continúa todo el rato que desees.

Cuando te sientas preparado, retira ligeramente las raíces sabiendo que permaneces en contacto íntimo y constante con la tierra a través de las plantas de los pies y del chakra raíz, que deben quedar abiertos.

Método 2

Me encanta hacer este ejercicio con los pies desnudos sobre la tierra. Ponte de pie, con los pies ligeramente separados y bien plantados en el suelo. Envía una raíz desde la planta de cada pie y desde tu chakra raíz. Con un único pensamiento, descarga a tierra cualquier cosa que no necesites.

Ahora, absorbe la energía dorada de la tierra a través de esas tres raíces. Siente que te llena una energía robusta y maravillosa. Haz que ascienda hasta el corazón, de modo que lo sientas rodeado de un flamígero balón dorado. Siente lo maravillosa que es. Respírala y disfrútala.

Ahora orienta las manos hacia el cielo y absorbe energía del Sol y del cielo a través de las palmas de las manos y de la parte superior de la cabeza. Deja que te llene esta maravillosa energía plateada dirigiéndola hacia el corazón, donde se mezcla con la energía de la tierra.

En silencio o con palabras, da gracias por todo el bien que ha existido, existe y existirá. Siente que tanto la fuerza del cielo como de la tierra fluyen hacia ti y te sustentan, combinando lo terrenal con lo espiritual, el perfecto matrimonio de tu aspecto humano con tu alma eterna. Siente y maravíllate del flujo energético que te recorre. Disfrútalo. Siente su fuerza. Siente su poder. Siéntete reforzado y renovado. Toma conciencia de que eres un ser poderoso: tu ser físico está enriquecido por tu ser espiritual y tu ser espiritual asume humildemente su condición humana. Siente la magia de esta increíble unión. Siente tu totalidad y percibe tu inmenso potencial. Siéntete energetizado.

Cuando estés preparado, baja las manos y ponlas en forma de copa alrededor del corazón. Di lo que tengas que decir para dar gracias. Quedándote con esas maravillosas energías del cielo y de la tierra, retira las raíces de la tierra, pero sabiendo que siempre permaneces en contacto íntimo con ella a través de la apertura del chakra raíz.

Las meditaciones

Para obtener el máximo beneficio de las meditaciones, es esencial hacerlas en el orden indicado. Puedes repetirlas las veces que desees, aunque en un futuro tal vez sólo desees hacer la segunda, lo cual es correcto. Eso está bien. Antes de empezar, asegúrate de leer la siguiente sección sobre el perdón.

PERDÓN

El perdón pasa por tres estadios. No te preocupes si no estás dispuesto a recorrer los tres ahora mismo. En éste y en cualquier otro chakra puedes repetir las meditaciones cuando lo desees, y puede que tardes algún tiempo en sentirte capaz de hacer todo un ejercicio seguido. Esto es correcto. No te fuerces. Tal vez tengas que avanzar y entender algo más antes de sentir que puedes perdonar plenamente. Volveremos al perdón cuando trabajemos el chakra corazón; de momento, éstos son los estadios:

Primer estadio - Si hago algo que te ha hecho daño y te digo que lo siento, puedes perdonarme por haberlo hecho.

Segundo estadio - Puedes llegar a darte cuenta de que cualquier cosa que hice fue debida a mi propio proceso y a las circunstancias de mi vida en ese momento. Mi ira e irritabilidad, o mi manera de tratarte, no tienen tanto que ver contigo como con mis dificultades personales. Puedes entenderme y perdonarme compasivamente.

Tercer estadio - Puedes elevarte a la perspectiva espiritual más elevada y darte cuenta de que te has planteado aprender algunas lecciones en esta vida y necesitabas que alguien te ayudara a aprenderlas. Por ejemplo, si tenías que aprender algo sobre la traición, necesitabas que alguien te traicionara. Ahora, desde este lugar, puedes perdonar con amor, compasión, comprensión y gratitud.

MEDITACIÓN 1

Ve a tu lugar de trabajo y desconecta el teléfono. Concédete unos cuarenta y cinco minutos libres de distracciones para completar esta meditación. Ponte todo lo cómodo que puedas con la columna tan erguida como te sea posible; emplea los soportes que necesites y asienta los pies firmemente en el suelo. Si eres discapacitado o no puedes sentarte erguido por alguna razón, también puedes practicar tumbado. Algunas personas prefieren la clásica posición del yoga, con las piernas cruzadas.

Ahora... toma una respiración profunda y mantén el aire durante un momento para extraer su bondad. Disfrútala y al espirar permite que se vayan las impurezas. Toma otra respiración profunda y, esta vez, en la espiración, permite que tu cuerpo se relaje: deja caer los hombros, deja que la silla soporte tu peso y que cualquier negatividad se descargue por tu chakra raíz y las plantas de los pies hacia la tierra. Relájate. Repite este ejercicio de relajación tomándote el tiempo que necesites. Inspira la bondad del aire, la energía que has creado en tu rincón seguro con los cristales y el aroma de los aceites. A continuación, en la espiración, deja que te traspase una ola de relajación permitiéndote soltar lo que ya no necesitas. Ahora orienta tu atención hacia atrás, muy atrás en el tiempo. Vuelve al momento de la concepción, al momento en el que una célula de tu madre y una célula de tu padre se unieron para crear tu cuerpo físico.

Vuelve al momento en que te sentías seguro y cálido en el vientre de tu madre. Ahora quiero que reúnas el tiempo, los sucesos y las personas desde ese momento hasta la edad de cinco años en un paquete que vas a sanar. No tienes que recordar los detalles de lo que te aconteció si no lo deseas.

Envuelve amorosamente tu ser infantil de aquel tiempo, conteniéndolo delicadamente pero con firmeza, abrazándolo con energía curativa, amor y luz. Sé cuidadoso contigo mismo y tómate tiempo. Si en algún momento no te sientes preparado para seguir adelante, haz un alto. Regresa al cuerpo empleando el ejercicio de enraizamiento (*véase* página 92) y dirigiendo delicadamente tu atención a la habitación. No hace falta que completes hoy todo el proceso. Puedes volver a él cuando te sientas preparado.

Si estás listo para seguir adelante...

Envía un rayo de luz hacia el tiempo, los lugares, los sucesos y las personas de esos primeros cinco años de tu vida a partir de la concepción. Un rayo de luz blanca y brillante que fluya dentro, alrededor, encima y a través de las personas, sucesos y momentos, y particularmente de ti mismo. Ahora permite que el pasado sane y libérate de él. Deja que sane. Cualquier cosa ocurrida en el pasado ya acabó; se ha completado. Puedes dejar que se vaya. Has sobrevivido a ello. Libérate y permite que se cure.

Deja que la luz se extienda sobre el tiempo y los sucesos transcurridos desde tu concepción hasta la edad de cinco años. Deja que lo abarque todo y a todas las personas de aquel tiempo. Libera esa época de tu vida, déjala ir; bañado en luz, siéntete libre.

Y ahora, si puedes, elévate a un nivel espiritual superior y observa que las personas que entonces pudieron herirte estaban sufriendo su propio dolor y viviendo su proceso. Se comportaron como lo hicieron porque tenían problemas. Envíales un rayo de luz y perdónales. Perdónales y deja que se vayan, de modo que nada de ese tiempo te detenga ni te impida realizar tu pleno potencial. Envíales tu perdón, envíales luz, libérales. Libérate. Déjales ir, déjales ir en la luz.

Ahora, si puedes, elévate a un nivel espiritual aún más alto y observa que sin los sucesos, las personas y el dolor de aquel tiempo, no podrías haber aprendido todo lo que necesitabas saber, todas las lecciones que te habías propuesto aprender. Observa que las personas que tomaron parte en tu proceso eran parte esencial de tu camino en la vida. Y desde esta perspectiva espiritual superior envíales amor, gratitud y libérales de la carga de la culpabilidad.

Siéntete limpio y disfruta de la curación. Permite que la sensación de libertad penetre en ti: eres libre por primera vez. Deja que un rayo de luz te atraviese la cabeza y se extienda suavemente a través de ti; disfruta de tu paz interior. Tómate el tiempo que necesites..., disfruta.

Cuando estés preparado, toma conciencia de que tu niño está seguro en tu corazón, donde puedes visitarlo todas las veces que quieras. Ahora vas a prepararte para volver a la habitación. Eleva tu punto de atención suavemente por el cuerpo. Siente los dedos de las manos y de los pies. Sé consciente de tu presencia física. A medida que vas tomando más conciencia del entorno, permite que tu aten-

ción se centre detrás de los ojos. Pon los brazos alrededor del cuerpo
físico y, suavemente, cuando estés preparado, abre los ojos.

Toma agua y registra lo que desees en tu diario. Tómate un descanso antes de hacer la última meditación del chakra raíz.

MEDITACIÓN 2

Ve a tu lugar de trabajo vestido con ropa cómoda, eligiendo un
momento en el que sepas que no van a molestarte. Desconecta el teléfono. Toma una silla cómoda donde sentarte con los pies en el suelo, la
espalda recta y, si es necesario, apoyada. Si te sientes más cómodo sentado en el suelo, puedes hacerlo, pero manteniendo la espalda erguida.
Cierra los ojos y céntrate en tu respiración por un momento.

Haz una inspiración profunda y retén el aire unos segundos para
permitir que los pulmones extraigan la bondad de ese aire antes de
espirar. Expúlsalo completamente permitiendo que cualquier tensión o ansiedad salgan junto con la espiración. A continuación, haz
una inspiración profunda y siente cómo absorbes la curación del
aire; seguidamente, permítete espirar todo el aire y, al hacerlo, deja
que tu cuerpo se vaya relajando, que caigan los hombros, que la silla
soporte tu peso, y permite que cualquier negatividad sea expulsada
por la planta de los pies. Relájate.

Haz otra relajación profunda y, esta vez, al espirar, suelta un largo suspiro y visualiza que expulsas las impurezas junto con el aire.
Relájate.

Ahora lleva la atención delicadamente hacia el centro de tu cuerpo
hasta que descanse en tu pelvis. Imagina que tu pelvis es como un
cuenco cuyo fondo se asienta sobre tu perineo, esa zona que se halla
entre el ano y la vagina o el escroto. Ése es el lugar del chakra raíz. Ahí,
en la base de ese precioso cuenco que es tu pelvis hay una maravillosa
luz roja, como un sol poniente de un delicioso color carmesí. Siente la
calidez de esa luz en la pelvis. Percibe la sensación de la energía en ese
punto. A medida que mantienes la atención, observa si puedes percibir
algún cambio de color. Envía sentimientos amorosos hacia esa zona si
puedes sentir que responde con calidez. Concéntrate todo el tiempo
que desees en ese precioso remolino de luz roja, brillante y resplandeciente. Si percibes cualquier otro color en la zona, permite que cambie

al rojo con una respiración. Y si no puedes ver ningún color, no te preocupes. A veces la visualización requiere cierta práctica. Ya te vendrá.

Permite que esa luz roja se extienda suavemente por las dos piernas, llenando los muslos y revitalizando los músculos, tendones, nervios; cada célula y cada átomo de cada célula se van llenando de luz. Permite que esa luz continúe extendiéndose por las piernas, empujando cualquier cosa que no necesites de esa área, cualquier tensión, rigidez, bloqueo. Expulsa con la respiración cualquier resistencia hasta que puedas permitir el libre flujo de esta preciosa energía —cálida, limpiadora y sanadora— que va llenando tus piernas..., limpiando..., sanando..., energetizando. Deja que penetre en tus pies, llenando una vez más cada célula, cada átomo. Cuando sientas que la totalidad de tus piernas y pies están llenos de luz, deja que ésta fluya por la planta de los pies hacia la tierra, donde echa unas profundas raíces que te vinculan a la maravillosa energía telúrica, manteniéndote sólido y seguro en conexión con nuestra madre. Al mismo tiempo, envía una raíz hacia abajo directamente desde tu chakra raíz. Esa raíz se va hundiendo en la tierra, por lo que sientes que esta zona es fuerte y segura, enraizada. Percibe una cálida sensación de seguridad, de pertenencia, sabiendo que eres parte de este planeta, de este universo. Siente la calidez, la seguridad y la comodidad de pertenecer a este lugar de tu elección.

Mantén esta conexión con la tierra todo el tiempo que desees, sintiéndote seguro y abrazado por ella. Siente que tus raíces van profundizando en el cuerpo de la madre tierra. Como un árbol robusto, permaneces firme y enraizado. Perteneces a la tierra.

Ahora es el momento de permitir que la tierra te alimente. Con una respiración, absorbe la energía curativa de la tierra a través de tus raíces, que están profundamente hundidas en ella. Obsérvala como una energía dorada, curativa, vital; es la energía de todo lo bueno que ha existido que ahora se te da libremente para curarte, para fortalecerte, para que estés bien. Deja que esa energía siga elevándose por tus piernas y muslos hasta el centro de poder sobre el que estás sentado, el chakra raíz. Observa cómo la energía dorada de la tierra se mezcla con la energía carmesí de ese precioso chakra giratorio: la energía de la tierra se mezcla con la tuya. Siente la curación a medida que la energía fresca va penetrando en ti para sanarte y hacerte total. Observa que los pétalos de ese chakra se van abriendo aún más a medida que das la bienvenida a la poderosa energía de la tierra y permites que se produzca la curación. Siéntete enraizado y vinculado al planeta, y siente tu propio poder como una parte viva del universo que es alimentada por la madre tierra.

Saborea la sensación de sentir toda esta zona energetizada por esa preciosa luz carmesí a medida que la energía del planeta va fluyendo hacia ella.

Ahora reúne esa energía y, con una respiración, permítele ascender suavemente por tu cuerpo, curándolo todo a su paso. Va ascendiendo suavemente por cada órgano, llenándote de esa misma sensación de totalidad y pertenencia. Todo tú te vas llenando de la energía de la tierra y te vas sintiendo cada vez más fuerte. Siéntete plenamente presente en el momento, en tu cuerpo. Deja que la energía siga ascendiendo lentamente hasta que rebose por la parte alta de la cabeza, como una fuente que mana delicadamente alrededor de ti, haciendo brillar tu aura y volviendo a caer a la tierra. Continúa respirando y permite que la energía siga fluyendo mientras permaneces sentado en esa fuente de luz viva que te energetiza y fortalece desde dentro, y que energetiza tu aura en su camino de vuelta hacia la tierra. Respira y siente que eres parte de esta fuente viva. Tal vez descubras que la luz ha cambiado de color. A medida que asciende puede tomar el color dorado, rosa o blanco. Siente que el flujo continuo de esa energía te ducha, sanándote y limpiándote mientras permeneces enraizado en la tierra.

Quédate todo el tiempo que desees. Disfruta de la sensación. Permanece asentado y enraizado, centrado en tu cuerpo físico pero disfrutando del flujo, del movimiento sin fin que te atraviesa. Cada vez que respires toma conciencia de la parte que desempeñas en ese movimiento constante, el constante ciclo del universo: energía que fluye hacia ti, ascendiendo y volviendo a caer en cascada a tu alrededor de vuelta a la tierra, uniéndote a la tierra. Siente que en este momento tienes todo lo que quieres y más. En este momento estás en casa, en la tierra, el lugar al que perteneces.

Gradualmente, cuando estés preparado, permite que el flujo vaya más lento y se detenga mientras continúas albergando los sentimientos de seguridad y de pertenencia. Sigues estando enraizado en la tierra. Ahora retira suavemente esas raíces pero permanece en íntimo contacto con la tierra. Con un pensamiento y una respiración, y dando gracias a la tierra por su energía curativa, permite que las raíces se retiren suave y lentamente, trayendo consigo hasta el último residuo de energía que puedan contener. Permite que las plantas de tus pies se cierren mientras la energía continúa retirándose. Absórbela por tus piernas, llevándola hasta la pelvis y devolviendo la luz carmesí a lo profundo de la pelvis, donde reside. Pero toma conciencia de que vas a seguir permitiendo que tus piernas, pies y todo tu cuerpo sigan siendo alimentados por la poderosa energía de tu base. Ahora estás plenamente dentro de tu cuerpo físico. Reafirma tu intención de permanecer enraizado y pleno.

Repite silenciosamente estas afirmaciones (*véase* glosario y capítulo 8, pág. 177, para una explicación más completa):

> Soy el amado hijo del universo y merezco amor, paz y seguridad.
>
> Me abro a recibir la abundancia del universo.
>
> Estoy abierto a recibir y a aceptar amor.
>
> Estoy abierto a recibir y a ser nutrido por la poderosa energía de la tierra.
>
> Soy un ser físico y valoro mi presencia física.
>
> Resuelvo cuidar de mi cuerpo y aceptarlo tal como es hoy.
>
> Lo valoro como el templo físico en el que vivo y trataré de cubrir sus necesidades de alimento, de descanso, de estimulación y de nutrición en general.

Añade cualquier otra afirmación que desees.

Cuando te sientas preparado, da gracias de la manera que prefieras. A continuación, vuelve de forma paulatina a la habitación. Toma conciencia de tu cuerpo físico. Mueve los dedos de las manos y de los pies, y estírate suavemente. Cuando estés listo y tengas los pies firmemente plantados en el suelo, abre los ojos. Quédate un momento donde estás hasta que estés preparado para moverte. Sé cuidadoso en tus movimientos.

Prepárate una bebida caliente o toma agua y escribe en tu diario lo que desees registrar. Vuelve a conectar el teléfono.

Adicción

Las razones que nos llevan a consumir sustancias adictivas y las que nos llevan a continuar consumiéndolas no son las mismas. Generalmente suele existir un trauma temprano que nos lleva a tener poca autoestima y una falta de seguridad personal que producen distorsiones en el chakra raíz. La necesidad de escapar de la realidad propicia la búsqueda de algún modo de ausentarse, aunque sea momentáneo, que nos dé la vana esperanza de que el problema desaparecerá. Evidentemente, la baja autoestima subyacente y los sentimientos de pérdida, abandono y falta de pertenencia se exacerban aún más cuando la culpabilidad y la vergüenza amplían esta espiral descendente de la derrota.

Entonces la sustancia adictiva adquiere vida propia. A los problemas originales se añaden los de intoxicación, exceso de consumo y dependencia, siendo éstos los que hacen que detener el ciclo resulte aún más difícil. Aumenta la sensación de separación, aislamiento y pérdida, que a menudo va acompañada por una falta de atención y cuidado del hogar y del entorno, y un descenso en la escala social, ya que cualquier sensación residual de enraizamiento y pertenencia quedan erosionadas.

A todo lo anterior se añaden además las lesiones causadas a las células cerebrales, y así se va desarrollando una situación muy peligrosa en la que la ambivalencia respecto a la vida da paso al deseo de morir. El trabajo con el chakra raíz puede detener este ciclo el tiempo suficiente como para que los efectos químicos de la sustancia adictiva desaparezcan y pueda comenzar el trabajo real.

CAPÍTULO 5

CHAKRA SACRO: SANACIÓN SEXUAL

La novia viene del corazón del amanecer,
y el novio del atardecer.
La boda se celebra en el valle.
Un día demasiado vasto para registrarlo.

KAHLIL GIBRAN

Así como el chakra raíz está esencialmente relacionado
con la supervivencia, la estabilidad y el enraizamiento, el sacro está
relacionado con el movimiento, la flexibilidad y el flujo. La energía
terrenal de la raíz nos da una buena base sobre la que asentarnos y
desde la que podemos empezar a salir al mundo. Hemos desarrollado
una relación con nosotros mismos y ahora podemos mirar hacia fuera, hacia las relaciones con los demás: la fuente de energía que hemos empezado a usar en la meditación del último capítulo va ascendiendo y gana fuerza.

El trabajo realizado en el chakra raíz nos ayuda a obtener una
sensación sana de quiénes somos. Ahora tenemos estabilidad interna, fuerza y seguridad para comenzar a afrontar las relaciones. Podemos empezar a expandirnos, crecer, e ir más allá de nosotros mismos, fluyendo hacia otros y comenzando a tener cosas en común
con ellos. Mientras que anteriormente nos centrábamos exclusivamente en nosotros, ahora podemos empezar a mirar hacia fuera, a
nuestras relaciones con el mundo, abrazarlo a nuestra manera a través de amigos y amantes, de nuestra familia, nuestra vida social y, en

un sentido más amplio, de nuestra participación en la comunidad global.

Aunque el sexo y la supervivencia de la especie quedan asegurados por los instintos básicos del chakra base, es aquí, en el sacro, donde empezamos a ser capaces de sentir la intimidad sexual. Comenzamos nuestra transformación personal estimulando por primera vez la creatividad. La creatividad se desarrolla plenamente en el chakra de la garganta, pero comenzando a liberarla aquí nos aseguramos de sacar el máximo del siguiente chakra, el plexo solar, y de realizar nuestro potencial.

Aquí el acento se pone en el flujo. Procura recordar este concepto y sentirás un suave embate de energía elevándose a través de ti. Es el primer brote de inspiración que estimula los centros superiores a entrar también en acción.

El color de este chakra es naranja brillante. Está localizado unos ocho centímetros por debajo del ombligo y emite una luz brillante, translúcida e iridiscente en todas las direcciones. Su resplandor llena la pelvis, bañando los órganos sexuales, vivificando nuestro deseo y capacidad para el placer. Su elemento es el agua y aunque está asociado con el sistema reproductivo, especialmente en las mujeres, (¡el pene es propiedad del chakra raíz!), también energetiza y equilibra los órganos asociados con el movimiento de fluidos, a saber: el sistema renal (riñones, uréteres y vejiga), el linfático y en cierta medida la circulación de la sangre. Su función consiste en mantenerlo todo en delicado movimiento, como la subida y la bajada de la marea.

Tocarte, tocarme

El sacro también es el centro del cariño y la ternura. Nos impulsa a cuidar de nosotros mismos y de los demás, y a disfrutar dando y tomando placer sensual (no necesariamente sexual).

La necesidad de contacto y atención es tan básica como la necesidad de alimento y agua. Los niños que no reciben el contacto y el cariño que necesitan no crecen tan sanos como los que sí lo hacen, aunque tengan muchos más bienes materiales. Un experimento clásico realizado hace ya algunos años mostró que los bebés de los monos conectados con una «madre» mecánica que les daba leche se negaban a jugar y no llegaban a desarrollarse bien, a pesar de recibir la alimentación adecuada. Otros que estuvieron sometidos a similares condiciones con la única diferencia de que la madre mecánica que dispensaba leche estaba cubierta por un trozo de piel, jugaban, trepaban y en general crecieron felizmente.

Idealmente, nuestras madres nos ofrecen un modelo, de cómo establecer el contacto y dar y ofrecer caricias, en los cuidados que nos dispensan; así aprendemos a hacer lo mismo por los demás. A medida que una madre acaricia a su hijo, éste aprende a tocar y explorar. Durante el crecimiento y en la vida en general, el contacto físico se convierte en una importante forma de comunicación: acariciamos a nuestros hijos, damos la mano a los extraños, damos afecto y confort a nuestros amigos y placer sexual a nuestros amantes. Sin el contacto adecuado, nos quedamos aislados y fríos, desprendidos de la calidez y alegría de sentir el contacto de la piel de otro ser humano. Hacer un pequeño esfuerzo por tomar contacto con alguien —incluso rozar la mano de la cajera del supermercado cuando te devuelve el cambio— introducirá una diferencia sutil en tu día. En cualquier caso, asegúrate de que haces el contacto adecuado y de que tienes permiso de una persona antes de correr a abrazarla.

Explorar la sexualidad

Con un chakra sacro sano, empezamos a disfrutar de tocar y ser tocados, de dar y recibir. En la esfera sexual, transitamos entre pedir lo que queremos y el disfrute de dar, ya que es parte del intercambio; pasamos de la función meramente biológica del sexo, con su acento en la procreación (la función del chakra raíz), a emplear la intimidad sexual como forma de comunicación y de mutuo cuidado.

Cambiamos el enfoque de «yo» a «nosotros», y el deseo de agradar al otro, tanto como el de recibir, se convierten en parte importante de la ecuación. Refinamos el impulso sexual y la lascivia para dar paso al deseo y al amor. Desarrollamos la sensación de acoger al amado con nuestro amor. Para la mayoría de las parejas ésta es una parte importante del vínculo sano a largo plazo. La canción «Sexual Healing», de Marvin Gaye, resume este aspecto del chakra sacro.

Hombres y mujeres experimentan la intimidad y el deseo sexual de un modo muy diferente. La intimidad de cualquier tipo suele ser un fenómeno que se desarrolla con mucha más profundidad y rapidez en el caso de las mujeres. Nótese la marcada diferencia en el nivel de calidez e intimidad que suelen compartir las amigas mujeres y la que comparten la mayoría de los hombres. Las mujeres que disfrutan de una relación íntima con otra mujer explican que tienen experiencias mucho más profundas y espirituales que las experimentadas con hombres.

La mayoría de las mujeres asocian la sexualidad con un profundo sentido espiritual, mientras que los hombres están mucho más gobernados por su equipamiento físico. Recordemos otra vez que el pene está regido por el chakra raíz, que abarca los instintos básicos. Los genitales femeninos, sin embargo, están en la zona del sacro. El flujo cíclico de las mujeres refleja otros fenómenos naturales, como el ciclo de la Luna y las mareas, por lo que están más vinculadas de manera natural con los elementos y la espiritualidad.

Los hombres pueden tardar más tiempo en desarrollar un sentido de intimidad y compromiso, pero los que tienen este chakra abierto son capaces de ofrecer una dedicación permanente, en la que se incluye el deseo de proteger y proporcionar a su compañera una pasión profunda y espiritual.

Cuando dos personas espiritualmente abiertas en el sacro se juntan, a menudo se produce la sensación de haberse conocido desde siempre y de estar destinados a estar juntos. Esto es válido para cualquier combinación de sexos. Estudiaremos este fenómeno de las conexiones kármicas cuando comentemos el tema de las relaciones con más detalle en el capítulo 7.

Alcanzar el equilibrio interno

Nuestra sexualidad permite la unión de lo masculino y lo femenino, pero esto no es sólo un fenómeno externo. La unión de lo masculino y de lo femenino también tiene lugar dentro de cada uno de nosotros a medida que nos desarrollamos espiritualmente, tengamos un compañero o no.

El elemento masculino —la parte de nosotros que trata con la acción, la lógica, la organización, la ambición y el impulso (y muchas otras cosas)— está gobernada por el cerebro izquierdo. Las funciones femeninas o del cerebro derecho incluyen las capacidades verbales, la creatividad, la música, el arte y otros dones menos estructurados. El desarrollo del chakra sacro nos lleva hacia un estado de equilibrio interno entre nuestros principios masculino (acción) y femenino (cuidado). Estudiemos la situación un poco más detenidamente.

En el hombre heterosexual sano y maduro, el principio masculino estará generalmente en primera línea, aunque, cuando sea apropiado, se sentirá cómodo y dispuesto a aceptar y mostrar los aspectos más suaves y femeninos de su carácter. Los hombres jóvenes suelen tener problemas para aceptar su elemento femenino y pueden intentar compensarlo mostrando una imagen de machos. Veinte años después, el mismo hombre se comportará de un modo muy distinto, ya que entonces se sentirá mucho más relajado y en equilibrio con su aspecto femenino.

En la mujer heterosexual sana y madura, el principio femenino está bien apoyado por el aspecto masculino interno, de modo que puede ser suave, cálida y amorosa, y sin embargo organizada, desplegando ambición y vigor. Puede que anteriormente, antes de alcanzar un equilibrio con su lado masculino, la mujer haya sido más tendente a la huida. Recuerda el concepto de flujo. La fluidez del chakra sacro es lo que permite el cambio constante y el movimiento entre los principios masculino y femenino, siendo la flexibilidad la marca del adulto sano.

Permíteme que dé un ejemplo. Puedo estar en el estado habitual propio de mi trabajo, con el aspecto femenino en primera línea. Soy amorosa, todo lo creativa que puedo en mi búsqueda de soluciones y abrazo a la persona a la que atiendo con mi energía curativa. Pero mi aspecto masculino me da mucho apoyo, ayudándome a organizar mis pensamientos y expresarlos de manera que puedan entenderse fácilmente. Si de repente surge una amenaza de cualquier tipo —digamos que se produce un incendio—, mi principio masculino saltará a primer plano y emprenderá la acción correspondiente. Me ayudará a organizarme, a planear, a ordenar lo necesario y a ser todo lo vigorosa que la situación requiera para salvar a las personas que tengo a mi cargo, asegurándome de que el edificio sea evacuado tan rápida y eficientemente como sea posible.

Durante este proceso, mi comportamiento sería diferente —mi voz, tanto en el tono como en la expresión, mis pensamientos, mis planteamientos— y, aunque haría las cosas con sumo cuidado y la Brenda femenina seguiría allí, mi principio masculino protegería y abriría el camino hasta que la crisis se resolviera. Puede haber otras crisis en las que poner el elemento femenino en primer plano resulte mucho más apropiado. En una situación inestable en la que reine la agresividad, el poder delicado y amoroso de lo femenino es mucho mejor para disipar la situación de manera efectiva. Este fenómeno es tan bien conocido que se suele emplear a mujeres en situaciones en las que se temen posibles estallidos de violencia, como en prisiones de hombres y en equipos de intervención para episodios de crisis. Sin embargo, estas mujeres tienen que estar bien equilibradas, manteniendo el principio femenino en primera línea pero apoyado muy de cerca por el principio masculino que permanece vigilante, preparado para proteger y actuar si se requiere un cambio de táctica.

En los casos en que las experiencias difíciles y los traumas de la vida han producido disfunciones en este chakra, o en caso de que no se logre llegar a la madurez, un equilibrio interno flexible entre masculino y femenino es imposible. El resultado es la rigidez, tanto dentro de nosotros como en nuestras relaciones con los demás.

Los desequilibrios internos producen desequilibrios en las relaciones. Todos hemos visto a parejas en las que la mujer es portadora de la mayor parte del elemento masculino (¿Has dicho alguna vez que es ella la que lleva los pantalones en esa casa?) y el hombre lleva la mayor parte del aspecto femenino. El resultado es que el hombre parece sometido y la mujer nunca llega a satisfacer sus necesidades.

También hay relaciones en las que ambos participantes muestran aspectos muy masculinos. En tal caso siempre se producen encuentros frontales y agresiones de ambos lados, y ninguno de los miembros quiere cuidar y nutrir al otro, con lo que nadie satisface sus necesidades. En las relaciones en las que hay muy poco masculino por ambos lados, aunque las personas se cuiden mutuamente, la relación carece de dirección o impulso y se produce el caos. Además del equilibrio, lo que se pierde en todas estas relaciones es la flexibilidad.

Por el contrario, en una pareja sana, cada uno de los miembros se siente seguro dentro de su orientación sexual, y se producen flujos y movimientos internos, por lo que pueden cambiar de papel regularmente. Pongamos por caso que el hombre tiene un accidente. Como se ha hecho necesario, la mujer puede asumir momentáneamente las funciones masculinas dentro de la relación. Inmediatamente se ocupará de organizar todo lo necesario (en cualquier caso, muchas mujeres consideran normalmente que ésta es su función). La mujer protegerá al hombre —vigorosamente si es necesario—, organizará y dirigirá. Asimismo, el hombre equilibrado puede asumir un papel más delicado y nutricio. Sin embargo, la pareja sana y bien compensada no esperará a una crisis para cambiar de papeles, y también los alternarán durante el acto sexual.

Por favor, recuerda que aquí estoy hablando de los principios masculino y femenino internos, y no de hombres y mujeres o de los roles masculinos frente a los femeninos: ¡No quiero iniciar una reyerta! Así, cuando el chakra sacro funciona bien, el adulto equilibrado tiene suficientes componentes masculinos y femeninos para alcanzar un equilibrio confiado en su relación con los demás. Puede producirse un encuentro y un compartir en todos los aspectos y con todas las funciones. Ambas personas pueden compartir el cuidado mutuo, la elaboración del presupuesto, el trabajo, la organización, la planificación, las tareas del hogar, etc., a medida que fluyen dentro de sí mismos como individuos y dentro de los límites de su relación. Son dos personas distintas y al mismo tiempo una pareja trabajando en equipo.

Generalmente elegimos a un compañero que equilibre nuestra sexualidad. Un hombre con un principio masculino muy fuerte puede buscar a una mujer muy femenina a la que cuidar y dominar, y que no le plantee desafíos. La mujer en esta relación encontrará la contraparte adecuada en un hombre así, ya que no tiene un sentido claro de su principio masculino y buscará una figura paternal que pueda protegerla. Por otro lado, un hombre con un principio masculino mal desarrollado puede buscar una mujer fuerte y dominante que se ponga al mando y le libere de lo que se espera de él como hombre, de modo que ya no se sienta tan cuestionado. En esta relación, la mujer está buscando a una persona que le permita expresar plenamente su elemento masculino.

Aunque puede parecer que estas relaciones dan a sus miembros un equilibrio general, imagina lo que ocurre cuando uno de ellos comienza a crecer espiritualmente y a «ponerse bien». Cuanto más mejora el equilibrio interno de esa persona, más inestable se hace la relación. El otro miembro de la relación se sentirá amenazado y a menudo empleará cualquier táctica para mantener «enfermo» a su amado o amada, de modo que se mantenga el *statu quo*. En el caso ideal, el reequilibramiento de uno de los miembros de la pareja hará que el otro también se reequilibre (*véase* en el capítulo 7).

Llevando estos principios a su conclusión lógica, podría haber alguien tan equilibrado dentro de sí que no tuviera necesidad de buscar a un compañero o compañera externos. Se trataría de una persona altamente evolucionada, autosuficiente, fluida, flexible y con una buena y poderosa energía en el chakra sacro que ayudara a equilibrar los chakras superiores y el chakra raíz que queda por debajo. Esa persona aún podría elegir enamorarse y estar con alguien, pero en su caso hay menos necesidad de un compañero que represente cualidades diferentes, ya que las halla dentro de sí misma.

Este tipo de relaciones basan su éxito en amar más que en necesitar al otro. Algunos pueden sentirse amenazados ante la perspectiva de que no se les necesite, pero estar donde estamos porque lo elegimos es una demostración de amor mucho más evidente que estar por necesidad. En las relaciones amorosas sanas, la necesidad codependiente que nos hace sentirnos incompletos a menos que estemos íntimamente implicados con otra persona es reemplazada por la elección y el deseo.

¿Y qué pasa con las parejas de homosexuales? En la pareja estable, lo masculino y lo femenino siguen manteniendo un equilibrio general y son aplicables los mismos principios. Puede ocurrir que uno de los compañeros lleve más del componente femenino y elija un compañero que le complemente llevando más del elemento masculino o viceversa. En algunas parejas, cada una de las personas ha alcanzado el equilibrio interno que le permite dejar de buscarlo fuera de sí.

Enamorarse

Trataremos sobre el enamoramiento y el amor con más detalle en el capítulo 7, pero, como el sacro está implicado tan íntimamente en el tema, también tenemos que mencionarlo aquí.

Cuando dos personas se atraen sexualmente y se enamoran, el centro sacro se abre y junto a él también lo hace el chakra corazón, relacionado con el amor humano. El chakra de la garganta, que gobierna las ideas y la comunicación, también se abre repentinamente y es esta conexión entre el chakra sacro y el de la garganta la que produce un flujo de poder, creatividad e inspiración que es muy emocionante, aunque más bien inestable. Ésta es la fase de «enamoramiento», en la que los familiares y amigos observan y aceptan indulgentemente el peculiar comportamiento de los afectados. Están temporalmente fuera de control en lo que se ha denominado «la forma más pura de locura». En esos momentos, normalmente nos comportamos de un modo que nunca admitiríamos en una situación normal. Este estado contrasta con el bloqueo creativo y la escasa actividad que son característicos de cuando la relación comienza a fracasar.

Después de su apertura inicial y del flujo de hiperactividad, el chakra sacro se equilibra, estabilizándose también el grado de actividad y el estado de ánimo. Esto permite el retorno a la actividad cotidiana y al trabajo, pero el vínculo entre los miembros de la pareja sigue siendo fuerte.

Deseo, placer y necesidad de atención

El deseo y el placer que surgen en el segundo chakra no son únicamente de naturaleza sensual y sexual. La alegría que nos produce lo material y lo efímero nos ayuda a sentirnos satisfechos y completos. En general, tendemos a incorporar nuevos elementos, humanos y materiales, a nuestras vidas. El sentido asociado al chakra sacro es el del gusto. A partir de ahora dedícate a saborear y disfrutar no sólo el alimento, sino la totalidad del mundo y de lo que tiene que ofrecernos.

Permitirnos tener lo que necesitamos es un movimiento positivo. Por desgracia, no suele ser fácil comprender e interpretar nuestros deseos, por lo que a menudo se producen malentendidos respeto a lo que realmente queremos.

Por ejemplo, en un momento dado pienso que deseo comer, pero, si me paro a pensarlo, descubro que no tengo hambre. Obviamente necesito algo. Tal vez esté muy aburrido, enfadado o dolorido. Si es así, puedo emprender acciones mucho más apropiadas que la de comer. Tal vez necesite meditar, salir a dar un paseo, hablar de mi enfado o pedir a alguien que me dé un abrazo. Pero debido a mis condicionamientos del pasado (de niño, cuando estaba molesto o irritado me daban un caramelo para calmarme), ahora me salto uno de los pasos cognitivos básicos y me oriento directamente hacia la comida en lugar de buscar la causa de mi incomodidad.

Es importante reconocer lo que necesitamos. Generalmente, darnos cuenta de lo que queremos y necesitamos tiene la doble función de satisfacer nuestra necesidad y de apuntar en la dirección que debemos seguir.

El deseo del chakra sacro de dar y recibir placer constituye una señal poderosa. Si en lugar de recibir placer te chocas una y otra vez con el dolor, es muy probable que se te esté animando a cambiar de dirección. Aunque realmente nunca estás en el lugar erróneo ni sigues la dirección equivocada, el dolor se presenta para indicarte que necesitas moverte; es un aviso, como cuando se pica a las reses. Si te niegas a reconocer el mensaje, es probable que tu vida comience a girar en círculos. Es sorprendente lo frecuentemente que sentimos sufrimiento emocional, pero en lugar de apartarnos de él como lo haríamos en el caso del dolor físico, redoblamos nuestros esfuerzos para tratar de superar la dificultad.

Siendo honesto contigo mismo, ¿cuántas veces admites haber dicho que no dejarías que te volviera a ocurrir una situación para encontrarte en ella poco después? ¿Cuántas veces te has encontrado con la misma dificultad pero has insistido aún más en que la relación funcione cuando todas las señales indican que es momento de retirarse? El chakra sacro trata de ayudarte a realizar estos movimientos. Si permites que se abra y escuchas atentamente sus señales, generalmente te ayudará a avanzar en tu curso hacia una forma de ser más sana y feliz. Pero no te castigues si te das cuenta de que acabas una y otra vez en el mismo lugar. Detente un momento, analiza lo vivido y aprende a salir del dolor más rápidamente. No hace falta que sigas cayendo en el mismo agujero cada vez.

Nuestra necesidad de atención es parte de nuestra necesidad de cuidados y nutrición. A veces, debido a traumas producidos a temprana edad, recurrimos a modos muy inusuales de conseguir lo que necesitamos. Por alguna razón, hemos aprendido a no pedir, a no declarar nuestras necesidades verbalmente. Más bien estamos acostumbrados a actuar a partir de ellas esperando que alguien nos entienda. Me temo que aún sigo dando portazos cuando me siento muy enfadada. A este comportamiento se le llama «expresión desinhibida», y a menudo es ignorado o descartado por los demás, lo que lleva a una escalada de nuestro desesperado intento de ser comprendidos. A veces también se le denomina con un término terriblemente peyorativo: «comportamiento destinado a captar la atención». Suele emplearse erróneamente y a menudo se usa para describir comportamientos considerados insalubres que es mejor ignorar.

Lo triste de este comportamiento destinado a captar la atención es que indica exactamente eso: alguien necesita atención aunque la pida de un modo insano, distorsionado y posiblemente desagradable. El efecto es totalmente contraproducente, por supuesto. Las personas que en principio tratan de ayudar se sienten resentidas y exasperadas, y acaban retirándose, dejando al sujeto con la sensación de que debe expresar sus necesidades aún más escandalosamente ya que no se le escucha. Si no reconocemos que nosotros (y todos los demás) deseamos y necesitamos atención de una forma u otra, sólo reprimiremos nuestras necesidades, que volverán a emerger en otra parte.

Recuerdo a un joven que solía venir a urgencias regularmente. Normalmente se producía cortes superficiales, aunque suficientes para requerir atención. Esta situación se vino produciendo casi a diario durante varios meses y, como psiquiatra de servicio, se me llamaba para comprobar que su vida no corría peligro. Mantuvimos una buena relación. Comprendí que era un pobre muchacho solitario que no tenía a nadie con quien hablar y que empleaba este poderoso pero peligroso método de comunicación para hacerse escuchar.

Después de pasar muchas horas nocturnas hablando con él, me

di cuenta de que, en realidad, lo que hacía por él favorecía su comportamiento. Cuando tenía un comportamiento tan inapropiado como hacerse un corte, recibía la recompensa de ser escuchado durante una hora o más. Como no estaba dispuesto a aceptar una psicoterapia regular, le hice saber que, si el tiempo me lo permitía, me sentiría feliz de verle cuando estuviera de servicio, que bastaba con que él lo pidiera. Si se cortaba, yo no acudiría a visitarle.

Las noches siguientes vino al hospital con los cortes superficiales de siempre. Con algunas dudas, me negué a verle, y él estalló. Aproximadamente una semana después volvió al hospital y pidió verme. Nos sentamos y tuvimos una larga conversación en la que ninguno de los dos mencionamos el hecho de que yo me hubiera negado a verle anteriormente ni tampoco el de que él se produjera cortes. Habíamos conseguido dar un paso.

Empezamos a observar por qué necesitaba atención. Se sentía muy solo ya que estaba viviendo en una casa abandonada con otros dos jóvenes que, como él, habían huido de casa. Todos recurrían a las drogas de vez en cuando; unas veces pedían y otras robaban para financiar su consumo. Lo que necesitaba, lo que probablemente todos ellos necesitaban, era un hogar, cuidados maternales y, sobre todo, mucho amor. Se sentía atascado. Además de estar desenraizado y de no pertenecer a ningún lugar —como resultado del bloqueo de su chakra raíz debido al dolor soportado en su más tierna infancia—, tenía muy poca autoestima y ninguna idea de su potencial como ser humano. Estaba necesitado y deseoso de encontrar atención, y la única manera de hallarla en su hogar había sido hacer travesuras. Entonces se le pegaba o gritaba, pero, al menos eso era algo. Ahora necesitaba reeducarse en varios aspectos.

En primer lugar, tenía que darse cuenta de que si hablaba en lugar de gritar, perjurar o producirse cortes, era más probable que se le escuchara. A continuación tenía que entender que aunque se le escuchase, no siempre conseguiría lo que deseaba y debía aprender a vivir con ello. Y, en tercer lugar, tenía que aprender a satisfacer algunas de sus necesidades desde dentro, y no esperar a que fueran satisfechas siempre por otras personas.

La última vez que lo vi estaba acudiendo a la universidad y vivía en una residencia juvenil. No se había cortado ni consumido drogas

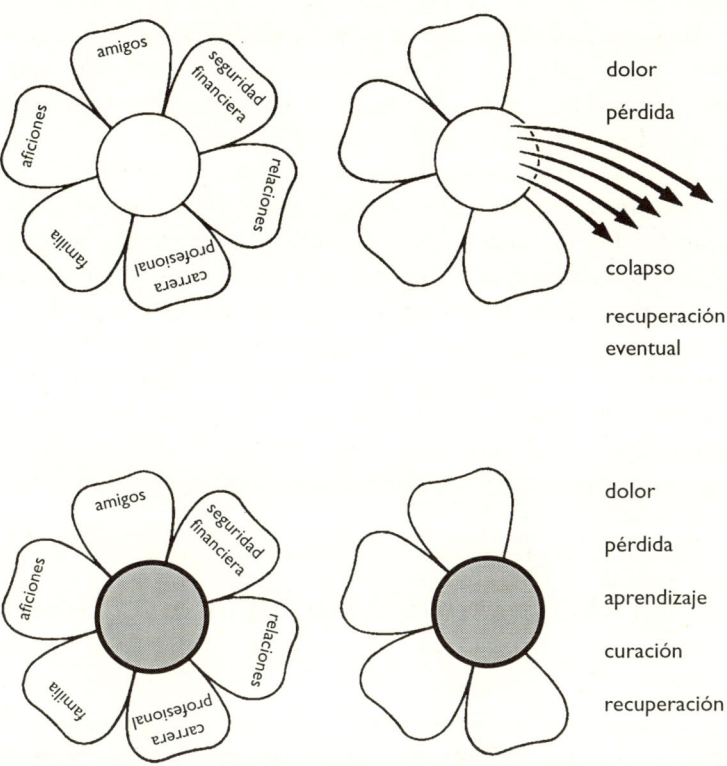

Figura 8

En 8a, imaginemos que esta persona se apoya en sus familiares, amigos, en su carrera profesional, en una relación y en la seguridad económica. Sin embargo, dispone de muy poca fuerza interna, si es que tiene alguna: su núcleo está vacío. Si pierde alguno de los apoyos, digamos, por ejemplo, que su marido le deja y con él desaparece su seguridad económica, es poco probable que pueda afrontar la pérdida. Se produce la posibilidad de un «colapso» hasta que encuentre los recursos necesarios para restablecer la estabilidad.

En 8b, la persona tiene exactamente la misma relación de apoyo en familiares, amigos, profesión, etc., pero también tiene un fuerte sentido de sí misma, una buena autoestima y confianza en su capacidad: un núcleo fuerte. Si pierde alguno de los apoyos externos, evidentemente sufrirá con la pérdida, pero dispondrá de la fuerza interna necesaria para abordarla y sobrevivir sin que se produzca un colapso.

durante más de un año. Durante su terapia conmigo empezó a retirar los bloqueos de sus chakras raíz y sacro, y más adelante del chakra de la garganta para aprender a comunicar de una manera más sana. Poco a poco pudo ir llenando su núcleo interno (*véase* figura 8), que estaba vacío. Necesitaba satisfacer sus necesidades y su deseo de amor, cuidados y placer desde fuera de sí mismo.

Todos necesitamos amor, apoyo, cuidados y contacto, además de las cosas más básicas: alimento, vestido y refugio. Pero si buscamos la satisfacción de todas nuestras necesidades fuera de nosotros, permanecemos vulnerables. Empezamos a llenar nuestro núcleo central en el chakra raíz a medida que desarrollamos nuestro sentido del yo, y este proceso continúa en el chakra sacro cuando encontramos nuestro lugar dentro de nuestra familia y comunidad. Abasteciendo nuestras necesidades internamente en la medida que podemos y manteniendo una comunicación sana con el exterior para lograr lo que verdaderamente necesitamos, nos sentimos protegidos de la vulnerabilidad.

¿Estás preparado para una inyección de energía?

Además de gobernar el deseo, el chakra sacro también potencia nuestra capacidad de retener información, y su apertura repentina suele venir acompañada de un aprendizaje acelerado. Tienes un potencial mucho mayor de lo que habías creído posible, y el trabajo con este chakra permite que se bombee energía al plexo solar para realizarlo. En cualquier caso, puede que todo empiece a suceder con mucha rapidez y que sientas que pierdes el control. Pero todos estos cambios redundan en último término de manera positiva. Pronto te darás cuenta de que estás absorbiendo conocimientos de un modo que habías creído imposible; tu memoria ha mejorado y te sientes inundado de ideas plenamente formadas mientras que tu creatividad asciende un grado en la escala.

Con la apertura del chakra sacro empezamos a sentirnos capacitados, lo que pavimenta el camino para que podamos desarrollar nuestro poder más plenamente en el chakra plexo solar. Comenzamos a organizar nuestros dones y talentos con confianza y sin presunción, lo que nos permite vernos en nuestra verdadera belleza y magnificencia. Empezamos a sentirnos libres de celos y avaricias, sabiendo que cada uno de nosotros es único y tiene su lugar y propósito especial. Inicialmente puede que sólo tengas un vislumbre de todo esto, pero, a medida que sigues trabajando con esta zona y asciendes al chakra siguiente, aumentará tu confianza en tu propia habilidad.

Aún es posible un crecimiento mayor cuando nos damos cuenta de que nuestras capacidades no son estáticas, sino que siempre estamos en una curva ascendente de crecimiento personal. El trabajo en cada chakra no es algo que se haga de una vez y para siempre. Vamos mejorando y refinando a medida que progresa nuestra vida, volviendo una y otra vez a visitar y poner al día nuestra comprensión a medida que avanza nuestro desarrollo espiritual a lo largo de toda nuestra vida terrenal y más allá. ¡Estás empezando a descubrir la sensación que produce ser un ser espiritual!

Disfunción a nivel del sacro

Si el chakra sacro se muestra inactivo o está bloqueado, normalmente se produce una incapacidad para sentir orgasmos (anorgasmia), disgusto por el sexo o pérdida de libido en las mujeres y dificultades para mantener la erección y eyacular en los hombres. Como mínimo, es mucho más difícil sentir placer sensual. Esto produce una falta de confianza en uno mismo y la incapacidad de realizar el potencial en ambos sexos.

Como buena parte del énfasis de este chakra se halla en el movimiento y en la flexibilidad, los bloqueos a menudo producirán rigidez y ausencia de movimientos gráciles, particularmente en la parte baja de la espalda, las caderas y las piernas. Todo parece atascado y el flujo (otra vez esta palabra) parece perderse en todos los ámbitos. En los canales urinarios, la estasis puede dificultar la eliminación de aguas, produciendo retención de fluidos, cistitis recurrente, infecciones, piedras renales, nefritis y otros problemas parecidos. El bloqueo de los vasos linfáticos puede producir inflamaciones y puntos blandos en los tobillos y piernas; la circulación tampoco estará en su mejor punto. Los problemas menstruales son abundantes e incluyen el síndrome premenstrual, produciendo hinchazón en los tejidos y un aumento de la tensión, de la irritabilidad y de la ansiedad. En las mujeres, los períodos suelen ser irregulares y abundantes.

Todo, desde los músculos hasta el estado de ánimo, se queda tenso y rígido; a la persona le resulta casi imposible relajarse ya que está constantemente a la defensiva. ¡Qué agotador! Pero hay ayuda disponible. Los ejercicios y meditaciones que presentamos van a serte útiles y, en cualquier caso, sigue recordando la palabra «flujo». Repítetela lentamente, sintiendo lo que significa dejar que el flujo se produzca. Déjate fluir física, emocional y espiritualmente.

Trabajé durante mucho tiempo con una señora que vino a verme con las piernas muy hinchadas, la piel tensa y dolorida y los movimientos rígidos. Tenía algo más de cuarenta años —aunque parecía mucho mayor— y gran variedad de problemas. Su cuerpo parecía muy tenso y sus articulaciones anquilosadas le producían mucho dolor.

Se sentía tan deprimida que ni siquiera lloraba; con triste resignación respondió a mis preguntas sobre su infancia. Su padre había deseado que ella fuera chico, dijo, y siempre fui muy consciente de que le había decepcionado. Él le había criticado sin piedad y sus primeros años escolares habían sido una tortura, ya que quería parecer muy deportiva y se sentía en conflicto con la parte de sí que deseaba mostrarse suave y femenina. Mi paciente no parecía conseguir agradar a su padre hiciera lo que hiciera, y poco a poco dejó de intentarlo. Entre tanto no se había permitido disfrutar de su crecimiento hacia la adolescencia y la madurez. Nunca había disfrutado del sexo y, aunque llegó a casarse, el matrimonio había sido un asunto sin alegría que finalizó cuando su marido encontró a otra mujer más de su agrado.

Desde entonces había tenido que vivir sola, y su salud física había comenzado a deteriorarse. Había perdido de vista quién era, si es que alguna vez lo había sabido, y ya no esperaba nada de la vida. Cuando vino a verme pedía perdón constantemente por la probabilidad de que no pudiera ayudarla.

Tenía el chakra sacro totalmente bloqueado, lo que producía una gran estasis en todo su cuerpo. Su energía física y emocional tenía un nivel muy bajo y el trabajo inicial consistió simplemente en poner las cosas en marcha y superar su resistencia, que era tan rígida como su cuerpo. Poco a poco, a medida que fuimos trabajando para limpiar el dolor de un pasado casi olvidado y que parecía totalmente desconectado de sus problemas actuales, el bloqueo comenzó a movilizarse. Se quedó muy sorprendida cuando algunas semanas después sintió un leve aleteo en su psique que más tarde pudo reconocer como deseo sexual. La hinchazón y la rigidez comenzaron a desaparecer y probó, al principio con mucha inhibición, algunos de los ejercicios que vienen al final de este capítulo. Me siento feliz de poder decir que finalmente fue capaz de dejar atrás sus dolores largo tiempo enterrados y permitir que se desplegara su feminidad. Con ella llegó su creatividad: elaboró hermosas poesías con las que bañó y sanó su alma, por lo que pudimos concluir las sesiones de terapia y ella se hizo cargo de su proceso de sanación.

Ningún chakra está aislado de los demás, y cuando las compuertas del acuoso centro sacro se abren, su fuerza es lo suficientemente grande como para movilizar cualquier cosa con la que se encuentre en su camino. Los bloqueos en otros aspectos también pueden empezar a fundirse. A medida que el carisma del primer chakra nos hace avanzar hacia el segundo y vislumbramos las posibilidades reales, los menos animosos pueden desear hacer un alto. Éste es el momento en que nuestras vidas pueden tomar un rumbo imprevisto. Ahora estamos abriéndonos camino hacia la abundancia y la prosperidad. Alimentada por la tierra, la energía se transmuta a través del chakra raíz y se fortalece en el segundo antes de pasar a refinarse aún más en el tercero. Es imperativo dominar esta energía si queremos mantenerla bajo control y emplearla al máximo de sus posibilidades.

Sin embargo, permitidme una palabra de atención. El ego puede difuminar completamente el potencial que está a punto de ser liberado. El poder con el que estamos contactando y que sentimos crecer y empujar a través de nuestro ser físico, así como de nuestros cuerpos superiores, es verdaderamente de naturaleza espiritual y debe ser empleado para el bien común. Llegados a este punto, cualquier intento de emplearlo erróneamente producirá una calamidad. El potencial del sacro tiene que ser matizado por la conciencia y el amor de los centros superiores para que adquiera su máxima fuerza. Si lo empleamos con un corazón verdaderamente puro y buena intención, estaremos preparados para recibir la abundancia prometida por el plexo solar.

El derecho a realizar nuestras elecciones y de tomar nuestras decisiones forma parte de los desafíos que nos presenta la vida terrenal, y en este punto podemos establecer un curso de crecimiento y realización, abundancia y poder en el sentido más amoroso y espiritual, o perder lo que tenemos al alcance de la mano.

Los siguientes ejercicios y meditaciones te ayudarán a conseguir tus objetivos a medida que vayas abriendo suavemente el chakra sacro.

Los ejercicios

EJERCICIO 1

Pon música suave y fluida que te recuerde al agua. Hay algunas piezas maravillosas entre las que puedes elegir, pero si tienes problemas para encontrar una, he incluido una lista de mis favoritas en el capítulo 8 (*véase* páginas 193-195).

Date todo el espacio que puedas y ponte ropa cómoda. Comienza a moverte suavemente con la música. Deja que tu cuerpo se mueva como desee mientras empiezas a relajar la tensión. Permite que tu cuerpo se distienda y se haga más flexible. Siente que tu gracia natural comienza a emerger. Siéntete como si fluyeras como el agua, moviéndote delicadamente. Tal vez hasta el momento has permanecido con los pies fijos en el suelo. Si es así, quizá podrías empezar a moverlos poco a poco. Tómate el tiempo que necesites. Fluye. Muévete. Suelta cualquier dolor o tensión. Respira hacia él. Permite que se produzca la armonía y un flujo suave. Muévete. Sé consciente de tus sensaciones corporales. Estás plenamente consciente. Permite que tu creatividad se despliegue mientras te balanceas suavemente. Libera las emociones que vayan surgiendo. Deja que se vayan. Con toda suavidad, déjate mover con la música. Permítete perderte en ella. Permite que el movimiento cree cambios en tu vida y que ésta adquiera otro ritmo. Fluye. Sé flexible. Flexible en las articulaciones, flexibles en tus actitudes, flexible en tu planteamiento de vida. Muévete. Fluye. Conviértete en parte de la música. Permítete ser. Disfruta.

Cuando acabe la música, tómate el tiempo que necesites para volver a la calma. Mantén los ojos cerrados durante unos momentos hasta que te sientas reorientado. Retoma suavemente una postura relajada. Cuando te sientas preparado y plenamente presente en la habitación, abre los ojos. Estira delicadamente las articulaciones mientras afirmas que te estás volviendo cada vez más flexible. Toma un trago de agua clara y energetizada (*véase* pág. 40).

EJERCICIO 2

Prepárate un baño o ducha. Enciende una vela en algún lugar seguro. Si vas a darte un baño, emplea aceites esenciales (romero o ámbar están bien). Si vas a ducharte, emplea un vaporizador para perfumar el ambiente o quema incienso. Mientras te dejas empapar por el agua, tómate tiempo para afirmar que permites que el agua se lleve todo lo negativo, que limpie toda impureza y te libere de cualquier cosa inservible que haya de ser descartada. Cuando estés preparado, limpia suavemente tu piel frotando a lo largo de los huesos y haciendo movimientos circulares en las articulaciones. Al hacerlo, afirma que te estás volviendo más flexible, que tus articulaciones están libres. Siente el movimiento interno y también el flujo de líquidos dentro de tu cuerpo. Afirma que estás soltando cualquier fluido que no necesitas, que los fluidos de tu cuerpo fluyen libremente, que bañan y limpian todas tus células. Siéntete reconfortado mientras masajeas tu cuerpo, delicada pero firmemente..., movimientos largos sobre los huesos, movimientos circulares sobre las articulaciones..., y siguiendo el flujo de tu piel. Ámate. Afirma que te estás volviendo más sano y más libre. Tómate el tiempo que necesites.

Cuando hayas acabado, envuélvete en toallas calientes o en una bata cálida. Relájate y toma un buen trago de agua energetizada.

EJERCICIO 3

El chakra sacro está asociado con el sentido del gusto. Cuando te hagas la comida o vayas a tomar algo de beber, prepárate unos segundos antes para saborearlo plenamente. Come despacio, disfrutando de cada bocado. Date cuenta de que el alimento te está dando su energía. Los alimentos crudos, como verduras y ensaladas, te aportan energía y aumentan tu vitalidad. El agua que bebes te limpia. Si bebes agua energetizada, la energía del cristal también te estimula. Disfruta de tu sentido del gusto.

Las meditaciones

MEDITACIÓN 1

Elige un momento en el que no vayas a ser molestado durante al menos una hora, de modo que dispongas del tiempo necesario para la meditación y también para quedarte después un rato tranquilo si lo deseas. Como siempre, acude a tu lugar seguro o encuentra algún rincón cerca del agua donde te sientas a salvo y puedas relajarte completamente.

Los cristales que pueden ser útiles para esta meditación son la piedra de luna y el topacio. La piedra de luna sirve para equilibrar tus emociones y tiene un efecto particular sobre la fertilidad, los dolores menstruales y el síndrome premenstrual. También incrementa la flexibilidad y es muy nutricia. ¡El topacio es maravilloso para casi todo! Junto con la amatista, es una piedra que llevo casi a diario, especialmente mientras trabajo. Es tranquilizante y apaciguadora, y al mismo tiempo potencia la creatividad, siendo de una gran ayuda para la curación y la regeneración.

Si puedes, tienes que sentarte con la columna erguida, pero aún es más importante elegir una postura que puedas mantener. Si necesitas apoyarte en una silla, puedes hacerlo; si prefieres cojines, también está bien.

Perdonar el pasado

Como siempre, comienza enfocándote en tu respiración como lo hiciste en la última meditación y relájate. Confía en que estás en un lugar seguro. Estás protegido y firmemente asentado.

Vas a curar y a dejar ir cualquier cosa que te ocurrió entre las edades de tres y siete u ocho años. Permítete abordar esos momentos de tu vida. Ahora, lo ocurrido sólo es un recuerdo porque ya has sobrevivido. Todo lo que necesitas hacer es soltarlo para que no te impida vivir tu vida plenamente. Sin dedicar tiempo a los detalles, reúne los sucesos de ese tiempo en un paquete para poder sanarlos.

Envuelve al niño que fuiste en tu corazón, con amor y compasión, cogiéndolo y protegiéndolo tiernamente para que se sienta seguro.

A continuación, con un pensamiento, envía curación y perdón a esa época de tu vida, y si es posible, a los sucesos de aquel tiempo. Deja que la luz brille alrededor y a través de todo ello, de modo que pueda sanarse y te sientas libre. Envía, en particular, amor y curación a tu yo infantil. Acoge esa parte de ti con mucha compasión. Ama a tu yo infantil.

Y ahora, si te sientes capacitado, puedes pasar a la segunda etapa. Elévate a una perspectiva espiritual y mira a la gente, a los sucesos y a las energías de aquel tiempo. Quizá puedas ver que la gente de aquella época hizo lo que hizo debido a su propio dolor y a sus carencias. Si puedes, envíales compasión. Y, si puedes, perdónales y al hacerlo libérate de ellos de una vez por todas. Suéltalo todo. Puedes ser libre..., perdona.

Tómate el tiempo necesario.

Y ahora, si te sientes capaz de hacerlo, pasa a la tercera etapa. Elévate a una perspectiva espiritual superior y vuelve a mirar. Quizá ahora puedas ver que los sucesos ocurridos entonces te estaban impartiendo lecciones de vida y enseñándote cosas que necesitabas saber para ser más total. En la totalidad de tu vida necesitabas profesores para poder aprender. Si te sientes capaz, contempla a quienes estuvieron implicados en tu proceso de aquel momento, como las personas que te dieron la experiencia que necesitabas. Si puedes, agradéceselo y libéralos.

Tómate el tiempo que necesites. Da gracias.

Siente tu yo infantil con otra sensación de paz y serenidad. Permítete sentirte pleno, y muy delicadamente comienza a regresar a tu cuerpo físico. Siente los pies asentados en el suelo. Toma conciencia de tu cuerpo físico y de su intensa conexión con la tierra. Siente tu cuerpo, y cuando te notes presente detrás de los ojos, ábrelos suavemente. A continuación, estírate y muévete. Toma un trago de agua y anota lo que desees en tu cuaderno.

MEDITACIÓN 2

Empleando la misma técnica, entra en ese cómodo y relajado espacio dentro de ti mismo. Ahora lleva la atención al chakra corazón y ve descendiendo al plexo solar y al chakra sacro. Allí observas una preciosa luz naranja. Permítete quedarte anonadado ante su belleza; la luz gira y brilla, llena de energía radiante. Obsérvala girar. Ahora permítete entrar suavemente en esa luz naranja, sintiendo su radiación, su calor, su energía. Permítete moverte entre la luz sintiendo el deleite de poder explorarla. Permítete ser llevado por ella y sentirás que te conduce a un lugar donde estás rodeado de agua clara y transparente. Siente que ese agua fluye a tu alrededor. Puedes respirar con toda facilidad. Todo fluye suavemente a tu alrededor. Siente la suavidad del agua sobre tu piel, siéntela masajear suavemente tu cuerpo en su fluir. Fluye suave y delicadamente. Fluye delicadamente. Déjate llevar por ella. Disfruta de la sensación. Observa que puedes moverte en el agua sin esfuerzo.

Muévete hacia donde desees. Siente tu cuerpo ligero y flexible. Tu cuerpo se mueve como el agua, fluyendo, fluyendo suavemente, flexible, elástico, fluyendo, fluyendo suavemente.

Explora todo lo que desees. Éste es un lugar maravillosamente sereno. Siente su paz, siente su belleza. Tómate el tiempo que necesites.

En un momento, mira hacia la derecha y deléitate viendo acercarse a ti a través del agua a un ser precioso, poderoso y delicado. Puedes percibir su magnificencia, su poder, su vitalidad, su gran amor por ti. Observa cómo se acerca a ti. Envíale un pensamiento de amor y bienvenida. Siente su energía estimulante al acercarse. Es tu principio masculino. Disfrútalo. Tócalo, dale la bienvenida, hazte amigo suyo. Siente su presencia, su benevolencia, su belleza, su protección. Siente su poder al ponerse a tu lado. Disfruta. Envíale un mensaje amoroso.

Y ahora, mira hacia tu izquierda y verás que está acercándose otro ser. Suave y delicado, bello y amoroso, pero fuerte y sabio en su vulnerabilidad. Percibes su radiación y su poder benevolente. Sientes su pasión amorosa, su belleza misteriosa, su magnificencia. Siente su amor por ti, profundo y apasionado. Obsérvalo, conténlo en tu mirada. Envíale un cálido y amoroso pensamiento de bienvenida, porque es tu principio femenino. Disfruta su delicadeza, su poder, su serenidad. Dale la bienvenida. Tócalo, hazte amigo suyo. Observa su grácil movimiento. Permite que se ponga a tu lado. Envíale un mensaje amoroso.

Y ahora, mientras observas, ambos comienzan a moverse juntos en una danza giratoria maravillosamente grácil. Se mueven al mismo tiempo, fluyendo alrededor y dentro uno del otro, girando, mezclándose, separándose y volviéndose a juntar, unidos en su totalidad y perfección. Obsérvalos moverse. Siente el agua, siente su amor mutuo y su amor por ti, siente el agua llena de amor y alegría, siente su vitalidad, su creatividad, su armonía, su equilibrio. Ahora te están llamando. Ven, te sientes atraído hacia ellos, te unes y mezclas con ellos. Te llevan en su maravillosa danza. Te mueves y te unificas con ellos. Siente tu belleza, tu magnificencia. Siente tu poder, siente tu totalidad. Disfruta.

Siente todo el fluido fluyendo dentro de ti. Deja que se produzca un flujo delicado y continuo a tu alrededor y dentro de ti. Siente tu circulación libre y fluida. Siente el fluido circulando por tus tejidos. Siente la limpieza y sanación del agua limpiando delicadamente, sanando y equilibrando. Sanando y equilibrando, fluyendo suavemente. Siente el movimiento fluido de tu cuerpo, la flexibilidad de tu movimiento, la libertad con la que te mueves. Siéntete alimentado. Permítete recibir. Siente el placer de ser nutrido. Disfruta.

Y ahora, sintiéndote total, con tu parte masculina y femenina equilibradas y en armonía, con libertad y serenidad, permítete prepararte para el regreso, delicadamente. Tómate el tiempo que necesites. Vuelve hacia la luz, la luz naranja, avanzando despacio hacia ella y finalmente entrando en ella. Moviéndote suavemente por su brillo, vuelves a descubrirte saliendo de nuevo a través del chakra sacro, delicadamente.

Vuelve a orientar tu atención hacia el cuerpo físico, hacia la habitación, hacia este momento temporal. Suavemente. Cuando sientas que estás de vuelta en algún lugar detrás de los ojos, manteniéndolos

cerrados siente tu presencia física. Siente los pies apoyados en el suelo. Mueve los dedos de los pies. Siente tu conexión con la tierra. Man-
ténte en tu cuerpo físico, y cuando estés preparado, sólo entonces,
abre los ojos suavemente. Abre los ojos delicadamente, permaneciendo presente y enraizado. De momento quédate donde estás. Siente tu
enraizamiento, y cuando estés preparado, estírate y muévete.

Toma una trago de agua y anota lo que desees en tu cuaderno.

CAPÍTULO 6

EL PLEXO SOLAR: PODER, VOLUNTAD Y PROSPERIDAD

Dedico mi vida al poder que reside en mi interior.
Gracias a mi dedicación, me desarrollo de manera natural hacia el más elevado potencial de mi ser.
Éste es mi día.
Controlo todo lo que viene a mí.
Acepto toda la responsabilidad de mi vida.
Soy poder.
Que así sea.

Por favor, vuelve a leer la cita anterior. Lentamente. Saborea cada palabra. Todo el poder del plexo solar está representado aquí. Esta podría ser su voz: «Soy poder». «Gracias a mi dedicación, me desarrollo de manera natural hacia el más elevado potencial de mi ser».

Siente estas palabras. Repítelas y siente moverse todo tu ser. Pronúncialas despacio. Éste es el plexo solar. Es un chakra mágico. Como soy Leo, un signo regido por el Sol, el plexo solar, mi sol personal, es uno de mis chakras favoritos. Es el chakra de fuego e irradia el brillo dorado amarillento de nuestro fuego hacia el mundo.

El plexo solar ocupa la zona entre la parte inferior del pecho y el ombligo, y nos lleva desde la base material hacia lo etéreo. A medida que realizamos la transición hacia lo mental e intelectual, nos ofrece una poderosa mezcla de pasión y energía, salpicada de opinión y lógica, motivación e impulso. El trabajo en los dos primeros chakras ha puesto en marcha el motor; la solidez del primer chakra da lugar a la fluidez de movimiento del segundo. Ahora estamos en el umbral de un cambio enorme y, entre tanto, vamos elaborando las ideas que han emergido. El principio placer/dolor del segundo chakra es un código útil para indicarnos el camino hacia delante, pero ahora podemos elegir crear nuestra propia estrategia de vida de la manera que más nos convenga. El plexo solar nos ofrece la liberación. Depende de nosotros tomarla o no.

Es el momento de la acción, de responsabilizarse, de decidir el curso. Todo está preparado para que tomemos y dirijamos nuestra voluntad, para que seamos dinámicos, para que tengamos el vigor y la motivación de avanzar. Aunque la comunicación y la autoexpresión son funciones del chakra garganta, nuestras opiniones se forman aquí, en el plexo solar. Aquí reunimos el coraje de expresar nuestra verdad en el mundo. Descubrimos nuestra libertad y fuerza interna, y adquirimos la tenacidad para seguir adelante a pesar de los sucesos y circunstancias difíciles de la vida. Ahora tenemos la voluntad de lograr el éxito, irradiando nuestra energía y convirtiéndonos en una fuerza a tener en cuenta. Hemos llegado, y el mundo debe saber que estamos aquí.

Bien empleado, el poder del plexo solar nos da posibilidades ilimitadas de trabajar, de introducir cambios, de convertirnos en lo que deseamos ser, de plasmar nuestras ambiciones, de ser felices, de conducir nuestras vidas hacia donde deseemos que vayan. Mal empleado, este impetuoso elemento puede convertirse en un arma peligrosa que podemos usar contra los demás, arrasando la sensibilidad de los que no están tan en contacto con su propio poder. Es el camino hacia el desastre definitivo.

Nuestro viaje nos ha llevado a asentar nuestra personalidad, la base de nuestra identidad personal. El trabajo sobre este chakra suele producir abundante pirotecnia ya que liberamos las emociones reprimidas y los sentimientos no exagerados; ¡así es que sujétate el sombrero! Pero si hacemos este trabajo, nos transformamos y transformamos nuestras vidas. Podemos avanzar hacia la paz y la satisfacción con nosotros mismos y con el mundo de un modo que posiblemente nos era desconocido anteriormente.

Reconocer nuestro poder

Cuando imparto enseñanza sobre los chakras, generalmente comienzo con un esquema rápido de todo el sistema. Y cuando llego al plexo solar, el motor del sistema, siempre siento que mi propio poder se mueve. Observo mis movimientos físicos y los cambios de postura. Mi respiración se altera cuando permito que se exprese la esencia del plexo solar. Generalmente mantengo mi propio poder recogido porque sé que puede resultar intimidante (lo comentaremos más adelante); pero no puedo explicar este chakra, el más sorprendente de todos, sin referirme a su poder.

Si alguna vez siento que la vida ha sido injusta (sí, lo siento algunas veces), voy directamente a mi plexo solar. Pongo las manos en forma de copa y dejo que el chakra vaya susurrando su poder. Poco a poco, y sintiendo cada palabra, comienzo a dejar que se despliegue lentamente. Soy ese poder. Comienzo a tener una sensación física en el plexo solar. Soy el poder. Comienza a crecer y desplegarse por todo mi cuerpo. Soy el poder. La energía comienza a gotear y pronto me inunda. Soy el poder. Abre mi pecho y mis hombros. Soy el poder. Hace ascender mi barbilla y los hombros se relajan. Soy el poder. Mi cabeza se inclina hacia atrás y el rostro se eleva. Soy el poder. Ahora mis brazos se alejan del plexo solar y mis manos se extienden hacia el cielo. Soy el poder. Mi voz se fortalece, y aunque no abra la garganta ni la emplee plenamente, sé cómo sonaría. Soy el poder. Ahora me siento poderosa pero pacífica. Puedo afrontar cualquier cosa. Puedo superar cualquier situación. Puedo ser todo lo que necesito ser. Puedo aprender todo lo que tengo que aprender. Soy responsable de mí misma y nadie puede quitarme eso, hagan lo que hagan. Soy poderosa. Mi plexo solar es claro y fuerte. Me controlo a mí misma y lo que pueda ocurrirme. Soy el poder. Acepto la responsabilidad de mi vida. Que así sea.

Esto me produce una sensación deliciosa. En unos minutos puedo recuperar el control y salir de lo que podría convertirse en un ataque del síndrome «pobrecita de mí».

Reconocer el poder dentro de nosotros es una de las cosas más liberadoras que podemos hacer. Dejamos de vernos como víctimas incapaces de cambiar las circunstancias. Por fin nos responsabilizamos de estar donde estamos, mejor o peor, y con ello tenemos la certeza de que podemos trasladarnos a un lugar distinto y mejor. Podemos ocupar el asiento del conductor y elegir el curso de nuestro gusto. Realmente depende de nosotros. ¡Pero qué responsabilidad! Suena tentador, pero ¿estás preparado para ello? Ya no puedes culpar a nadie de lo que te ocurre. No puedes abdicar de tu responsabilidad. Mi vida es mía y sólo mía. Depende de mí vivir a mi manera.

De víctima desventurada a superviviente victorioso

El plexo solar es el hogar de nuestra voluntad: nuestra capacidad de hacer que las cosas ocurran porque así lo deseamos. Somos capaces de manifestar la mayoría de las iniciativas que deseamos en nuestra vida siempre que tengamos el corazón puro y la intención de hacer las cosas por el bien común (incluyendo el nuestro). La sorprendente fuerza producida por una combinación de nuestro poder y voluntad nos hace capaces de hacer más de lo que habíamos imaginado nunca. El mayor poder de todos, por supuesto, es el poder del amor. Tiene un efecto sorprendente en nuestras vidas. Actuar por el mayor bien de los demás es amor. El amor combinado con el poder y la voluntad hace que ocurran cosas maravillosas. Regresa al principio del capítulo y vuelve a leer la cita.

> Controlo todo lo que viene a mí.
> Acepto toda la responsabilidad de mi vida.
> Soy poder.
> Que así sea.

¡Qué afirmación! ¿Por qué no copiarla y colocarla en muchos lugares donde puedas verla a menudo y observar lo que empieza a ocurrir en tu vida?

A veces no usamos nuestro poder sabiamente y puede que no nos gusten los resultados de nuestras elecciones, pero, si comenzamos a adueñarnos de nuestros errores, estaremos en posición de cambiar nuestras acciones y producir un resultado diferente. Si nos sentimos aparentemente impotentes es porque hemos usado nuestro poder y voluntad de un modo que no nos ha resultado útil. Quizá no siempre los habremos usado equivocadamente, pero las elecciones realizadas nos han llevado a un resultado distinto del que deseábamos. Podemos, con la misma facilidad, producir voluntariamente algo bueno para nuestra vida.

Si sientes que tienes muy poco, mira a tu alrededor. Todos tenemos muchas cosas que a veces no valoramos. Pero puede ocurrir que ya no desees algunas de las cosas que tienes. Tal vez desees cambiarlas por algo diferente o mejor. Puedes hacerlo.

Una mujer con la que trabajé durante mucho tiempo acabó viniendo a uno de mis talleres. Había sufrido algunos incidentes muy desagradables en su vida y había perdido casi todo lo que poseía. Una de las afirmaciones que empleo en estos talleres es: «Tengo lo que deseo y más». Ella dijo que se le mezcló la risa con las lágrimas cuando trató de repetirla silenciosamente en la meditación. Sin embargo, después de un rato, se convirtió en una de las frases más reconfortantes que se podía decir a sí misma. Si miraba las posesiones y bienes materiales, ciertamente tenía mucho menos. Pero en apoyo, amistad y amor tenía todo lo que podía desear y más. Su vida cambió en cuanto comenzó a redefinir sus valores y emplear las afirmaciones regularmente. El hecho de aceptar que actualmente tenemos todo lo que podemos desear y más no significa que no haya cosas maravillosas en camino.

Obviamente, parece que ciertas circunstancias están más allá de nuestro control, que no parten de ninguna acción consciente ni inconsciente de nuestra parte. Algunas de las personas con las que trabajo han sufrido los abusos, traumas y privaciones más horrendos. En la edad adulta pueden seguir perpetuando el único modo de vida que conocen poniéndose en situaciones abusivas, pero ni como niños ni como adultos merecen lo que les ocurre. Los que tenemos el enorme privilegio de trabajar de cerca con estas almas atormentadas hemos de aprender lo que nos están enseñando.

Se ha dicho que las almas a punto de alcanzar la plenitud y que están casi preparadas para volver al cuerpo de Dios suelen marcarse tareas muy duras y pesadas para completarlas en esta vida. Con el tiempo, puede que todos lleguemos a ver los sucesos de la vida como

valiosas lecciones en el inmenso esquema de las cosas, sufridas por
espíritus ancianos y sabios para completar su aprendizaje. Tal vez estén aquí para, además de resolver su propio karma (*véase* Glosario),
acarrear generosamente parte del karma general de la humanidad. Al
hacerlo, dirigen la atención del mundo hacia lo que tenemos que ver
y cambiar. Por ejemplo, los niños nacidos en zonas de gran pobreza
y privación, y que sólo viven unos días, semanas o meses, son almas
que se sacrifican a la miseria física durante un breve período de tiempo para poner de relieve la causa de todos los que padecen constantemente hambre y miseria. Lo mismo puede decirse de otros niños que vienen al mundo por un período de tiempo muy breve para
enseñar a sus padres, y tal vez a los médicos u otras personas, algo
que necesitan aprender.

Esto no significa que sólo los que sufren tienen grandes almas ni
que el dolor indica que se posee un espíritu anciano. Hay muchas almas jóvenes que tienen mucho que aprender y que están resolviendo
las cosas de un modo muy doloroso. También hay otros que están
devolviendo deudas kármicas (*véase* Glosario). En esta vida no se
acercan mucho a la iluminación ya que su plan consiste en trabajar
exclusivamente con el dolor. Y también hay almas antiguas, sabias y
pacíficas que han hecho buena parte de su trabajo y ahora están aquí
para enseñar y dar, continuando así con su crecimiento interior. Todas ellas son muy poderosas y cada una ejerce su voluntad humana
viviendo la vida terrenal antes de retornar al hogar de la libertad espiritual.

Algunas personas no tienen nada de víctimas indefensas, pero
tienen la apariencia de estar desvalidas porque es lo que más les encaja. A veces están entre las más fuertes. Los «desvalidos» tienen
muchos beneficios secundarios (como también los tienen los que desean jugar el juego del rescate): por ejemplo, se les alivia de asumir
la responsabilidad de su vida, usando a los demás para que hagan cosas por ellos que podrían hacer perfectamente por sí mismos. Pero al
hacerlo detienen su crecimiento, produciéndose también otras consecuencias negativas.

Betty y Rich eran una de estas parejas de «víctima y rescata-
dor». Se presentaron juntos en mi consulta porque Rich sentía que
debía traer a Betty para asegurarse de que llegaba sin novedad y de

que se acordaba de contarme todos sus problemas. Cada vez que le planteaba una pregunta a ella, la respondía él, e incluso cuando sugería delicadamente que me gustaría oír la versión de Betty, ella miraba a Rich buscando su aprobación antes de responder. La preocupación de Rich por ella era muy real y su amor muy auténtico. Sin embargo, ambos estaban atrapados en diversos aspectos del juego del plexo solar. Ella estaba «desvalida» y él se hacía cargo de la situación. El beneficio para ella era que no tenía que asumir la responsabilidad por sí misma, y para él que contaba con su devoción constante.

Ésta es la relación codependiente que he mencionado en el capítulo 5 y de la que volveré a hablar en el capítulo 7. Aquí había asuntos relacionados con cada uno de los chakras. Betty podía controlar a Rich con una sola mirada; su poder era enorme. En su «desamparo», ella salía victoriosa. Pero, asimismo, Rich podía seguir controlándola, negándose a dejarle hacer nada por sí misma, enviando constantemente mensajes verbales y no verbales de que no era lo suficientemente fuerte para arreglárselas sin él. Así actúa el plexo solar dañado. Ambos tenían cargas que habían traído a la relación y nunca habían aclarado. Fue maravilloso verles crecer juntos cuando empezaron a contarse toda la verdad por primera vez; cada uno observaba cómo el otro limpiaba viejos dolores y se liberaba. Ambos crecieron humanamente porque aprendieron a sacar beneficios de estar bien y seguir juntos. Tuvimos un momento sorprendente el primer día que Betty pudo expresar su desacuerdo y enfadarse, en lugar de tragárselo todo como había hecho en el pasado. Era el momento de que yo desapareciera y les dejara seguir su proceso.

Ser independiente y responsable aporta beneficios que sobrepasan con mucho las ganancias de la dependencia. Estas recompensas incluyen la autorrealización y, con ella, la confianza, el coraje y la responsabilidad de ponerse de pie y ser tenido en cuenta por quien uno es. Aporta un sentimiento de excitación que da lugar a una nueva paz y armonía internas. La vida se vuelve más fácil. Empezamos a darnos cuenta de que podemos hacer que nuestra vida ocurra.

RELACIONES

Aunque el chakra corazón trata con el amor humano (véa-se capítulo 7), en el ámbito del plexo solar es donde nos forta-lecemos y estabilizamos para poder entrar en relaciones a largo plazo y hacer que funcionen. Un vínculo profundo con otra persona exige tener abiertos tanto el plexo solar como el cora-zón. Sin embargo, esto hace que el final de una relación sea do-blemente doloroso, ya que no sólo desenredamos las cuerdas que nos han atado en el corazón, sino que también tenemos que soltar el apego del plexo solar.

El plexo solar también nos permite tener una sensación de hogar, de compromiso y pertenencia. Es donde reside nues-tro sentido patriótico y nuestras cualidades de lealtad y con-sistencia.

Enorgullecernos de nuestra individualidad

Con la apertura del plexo solar viene el desarrollo del autorres-peto y, con él, una mayor capacidad de respetar a los demás tal como son. Llegamos a apreciar la diversidad como un don y un desafío que nos enriquece a todos. Aprendemos a adaptar y a acomodar las dife-rencias, y a refinar nuestras opiniones y creencias. Estar dispuestos a ser flexibles y ceder si hace falta, combinando la fuerza del roble con la docilidad del sauce, nos asegura un progreso y un desarrollo fáci-les y equilibrados.

A medida que se potencia nuestra capacidad de integrarnos y co-operar con otros, sentimos la alegría de explorar lo nuevo y diferen-te. Empezamos a enorgullecernos de nuestra individualidad dentro del contexto de una totalidad equilibrada. Puede que previamente nos hayamos sentido separados y aislados, pero ahora hay un reco-nocimiento de ser completos y, al mismo tiempo, de formar parte de un todo mayor. La sabiduría nacida de la experiencia camina mano a mano con la humildad; nos sentimos poderosos en el centro de nuestro universo y, sin embargo, una mota de polvo en el gran esquema de las cosas.

Ahora nos equilibramos con toda la humanidad, con la naturaleza y con la totalidad del universo. En el pasado puede que hayamos respondido a la autoridad o a quienes estaban en el poder sintiéndonos pequeños e insignificantes o, por el contrario, rebeldes, superiores y agresivos. Ahora, desde un punto de vista igualitario, consideramos ambas actitudes igualmente inadecuadas. Hemos aprendido a valorar a los demás, sus opiniones y contribuciones a la vida, y somos conscientes de que ya no necesitamos estar alienados y solos o sentirnos inferiores. Esta seguridad en nosotros mismos nos capacita para trabajar en equipo con otras personas reteniendo siempre nuestra identidad individual. Sabemos que tenemos algo único que ofrecer a cada situación.

Vivir bien y prosperar

La naturaleza está en un movimiento cíclico continuo: el flujo y reflujo de las mareas, el cambio de las estaciones, el paso del tiempo del día a la noche, los ciclos lunares y menstruales y el giro de los planetas. El plexo solar nos implora que respetemos esta necesidad de movimiento para mantener el flujo del río energético. Podemos hacerlo irradiando nuestra luz y poder hacia el mundo mientras permanecemos abiertos a recibir sus dones.

Cuando estoy dispuesta a recibir, me visualizo abriéndome delicadamente en algún lugar de mi pecho; tengo un sentimiento cálido y estimulante y una sensación física particular entre mi corazón y mi plexo solar (más bien vago, lo sé, pero resulta difícil describirlo con precisión). Afirmo que estoy abierta a recibir la abundancia del universo y cualquier oportunidad que redunde en mi beneficio. Envío al cielo un pensamiento amoroso y lo dejo ir con la absoluta confianza de que lo que necesito fluirá en breve hacia mi vida. A veces los resultados son milagrosos; otras no tienen nada que ver con lo que habría esperado y, generalmente, mirando atrás, me doy cuenta de que recibo mucho más de que lo que había imaginado.

Recientemente vi un cartel a la puerta de un ayuntamiento que decía: «Si tu nave aún no ha llegado, ¿por qué no remar un poco para salir a su encuentro?» Trabajar en nuestra prosperidad es bastante parecido a esto. Podemos sentarnos, esperar que pase algo y gruñir cuando no pasa; pero, si somos sabios, asumiremos el control, saldremos al encuentro y haremos que las cosas ocurran. No hay absolutamente nada equivocado en pretender la prosperidad. De hecho, pienso que tenemos el deber de hacer todo lo que podamos para prosperar, ya que así mantenemos el fluyo de energía universal para que se beneficie todo el mundo. Sin embargo, la ley del universo dice que primero tenemos que dar para poder recibir.

Ahora imagina que observas la canalización de tu casa. El agua llena las tuberías y espera a que abras el grifo. Cuando lo haces, se produce un flujo que deja sitio para que pueda fluir más agua. Si no abres el grifo, se produce un estancamiento. El agua no puede seguir fluyendo. Tu vida también es así. Puede que mantengas el grifo cerrado conservando lo que ya posees, pero entonces estarás bloqueando nuevas e interesantes posibilidades en forma de energía, posesiones, amor, trabajo, etc.

Recuerda la regla «dar para recibir»; tenemos que estar dispuestos a dar un delicado empujón al ciclo de prosperidad si deseamos que funcione para nosotros. Si damos en primer lugar, entonces se nos premiará con más prosperidad a todos los niveles: en forma de trabajo, amor, paz, riqueza material, buena salud, amistades y relaciones. Se vuelve muy fácil conseguir lo que deseamos siempre y cuando tengamos buena intención, un corazón puro y nos mantengamos abiertos.

Hay muchos que parecen prósperos, podrías decir, pero que no obedecen la ley. Sin embargo, la prosperidad no se mide únicamente en términos de seguridad económica. Me atrevo a señalar que si miras en todas las áreas que hemos señalado anteriormente, esas personas no serán tan prósperas. No vale de gran cosa tener mucho dinero pero poca paz mental, o estar inundado de trabajo y no tomarse el tiempo de disfrutar el fruto de la propia labor. Un plexo solar sano nos abre un camino hacia la verdadera prosperidad.

FUEGO DIGESTIVO

Los síntomas digestivos que van en paralelo con los altibajos en las relaciones (por ejemplo, la falta de hambre o el apetito voraz en los primeros estadios del enamoramiento; la incapacidad de comer y la sensación de recibir un golpe en el estómago cuando se produce una traición en una relación afectiva) se deben al plexo solar y a su asociación con la digestión y toda la zona abdominal.

Recuerda que éste es el chakra regido por el elemento fuego. El plexo solar gobierna nuestros procesos digestivos, permitiendo que la combustión del alimento libere energía que podemos usar de manera inmediata. Este fuego digestivo es el que nos da la sensación de hambre, apremiándonos a reabastecer nuestros cuerpos. Si sintonizamos con él, podemos aprender a comer cuando está en su punto álgido (generalmente a mediodía, cuando el Sol está en el cenit), asegurándonos de que quemará el alimento de manera eficiente y liberará toda la energía disponible sin dejar despojos que se acumulen en forma de grasa. Asimismo, cuando el fuego digestivo está bajo, comemos muy poco o nada porque nuestro cuerpo nos está diciendo que de momento no necesita combustible. Escuchar esta señal tan simple puede ayudarnos a mantener nuestro peso equilibrado.

Bloqueos en el plexo solar

Ciertas emociones reciben el nombre de «negativas» porque no nos gusta sentirlas. Entre ellas están la ira, la furia, los celos, el resentimiento y la culpa. Sin embargo, si nos permitimos experimentarlas, mueven nuestra vida poderosamente. Cuando por alguna razón no hemos lidiado con ellas, se atascan en el plexo solar.

El desarrollo del plexo solar comienza hacia los ocho o nueve años; por tanto los traumas o tensiones a esta edad pueden tener un claro efecto sobre nosotros. Generalmente, cuanto más temprano sea el trauma y más nos haya herido, más probable será que lo tengamos tapado. El término psicológico que describe esta situación es «represión». A veces la practicamos con tanta perfección que nos olvidamos de su existencia.

A menudo me encuentro con gente que no tiene ningún recuerdo de su infancia, la cual generalmente ha sido muy gris. Cuando comienzas a trabajar con el plexo solar, puedes tener miedo de liberar tus emociones ya que suelen explotar como un volcán, destruyéndote y destruyendo todo lo que está a tu alrededor. La buena nueva es que si hacemos el trabajo con cuidado no tiene por qué ser destructivo. Si ponemos riendas al calor de la furia, por ejemplo, podemos usarlo como combustible que nos impulse hacia delante de manera saludable. A menudo son la ira o el odio los que nos catapultan a salir de relaciones moribundas, situaciones de abuso o hábitos trasnochados. Nos permiten distanciarnos lo suficiente como para no quedarnos enredados en la emoción o en la manipulación que nos ha mantenido esposados durante tanto tiempo.

Si este chakra está desequilibrado o bloqueado, sentimos que somos víctimas frustradas de las circunstancias; nuestros sentimientos están reprimidos, nuestra confianza agotada y nuestra integridad amenazada. Son habituales las quejas de cansancio, baja energía y falta de vigor y, cuando tratemos de avanzar, tal vez descubramos que nuestros deseos quedan frustrados. Sin la energía y el impulso que nos da un plexo solar sano, la vida se convierte en un gran esfuerzo, dejándonos agotados constantemente ya que encontramos resistencia por doquier. Parece que nos falta voluntad, determinación, autoexpresión y dirección. El impulso y la motivación también se ven afectados porque evitamos cuidadosamente cualquier situación que pudiera provocar una crisis que nos obligara a liberar el miedo y el dolor que tratamos de ocultar.

Lo triste de estas circunstancias es que el bloqueo emocional puede ser tan completo que nos veamos apartados también de las emociones positivas. Perdemos el amor y la alegría que son tan necesarios para inspirarnos y darnos fuerza en el momento que más los necesitamos.

A menudo se produce una especie de peregrinación emocional desesperada. Muchas personas encuentran dificultades para comprometerse, y forman lazos endebles basados en la necesidad y no en el amor. Como nadie llega a conocer realmente a estas personas, no llegan a obtener el reconocimiento que tan ardientemente desean.

Cuando nuestro ser emocional y espiritual está bloqueado, también se bloquea el cuerpo físico. El sistema digestivo se rebela, produciéndose indigestiones, úlceras, acidez, estreñimiento, irritación, diverticulosis y otros desórdenes crónicos. El estreñimiento puede alternar con períodos de diarrea. (Aquí quiero intervenir como médica para decirte que si sufres de este proceso alternante entre el estreñimiento y la diarrea, por favor pasa por la consulta de tu médico de cabecera para que lo supervise).

Como el páncreas está gobernado por el plexo solar, también se puede producir cierto tipo de diabetes. La vejiga y los conductos biliares pueden bloquearse y producir piedras, y la incomodidad abdominal agrava el cuadro. Recurrir a la comida en un intento vano e inadecuado de sentirse mejor puede complicar aún más las cosas. El sistema digestivo que ya estaba afectado se va sobrecargando, aumentando sus ya considerables dificultades. La obesidad rebaja la autoestima todavía más.

La vinculación entre la furia reprimida y el cáncer está ampliamente documentada. Abundan los síntomas de tensión, incluyendo la irritabilidad, las alteraciones del sueño, la falta de entusiasmo, la fatiga, el aumento o pérdida de peso, la depresión y en ocasiones el sentimiento de desesperación. ¿Te suena algo de esto?

Se produce un estancamiento en todos los aspectos que a veces alterna con el exceso: se pasa de sentir muy pocas emociones a que éstas rebosen sin control; se sufre una falta generalizada de motivación que a veces alterna con brotes ocasionales de energía que nos dejan agotados; la falta de disposición a mostrarse asertivo y a decir lo que uno tiene que decir alterna con una expresión agresiva, y no adaptativa, de las verdades cotidianas.

Como el flujo en el canal central se bloquea entre los chakras superiores e inferiores, a menudo se siente frío, mala circulación y rigidez en la pelvis y en los miembros inferiores. Si hacemos el trabajo necesario para clarificar y armonizar nuestra energía, podremos movernos con fuerza de voluntad, poder, claridad, autoafirmación y propósito, tanto física, como emocional y espiritualmente. Los antiguos dolores artríticos pueden mejorar considerablemente cuando el plexo solar se libera y aclara.

Por otra parte, cuando el plexo solar está demasiado abierto, normalmente nos apropiamos de la energía y de las emociones negativas de los demás. En concreto, tendemos a absorber la ira y la inquietud.

SENSACIONES VISCERALES

Las «sensaciones viscerales» residen en el plexo solar. Son la materia prima de nuestra intuición, que reaparece bajo un aspecto mucho más refinado en el sexto chakra, el entrecejo. Aquí, a medida que sintonizamos con nuestra intuición y nos preparamos para afinarla hasta la perfección en un nivel superior, comenzamos a confiar en ella, a apreciar que tenemos a mano un sentido más que es extraordinariamente preciso, que puede guiarnos con más seguridad que los demás cuando se trata de cuestiones relacionadas con la verdad, la integridad y el comportamiento. Los sensores del plexo solar llegan a ser tan exactos que se les suele denominar segundo cerebro.

CERRAR A VOLUNTAD

Los que se comportan de manera obstinada y alocada empleando su poder con un desprecio total por los demás, pasando por encima de todo el mundo sin detenerse a pensar un momento, suelen tener un problema en el plexo solar. Exhiben poca sensibilidad y autodisciplina. Muestran poco respeto por los límites de los demás (o de la sociedad), sean físicos, emocionales o psicológicos. Estas personas pueden producir desastres en sus propias vidas y en las de aquellos con quienes entran en contacto. Éstos son los síntomas propios de la enfermedad denominada desorden sociopático de la personalidad.

Por favor, sé compasivo con las personas que se comportan así. Si el plexo solar está bloqueado y no ha quedado limpio de la ira, la furia y el dolor que suelen acumularse en él, habitualmente la persona no puede hacer mucho para evitar que surja el embrollo que tan desesperadamente trata de ocultar. Esta misma situación suele repetirse cuando la represión se debilita, lo que sucede a medida que envejecemos o cuando se produce un suceso tan intenso e inesperado que, por así decirlo, nos coge con la guardia baja y activa el proceso. Estas personas necesitan cargarse de valor y recibir ayuda para clarificar la vieja emoción, aunque su catarsis (*véase* Glosario) sólo tendrá verdadero valor si se cura simultáneamente el espacio donde el dolor estaba almacenado. Aunque tenemos que ser capaces de cerrarnos en todos los ámbitos (excepto el cha-kra raíz, que siempre ha de permanecer abierto para mantenernos enrai-zados), esto es de la máxima importancia en el plexo solar, ya que a tra-vés de él absorbemos la energía más dañina y negativa.

Tengo un paciente cuyo compañero de trabajo está permanente-mente enfadado, es inmaduro y no muestra respeto por los demás; está habituado a insultar y a veces llega a arrojar objetos a sus interlocutores. Mi paciente tuvo que aprender a cerrar firmemente el plexo solar antes de ir al trabajo para no sentirse agotado y exhausto además de llevarse el enfado a casa y acabar vertiéndolo sobre su familia. Puede que acabe aprendiendo a no permitirse soportar una situación tan insostenible, pero, de momento, ha aprendido a no recoger la negatividad de la que se ve rodeado diariamente, librando también de ella a su familia. Mi cliente emplea el ejercicio siguiente para cerrar su plexo solar y protegerse.

Es una especie de práctica de primeros auxilios para la que se necesi-tan treinta segundos: imagínate una preciosa flor amarilla en el plexo so-lar con los pétalos plenamente abiertos. A continuación, con los ojos ce-rrados, imagina que se cierra formando un capullo muy apretado. Te sorprenderá comprobar que has dejado de recoger basura emocional y psicológica.

Cerrar a voluntad el plexo solar requiere cierta práctica y es algo que merece la pena repasar varias veces al día para comprobar que no estamos abiertos a todos los desatinos de los demás.

¿Preparado para el cambio?

Ya es el momento de que empieces a realizar otras elecciones. Puedes emplear tu poder, reforzado por la voluntad, para introducir cambios en tu vida que acabarán siendo permanentes si así lo deseas. Los primeros pasos que se deben dar son:

- Reconocer tu poder innato.
- Analizar lo que realmente deseas.
- Ejercitar tu voluntad activamente empleando el pensamien-to, la disciplina y el control para dirigir tu vida como quieras.
- Ser justo, honesto y sensible contigo mismo y con los demás.

¿Parece fácil? Puede serlo si te lo planteas con actitud positiva y confianza, sin perder de vista tu propósito. Como siempre, recuerda que cualquier contenido que surja mientras haces el trabajo es sólo un recuerdo. Ya has sobrevivido.

Los ejercicios

EJERCICIO 1

Escribe una carta a cada uno de tus padres que no llegarás a enviar. En ella puedes incluir todo lo que has querido decirles pero no has podido. Tal vez sientas que a pesar de haberles dicho esas cosas antes, no habían sido escuchadas. No censures tu expresión en modo alguno porque nadie va a ver las cartas excepto tú. Si lo deseas puedes maldecir, protestar o exagerar. Pon en tu carta todo lo que quieras. Cuando la acabes, déjala en algún lugar donde puedas acceder a ella fácilmente (preferiblemente donde los demás no puedan leerla) por si te apatece añadirle cosas durante los días siguientes.

Cuando sientas que lo has dicho todo, termínala de la manera que te parezca más conveniente. Si puedes afirmar que tanto tú como tus padres estáis liberados de todo lo que os habéis hecho mutuamente y estáis dispuestos a perdonar, eso es maravilloso, pero, si no es así, no te preocupes.

Introduce la carta en un sobre y espera al menos una semana antes de abrirla y releerla. Puede que nunca desees hacerlo, y eso también está bien. También puedes quemarla o destruirla con alguna pequeña ceremonia, o guardarla en algún lugar seguro para deshacerte de ella cuando sientas que es el momento adecuado.

Ahora tómate un baño o una ducha para limpiar el pasado y liberarte de él (puedes emplear aceites de baño y vaporizador de rosa o de ylang-ylang *).

---

* «Ylang-ylang» (cananga odorata), planta procedente de Asia oriental, de flores llamativas de color verde-amarillento, usada en medicina y que posee propiedades relajantes.

EJERCICIO 2

Ve a tu lugar de trabajo y prepara un sitio para ti y otro cerca del tuyo que dejarás vacío. Cierra los ojos durante un momento y trae ante ti la imagen de ti mismo de niño, cuando tenías nueve o diez años. Permite que ese niño se siente en el lugar vacío. Déjale que te cuente lo que le ha estado ocurriendo últimamente. Escúchale callada y atentamente, con amor y compasión. Cuando haya acabado, respóndele de la manera que te parezca más apropiada, con amor y compasión. ¿Necesita un abrazo? ¿Necesita escuchar tus elogios? ¿Necesita de tu ánimo? Lo que está claro que no necesita en ningún caso son juicios, golpes o castigos de cualquier tipo. Sobre todo necesita que le digas que le quieres y estimas, y que nunca le abandonarás. Tómate el tiempo que sea preciso. Ten calma y paciencia. Ámate y ama a tu yo de niño. Cuando estés preparado, permítele que vuelva a su hogar en tu corazón. Dale la bienvenida a casa. Haz el ejercicio de enraizamiento (*véase* página 92). Sé cuidadoso contigo mismo. Concédete un rato libre y después escribe lo que desees en tu diario.

EJERCICIO 3

Empleando las afirmaciones siguientes como guía, ajústalas poco a poco hasta expresarlas a tu gusto. Después escríbelas en tarjetas que puedas colocar en lugares destacados para observarlas regularmente. (Mi lugar favorito siempre es la puerta del frigorífico. Sé con seguridad que allí las veré varias veces al día).

- Abro mi corazón y mi mente a recibir el poder del universo, que usaré para el mayor bien de mí mismo y de los demás.
- Doy la bienvenida a las oportunidades de realizar mi más alto potencial.
- Soy responsable de mí mismo, de mi salud, de mi bienestar y de mi comportamiento. Acepto este hecho con gratitud.
- Empleo mi voluntad para crear la mejor vida posible para mí mismo y los demás.
- Estoy abierto a recibir la prosperidad en todas sus formas.

Si realmente quieres que las afirmaciones funcionen, ¡recuerda que tienes que trabajarlas!

MEDITACIÓN 1

Ve a tu lugar de trabajo y asegúrate de que nadie te moleste durante al menos una hora. Pon un cristal cerca de ti. Puedes emplear el topacio, aunque mi piedra favorita para el plexo solar es el citrino. A veces recibe el nombre de «piedra de la abundancia», y estimula el poder personal, la prosperidad y la creatividad. También aporta ánimos, esperanza y positividad. ¿Qué podría ser mejor para este chakra?

Si puedes disponer de una flor amarilla, ponla cerca de ti; si no es así, emplea cualquier otro objeto del mismo color. Enciende una vela y asegúrate de que pueda arder sin peligro mientras mantienes los ojos cerrados. Desconecta el teléfono.

Empleando el método habitual para relajarte, prepárate para la primera meditación.

Ahora permítete volver a la edad de ocho años. Date cuenta de que estás perfectamente protegido y de que cualquier cosa que pueda surgir sólo es un recuerdo. Nada puede hacerte daño, ya has sobrevivido a todo. Permite que tu mente se abra y abarque todo lo que te ocurrió hasta los doce años. No necesitas entrar en detalles a menos que así lo desees. Lo que tienes que hacer es juntarlo todo en un gran paquete que vas a limpiar, sanar y dejar ir. Ya no estás allí, estás aquí y nada puede causarte ningún daño.

Tómate el tiempo que necesites.

A continuación, con un rayo de amor salido de tu corazón, abraza firmemente tu yo de niño, ofreciéndole comodidad y seguridad. Acógelo de modo que sepa que está seguro. Envíale un rayo de luz para limpiar y sanar aquel tiempo. Deja que la luz brille en él y a través de él, limpiándolo y sanándolo para siempre.

Si te sientes capaz, envía tu perdón a las personas y sucesos de entonces; libérate y libéralos de cualquier connotación negativa, guardando únicamente lo bueno. Tómate el tiempo que necesites. Si te sientes capaz de hacerlo, elévate a un nivel espiritual superior y observa que las personas de tu vida en aquel momento hicieron lo que hicieron a causa de su propio dolor y de su proceso de aquel momento. Perdónales. Libérales. (Si no puedes hacerlo, no te preocupes; sigue hasta el final de esta parte de la meditación).

Y ahora, si te resulta posible, asciende al nivel espiritual más elevado y date cuenta de que te estaban enseñando lo que necesitabas aprender en esa etapa de la vida. Eran una parte necesaria de tu proceso, lo mismo que tú del suyo. Envíales gratitud por haber tenido una importante función en tu vida, y libérales (una vez más, no te preocupes si aún no puedes hacerlo; siempre puedes volver a intentarlo).

Ahora todo está limpio y aclarado. Con amor y compasión, lleva tu yo de niño de vuelta a tu corazón. Envuélvele en un amor ilimitado. Cuando estés preparado, regresa paulatinamente a la habitación. Siente tu presencia física. Mueve los dedos de los pies. Rodéate el cuerpo con los brazos. Ama tu cuerpo. Disfruta de tu humanidad. Vuelve lentamente a tu lugar detrás de los ojos. Siente la conexión con la tierra y, cuando sientas que es el momento, abre los ojos delicadamente.

Tómate el tiempo que necesites. Toma un trago de agua. Realiza un estiramiento. Anota lo que desees en tu cuaderno.

MEDITACIÓN 2

Elige un momento en el que no vayas a ser molestado durante al menos una hora. Desconecta el teléfono y entra en un estado de relajación y comodidad centrándote en la respiración y soltando cualquier negatividad tal como has aprendido a hacerlo.

Permite que una ola de una preciosa luz curativa entre por la parte alta de tu cabeza y fluya hacia abajo atravesándote, llenando cada célula y cada átomo de cada célula. Siente la limpieza, la curación y el equilibrio que esa luz produce. Ahora cada célula está bañada por la luz. Siente su toque refrescante. Siente la limpieza, siéntete en armonía.

Y ahora, cambia el punto de enfoque de detrás de los ojos al centro de la garganta. Atraviesa el chakra de la garganta y el centro del pecho, el chakra corazón, y céntrate en la zona superior del abdomen, en el plexo solar. Míralo: es una preciosa bola de luz amarilla dorada; tu sol personal que brilla en todas las direcciones llenándote de calidez y de luz. Siente su calidez. Permítete observar su brillo. Mira el sol que entra en todos tus tejidos desde esta maravillosa y brillante bola de luz.

Ahora, mientras te calientas con la luz, siente simultáneamente su delicadeza y su poder. Siente el poder que fluye dentro y fuera de esa bola de luz. Siente que te vuelves poderoso, más dotado que nunca. Siéntete fuerte, dispuesto a hacer cosas nuevas. Siéntete capaz de lograr todo lo que te propongas. Siente que el poder fluye a tus extremidades: tus miembros son más robustos que antes. Siente que el poder atraviesa tu cuerpo y sus cálidas oleadas te recorren. Date cuenta de que puedes manejar este nuevo poder, esta nueva fuerza, que los usarás para tu bien y para el bien de los demás. En este momento, promete que usarás el poder que el universo te conceda para tu mayor bien y el de los demás. Comprométete a no abusar nunca del poder que te es concedido. Afirma que estás dispuesto a recibir el poder del universo y a emplearlo sabiamente.

Disfruta de los sentimientos que te atraviesan. Disfruta de su calidez, de su poder, de su fuerza. Tómate el tiempo que necesites. Disfruta.

Pide a este poder que te cure. Sana tus viejos dolores y penas. Sana tus viejas heridas. Cúrate. Siente el poder. Dirígelo donde desees con la respiración, fluyendo como el Sol. Siente los rayos de luz cálida. Cúrate.

Permanece el tiempo que desees en este fulgor dorado. Y, cuando estés preparado, sabiendo que siempre dispondrás del poder que necesites mientras lo emplees para el bien común, comienza a volver dejando atrás la cálida luz del Sol. Comienza tu vuelta. Céntrate de nuevo en el plexo solar. Permite que los rayos de luz regresen a la rueda de luz que siempre brillará en ese lugar, pero, de momento, visualiza una maravillosa flor de color amarillo dorado sobre este chakra y deja que sus pétalos se cierren formando un capullo muy apretado. Deja que la flor duerma inclinando la cabeza.

A continuación, muy delicadamente, vuelve a situarte en el centro del pecho y traspasando la garganta llega al lugar detrás de los ojos. Siéntete presente. Siente tu cuerpo físico. Mueve los dedos de los pies. Siente tu apego a la tierra. Siéntete enraizado. Abraza tu cuerpo y date cuenta de que estás aquí, en estado físico. Permanece presente y, cuando te sientas preparado, abre muy lentamente los ojos.

Toma un trago de agua. Tómate el tiempo que necesites y, cuando sientas que es el momento adecuado, anota lo que desees en tu diario.

CAPÌTULO 7

CHAKRA CORAZÓN: SANAR EL CORAZÓN

El amor es una noche que se inclina para ser ungida,
Un cielo convertido en pradera, y las estrellas en luciérnagas.
El amor triunfa.
El blanco y el verde del amor junto a un lago,
y la orgullosa majestad del amor en torre o balcón;
amor en un jardín o en el desierto intransitado,
el amor es nuestro señor y maestro.
Falleceremos con el atardecer,
quizá para despertar al amanecer de otro mundo.
Pero el amor quedará,
y las marcas de sus dedos no se borrarán.

KAHLIL GIBRAN

Desde el enraizamiento del chakra base nos hemos trasladado al sacro para abarcar la sexualidad y adquirir flexibilidad y fuerza. El plexo solar nos ha permitido combinar poder y voluntad para abrirnos a nuestro potencial. Ahora llegamos al corazón, el punto que sirve de pivote a nuestro ascenso espiritual, tendiendo un puente entre lo divino y lo humano: los chakras inferiores nos mantienen firmemente aferrados al estado humano, y los superiores nos abren el camino de la espiritualidad.

Desde su lugar en el centro del pecho, girando a la velocidad de la luz verde, el chakra corazón irradia su poderosa energía curativa hasta los puntos más lejanos de nuestro ser y hacia la totalidad del universo. En este chakra se hallan las funciones de las que no podemos prescindir, pues cesamos de existir como seres humanos en unos minutos: los latidos de nuestro corazón y nuestro aliento de vida. Aquí residen también el amor, la compasión y el contacto. Nuestro chakra corazón nos pide que reevaluemos nuestra relación con nosotros mismos y nuestra profunda conexión con el resto del universo.

El elemento de este chakra es el aire, la respiración, la más básica de nuestras necesidades. De hecho, la respiración es tan básica que sólo pensamos en ella cuando sentimos que está dificultada de algún modo. Es una de las pocas funciones corporales automáticas que podemos alterar a voluntad variando su profundidad, frecuencia y ritmo. El entrenamiento autogénico (*véase* Glosario) muestra que con el tiempo podemos aprender a controlar la mayoría de las funciones gobernadas por el sistema nervioso autónomo: por ejemplo, el ritmo del corazón, la presión sanguínea, la circulación y los procesos digestivos que antes suponíamos automáticos y, por lo tanto, fuera de control. El vínculo entre la respiración y las emociones es evidente. Cuando sentimos ansiedad, temor o enfado, tendemos a respirar más rápido y profundo (hiperventilar). Si algo nos altera o sorprende, sentimos como si nuestra respiración se detuviera. El simple hecho de centrarse en la respiración y contar las inspiraciones puede hacer descender la presión sanguínea, calmar el corazón acelerado, aliviar la ansiedad y restablecer el equilibrio en cuestión de minutos. El premio por dedicar unos momentos diarios a meditar tranquilamente en la respiración supone una mejora del sistema inmunológico.

¿Por qué no probar la respiración consciente ahora mismo? Cierra los ojos y céntrate en ella. Inspira lentamente contando hasta seis mientras te visualizas respirando en paz y tranquilidad. A continuación espira lentamente contando hasta seis, expulsando cualquier toxina, cualquier ansiedad o tensión. Ahora permítete una breve pausa mientras cuentas hasta dos. Vuelve a inspirar contando hasta seis y deja que te inunden sentimientos de paz; con la espiración, suelta todo lo que no necesites sintiendo que todo tu ser se limpia. Toma una pequeña pausa contando de nuevo hasta dos. Vuelve a inspirar, esta vez contando hasta ocho, y siente el elemento nutricio que acompaña a la respiración. Contén el aire durante un par de segundos mientras absorbes toda su bondad y espira soltando todo lo que ya no necesitas. Haz una respiración más, de nuevo contando hasta ocho. Esta vez inspira ligeramente y deja que el aliento llegue a todos los rincones de ti, limpiando, sanando y equilibrando tu ser. Durante la espiración, permite que todo tu cuerpo se relaje. Relájate. Siente tu peso sobre la tierra. Seguidamente, cuando estés preparado, vuelve a abrir los ojos.

¿Te sientes mejor? Sólo han hecho falta cuatro respiraciones y un par de minutos para elevarte a un lugar totalmente diferente. Si repites esto una vez cada hora o cuando te acuerdes de hacerlo, te sorprenderá comprobar la enorme diferencia que marca tanto en tu estado físico como psicológico.

Ahora que te sientes refrescado, ¡echemos una ojeada al amor!

Amor y relación

La energía de un chakra corazón sano es lo que llamamos amor. Desafía toda definición a pesar de ser el tema del que más se habla, del que más se escribe y sobre el que más se canta en el universo. Algunas culturas emplean distintas palabras para describirlo en función de si se trata de los sentimientos existentes entre amantes, padres e hijos, amigos, hermanos, los vínculos con animales domésticos o la ferviente veneración de Dios. En cualquier caso, esta energía tiene similitudes y aquí le daremos el mismo nombre: amor.

El amor potencia, enriquece, hace las cosas más hermosas, genera sabiduría. El amor permite que todo sea perdonado, resuelve los conflictos y cura los dolores. El amor nos permite tener la más profunda de las conexiones y, finalmente, unirnos a los demás. El amor abre puertas y cruza continentes.

El amor del chakra corazón abarca la relación de todas las cosas en el universo, permitiéndonos elevarnos al nivel más alto dentro de nosotros mismos y sentir compasión por todos los seres vivos. Nos da una exquisita alegría en la unidad, pero también un exquisito dolor en la tristeza y en la pena. Transforma lo común en sublime, y toca nuestras vidas y las de todos aquellos con los que entramos en contacto. Sus poderes carismáticos atraen a otros hacia nosotros e inspira en ellos confianza y esperanza, permitiéndoles abrir sus corazones y amar por el amor mismo, con apertura y entusiasmo.

Desde cualquier lugar donde nos hallemos hasta el pináculo del ascenso espiritual, descubrimos la presencia del amor de una forma u otra. El amor atemperado por el poder, el amor suavizado por la dulzura, el amor fortalecido por la protección. El amor elevado por la comprensión, endurecido por la sabiduría. El amor que el espíritu hace eterno.

El amor del chakra corazón unifica la necesidad humana de relación que hemos encontrado en el chakra sacro y la comprensión que encontraremos en el chakra coronario (*véase* capítulo 10) para permitirnos amar de un modo que abarca a todos los seres, a todos los tiempos y espacios, y que fluye en cada acción. Este amor recibe el nombre de «amor divino».

Amor y sanación

En la página 26 he descrito los primeros indicios de la conexión espiritual que sentí cuando tenía cuatro o cinco años. Tardé años en darme cuenta de lo que ocurría y en adquirir cierto control sobre ello, aunque aún hoy puede ocurrirme espontáneamente y sorprenderme.

A veces no era lo suficientemente rápida para atraparlo en cuanto comenzaba a ocurrir, pero acabé aprendiendo a seguir la pista de esa intensa y palpable corriente en cuanto empezaba el flujo. Pensaba que comenzaba en el centro de mi pecho, pero al centrarme más me di cuenta de que tiene su origen en la parte alta de mi cabeza y me recorre hasta explotar en mi pecho, desde donde sale disparado en todas direcciones. Me llena en unos segundos y puedo sentir cómo se expande hacia mi aura; entonces sé que estoy irradiando amor como si fuera una antorcha. Mucho antes de saber nada de los chakras podía sentir lugares dentro y alrededor de mí donde la energía parecía detenerse durante una fracción de segundo y realizar un pequeño cambio antes de seguir adelante. Solía sentirme dentro de una burbuja de energía.

Por supuesto que ahora sé abrir mi chakra coronario para permitir que se produzca el flujo de amor y luz. Le añado la visión en mi tercer ojo y le doy la bienvenida a mi chakra corazón, concentrándolo hasta que casi se convierte en un rayo láser que atraviesa mis manos o pies con gran fuerza y poder. También puedo dejar que sea suave y difuso, como una bola de algodón. Puedo abrirlo para que inunde una habitación y disipe situaciones muy conflictivas o mantener en él a personas tensas y alteradas mientras hacen lo que tengan que hacer. Antes solía emplearlo para ayudar a la gente a curarse, fortaleciéndoles para que emplearan su propia energía de la manera que necesitaran para sentirse mejor.

Es una de las herramientas más útiles de que dispongo, y como se trata de amor puro y espiritual, me resulta fácil amar sin excepción. ¡Tú también puedes hacerlo! Sé que todo el mundo puede hacerlo una vez realizado el trabajo de limpiar los chakras.

Aceptarte como eres

¿Qué tenemos que hacer para poder amar verdaderamente tal como demanda el chakra corazón? Es difícil amar de verdad si no podemos aceptarnos tal como somos y sentirnos en paz. El chakra sacro nos ayudó a equilibrar lo masculino y lo femenino dentro de nosotros. Ahora nos enfrentamos a la necesidad de equilibrar cuerpo, mente y espíritu para poder empezar a amarnos y a amar a los demás de un modo que garantice la libertad y apoye el crecimiento espiritual de todos.

A algunas personas les cuesta aceptarse a sí mismas porque piensan que si lo hacen pierden toda perspectiva de progreso, pero, de hecho, la aceptación produce exactamente el efecto contrario. Nos da una plataforma desde la que crecer y desarrollarnos, un suelo seguro en el que apoyarnos aunque no nos guste demasiado. La aceptación no es complacencia ni arrogancia. No pienso que soy perfecta y que ya no necesito cambiar, pero tengo que decir (¡y creer!) que de momento soy lo que soy, y que eso está bien. Esto me permite tratarme compasivamente con la misma tolerancia que siento cuando veo a un niño esforzándose por aprender.

Ahora, por fin, la puerta está abierta al amor incondicional hacia mí misma, permitiéndome abrazar tanto la posibilidad como la realidad del cambio. Y sólo en la aceptación incondicional me siento en mi camino y puedo empezar a aceptar incondicionalmente a los demás.

Amar es apoyar el crecimiento del otro, su aprendizaje y desarrollo espiritual. Sin embargo, el hecho de aceptar y respetar a los demás no significa necesariamente que tenga que tenerlos en mi vida. A veces, lo más amoroso que se puede hacer en una relación es dejarla para que ninguna de las dos personas sufra porque el vínculo no funciona.

Podemos decir algo muy parecido respecto a la aceptación de cómo son las cosas en la sociedad y en el planeta. Tengo que empezar por aceptar que las cosas son como son y hacer fluir el amor hacia una situación antes de decidir cuál es, en mi opinión, el paso siguiente. ¿Me quedo en la situación o elijo dejarla? ¿Trato de cambiarla activamente? ¿Y si es así, cuál es la manera más eficaz y amorosa de hacerlo? ¿Qué acción producirá los resultados generales más amorosos?

En casi todos los casos podemos reenmarcar la situación y producir una solución amorosa para todos los implicados, y eso puede incluir la decisión de retirarme y retirar mi vida cuando quiero que no se vea infectada por la forma que otros tienen de vivir la suya. Hay un libro de Gerald Jampolsky cuyo título resume perfectamente su contenido: *Amar es librarse del miedo* *. Si soltamos el miedo, podemos aprender a amar de un modo mucho más pleno y amplio.

A menudo la gente considera que el amor es un bien limitado, algo así como un pastel que hay que cortar. Si yo consigo un trozo considerable, otra persona recibirá menos. Pero hay otra forma más positiva de considerarlo. Podemos imaginar que el amor es un puñado de globos, y cada uno de ellos está lleno de un amor particular hacia una persona concreta: es algo individual, hecho a medida, que encaja perfectamente. Puedo mantener muchos, muchos globos en mi mano al mismo tiempo, y cada persona amada puede tener el suyo. Además, por muchos globos que tenga, cada uno de ellos puede estar completamente lleno. Aunque no esté físicamente en presencia de alguien, puedo seguir guardando su globo. Puedo mirarlo y pensar en esa persona saboreando su belleza, con lo que

---

* Gerald Jampolsky, *Amar es liberarse del miedo,* Los Libros del Comienzo, Madrid, 1998.

el amor fluirá entre nosotros como si estuviéramos juntos. Aunque no volvamos a vernos nunca ni a compartir nuestro tiempo, su globo puede permanecer lleno de todo lo que hemos compartido, del aprecio mutuo que hemos sentido y de la alegría que me produce el recuerdo del tiempo que hemos pasado juntos. No necesito preocuparme de que alguien se quede sin globo. Y si decido soltar uno de los globos porque la persona a la que pertenece ya no es parte de mi vida, puedo dejarlo flotar hacia el cielo con un pensamiento amoroso.

Nadie recibe de menos. Cada uno recibe lo suficiente. Eso es el amor.

Amor y celos

Cuando las parejas me dicen que se aman, a menudo les pregunto qué quieren decir. La respuesta habitual es que quieren estar juntos, que se encuentran atractivos, que se sienten perdidos cuando están separados y que se necesitan. Pero a menudo parece faltar lo más importante del amor.

Es el aspecto libertad: querer que el otro sea pleno, que sea todo lo que pueda ser, independientemente de si esto hace que me incluya en su vida o no. El problema reside en que este aspecto del amor puede resultar amenazador, pues existe la posibilidad de que la persona crezca más allá de nosotros y nos deje atrás. Puede que tengamos que reaprender a estar solos. A menudo respondemos al miedo aferrándonos, como si al hacerlo pudiéramos detener el proceso de los demás y retenerlos a nuestro lado para siempre. Pero la necesidad de retener y de poseer no tiene nada que ver con el amor. Es dependencia. Y la dependencia, surgida de la falta de confianza y de autoestima, es lo que a menudo crea problemas permitiendo que se produzcan los celos. La dependencia quita al amor su aspecto divino, lo convierte en algo convencional y acaba por destruirlo.

El único propósito de nuestro paso por este planeta es el desarrollo espiritual, y el viaje continúa sin pausa. Aunque nos tomemos un descanso y decidamos abandonar momentáneamente el control activo de nuestra vida, quizá porque nos sentimos aburridos o porque ya no nos compensa el esfuerzo, ni el tiempo ni nuestro proceso se detienen. Seguimos progresando constantemente, aprendiendo, creciendo, absorbiendo pasivamente la vida y sus lecciones.

Si tratamos de permanecer tal como somos en un momento y de evitar nuestro crecimiento, de acomodarnos a las necesidades de los demás para poder seguir igual, el único resultado a largo plazo es un resentimiento que mata cualquier emoción que pudiera existir. El amor real nunca nos restringe ni nos exige que dejemos de desarrollarnos.

Soltar con amor

Frecuentemente, cuando hablo del desapego la gente tiene la impresión de que estoy refiriéndome al apego, ya que les parece que es más sensato estar apegados a lo que amamos. Pero en el corazón del amor real está la libertad. Y la libertad tiene que ver con dejar ir. El desapego es lo que nos mantiene unidos, ya que nos permite tener la suficiente confianza en que el otro puede vivir su vida sin que nos inmiscuyamos en ella y sin que interfiramos en el proceso que necesite para su crecimiento y desarrollo.

Un chakra corazón sano nos permite permanecer desapegados y nos da una maravillosa sensación de poder respirar sin restricciones, de disponer de libertad y espacio, además de tiempo extra para vivir nuestra vida entre tanto nos mantenemos abiertos y apoyamos a los demás.

¿Existe el amor incondicional? Sí, existe. Pero yo suelo decir a quienes amo que, aunque respeto el hecho de que tengan que hacer las cosas a su manera, a mí no tiene por qué gustarme. Amar a alguien incondicionalmente y aceptarle verdaderamente como es no significa que tenga que gustarme su comportamiento ni que tenga que aceptarlo.

La teoría del amor incondicional cobra un sentido más profundo cuando puedo amarte sin que tenga que gustarme tu comportamiento. Tú y tu comportamiento no sois sinónimos. Piensa en tu comportamiento como en una capa que llevases puesta para un propósito específico. A veces te acostumbras tanto a llevarla, que todos lo que te rodean, incluyéndote a ti mismo, piensan que es parte de quien eres. No lo es. En realidad estás debajo, oculto a la vista durante algún tiempo.

Puedes elegir quitarte la capa o cambiarla por otra más atractiva. Soy responsable de la capa que elijo ponerme, y no puedo esperar que si continúo oculto detrás de una capa desagradable, las personas sean lo suficientemente amorosas como para quedarse conmigo. Esto mismo sirve también para ti. No tengo derecho a tratar de cambiar a nadie (¡en cualquier caso, sería un ejercicio inútil!). Si lo hiciera me perdería el núcleo mismo del amor: dar al otro la libertad de ser todo lo que puede ser.

La idea que el otro tiene de la salud y de la plenitud puede ser completamente diferente de la mía, pero ¿cómo puede saberse quién tiene razón? A cada uno tiene que permitírsele encontrar la paz a su manera. Por tanto, sigo amándote incondicionalmente aunque no me guste tu comportamiento y prefiera que hagas las cosas de otro modo. Pero, por mucho que te quiera, si tu comportamiento sigue siendo aborrecible para mí, puede llegar el momento en que elija seguir amándote sin tenerte en mi vida.

Saber cuándo ha llegado el momento de dejarlo

Muchas personas entran en una relación sintiendo conexiones kármicas (*véase* Glosario), es decir, la sensación de que han compartido una vida en el pasado y que están en el amor más maravilloso y de cuento de hadas, para acabar descubriendo unos meses después que tienen muy poco en común y prefieren separarse.

Antiguamente, los compromisos largos servían para distinguir entre estas relaciones y las perdurables, que se basan en algo más sólido y sustancial.

A medida que vamos conociéndonos y que vamos creciendo, tomamos conciencia de las zonas de conflicto o desacuerdo, que con el tiempo pueden hacerse tan numerosas que nos hagamos incompatibles y la relación resulte imposible. Tal incompatibilidad puede llevar a la separación, unas veces después de un breve período y otras des-

pués de años. Si ha habido una verdadera conexión en el chakra corazón, el amor permanece aunque la incompatibilidad dicte que las personas a las no vuelvan a estar juntas durante el resto de esta vida.

Mantener el equilibrio y la armonía interna es, a la larga, mucho
más importante que estar en equilibrio con los demás, aunque se trate de las personas a las que amamos. Muchas personas parecen pasar
toda la vida en desequilibrio respecto a las normas sociales del mundo, pero se sienten felices porque saben que están siendo verdaderas
consigo mismas.

Si una relación tiene tan poca armonía que integrar cualquier cosa
que no nos gusta o con la que no estamos de acuerdo nos produce un
desequilibrio, tenemos que reflexionar seriamente sobre si estamos
obteniendo algún beneficio permaneciendo en ella. En ocasiones, después de un compromiso de muchos años y de estar muy acomodados
en una relación, la menor cosa hace estallar nuestra tolerancia hasta el
punto de perder la integridad, por lo que la separación se hace inevitable. La tolerancia, especialmente dentro de una relación, es como una
goma elástica. Comenzamos con cierta elasticidad, pero, cuando alguien se comporta de una manera dañina o insultante, la goma se va
estirando. ¡A veces se estira demasiado para nuestro propio bien!
¿Cuántas veces te has dicho: «Eso no lo voy a tolerar», para descubrir
que cuando llega el momento soportas ese comportamiento, perdonas
y haces el voto de no volver a aceptar la situación jamás?

Más tarde, cuando la situación se reproduce, vuelves a aumentar
tu tolerancia para acomodarte a ella. Es fácil que este ciclo se repita
una serie de veces, pero a medida que la tolerancia se estira más y
más, vas llegando a un punto de tensión en el que queda muy poca
holgura. Puede que advirtamos verbalmente a la otra persona que ya
no podemos soportar la situación, pero ni siquiera nos escuchamos a
nosotros mismos y evidentemente nuestro comportamiento expresa
otra cosa.

Sin embargo, en un momento dado la situación vuelve a repetirse una vez más, y de repente nuestra tolerancia desaparece totalmente. La goma se contrae y nos encontramos más allá del punto sin retorno. Además de no poder seguir aguantando ese comportamiento,
nuestra tolerancia es mucho menor que al principio. Acaban nuestros mensajes cruzados y ponemos un pie fuera de la relación.

Quizá la otra persona haga los cambios que le pedimos y la relación continúe goteando algún tiempo más, pero en realidad acabó en el punto en que nuestra tolerancia se vio rebasada. Tal vez deseemos recomponer y mantener el vínculo desesperadamente, pero en el fondo sabemos que la cosa no tiene remedio. Aunque retrasemos la decisión algún tiempo más, finalmente tendremos que separarnos.

El vínculo de corazón, que había sido lo suficientemente fuerte para mantenernos juntos a través de importantes pruebas y desafíos, se ha roto. Ahora nos queda el trabajo de cicatrizar el lugar donde se ha producido la ruptura. La lección que extraemos de esta experiencia consiste en procurar establecer los límites de manera realista y amorosa desde el principio y mantenerlos en su lugar. Parte del proceso normal de relación es exigir la exclusividad ocasionalmente. Es muy probable que las mejores relaciones sean las que se basan en la comprensión de que la monogamia y el respeto mutuo pueden coexistir. Pero esto tiene que ser un regalo que se da libremente y no algo que se le exige al otro bajo amenaza. Lo esencial del amor es la libertad: libertad de ser, libertad de crecer, libertad de convertirse en todo lo que uno puede ser y la libertad de dejar la relación si sentimos que así debe ser, sin arriesgarnos al odio ni a la venganza.

Enamorarse

Enamorarse, embobarse y volverse dependiente suele ser casi la misma cosa. Aunque en el primer momento puedan parecernos muy reales, muchas relaciones acaban siendo breves y caóticas.

Lo que hace que nos enamoremos y lo que nos hace seguir amando son dos cosas muy distintas; es algo parecido al consumo de drogas del que hablamos en el capítulo 4.

Estudiamos el equilibrio masculino/femenino en el chakra sacro y vimos que tendemos a buscar a alguien, o a sentirnos atraídos por alguien, que equilibre nuestra propia estructura. Por supuesto que hay otros factores que también entran en juego: nuestra experiencia personal, los puntos relativamente fuertes y débiles de nuestros padres y lo aprendido durante la infancia. Se ha dicho que las mujeres se casan con sus padres y los hombres con sus madres. Sin embargo, a veces buscamos a alguien que sea exactamente lo opuesto. Nuestros padres son nuestro primer modelo del papel masculino, y nuestras madres nuestro primer modelo del papel femenino. Todo depende de si nos gustan o no. A veces, aunque no nos gusten y al mirarlos pensemos que «nunca podría aguantar a alguien así», acabamos siguiendo esa misma pista.

En una ocasión, un compañero de viaje me contó que su hermano y él habían elegido caminos de vida muy diferentes. Tenían un padre difícil y autoritario que bebía en exceso y pegaba a su madre. A uno de los hijos, aunque a veces bebía en exceso, le había ido muy bien en la vida: estaba casado y tenía dos hijos adultos que ya se habían establecido por su cuenta. El otro no había dejado de tener problemas desde la adolescencia, se había divorciado dos veces y en su vida no había habido mucho más que sufrimiento. Alguien les preguntó por separado por qué habían elegido vidas tan diferentes. Uno de ellos respondió: «¿Cómo podría haber vivido de otro modo teniendo los padres que tuve?» El otro dio exactamente la misma respuesta.

Obviamente hay muchas cosas que no sabemos de estos hombres y de sus vidas, pero la cuestión relevante es que tenemos libertad de elección. Tenemos distintos planes de vida, distintos temperamentos, distinta tolerancia y también tenemos una carga kármica diferente.

Enamorarse y permanecer enamorado suele ser el resultado de una larga y antigua conexión con un compañero del alma (*véase* Glosario) con el que nos hemos reencarnado en numerosas ocasiones, al que conocemos profundamente en lo espiritual y con quien tenemos mucho en común. De nuevo esto es algo que no tiene que ver con la dependencia.

Para que dos personas se enamoren y para que su relación amorosa sea larga y fructífera, generalmente ambos tienen que estar bastante sanos y ser independientes de partida. Echa una mirada a las dos personas A y B de la figura 9 y observa cómo se comportan con relación a la pareja C y D. Veámoslo.

En este caso, dos personas sanas, con los límites individuales claros y los chakras corazón y plexo solar en buen estado se encuentran y sienten una atracción mutua. Se aproximan una a la otra, pero manteniendo sus límites intactos mientras comienzan a desarrollar

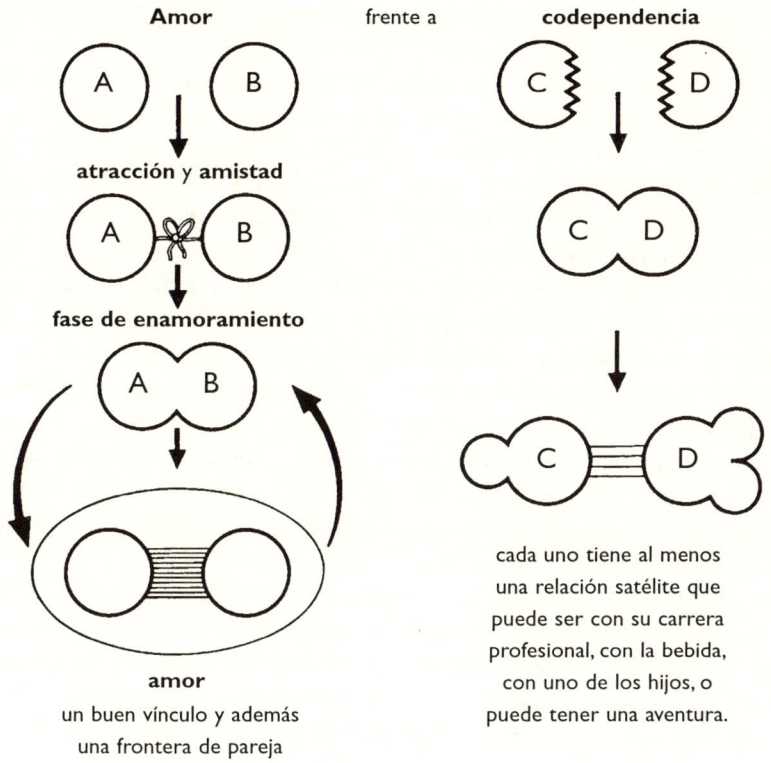

Amor   frente a   **codependencia**

atracción y amistad

fase de enamoramiento

amor
un buen vínculo y además
una frontera de pareja

cada uno tiene al menos
una relación satélite que
puede ser con su carrera
profesional, con la bebida,
con uno de los hijos, o
puede tener una aventura.

Figura 9: amor frente a codependencia

una amistad, sintiéndose enriquecidos y felices en su mutua presencia. Después llega el momento del enamoramiento (el momento del que hablamos en el capítulo 5). De repente bajan las barreras y se dejan fluir uno hacia el otro, formando un conglomerado amorfo en el que apenas se sabe dónde comienza uno y dónde acaba el otro.

¿Te acuerdas de ello? De caminar sin pisar el suelo, de hacer cosas que no harías normalmente, de quedarte despierto toda la noche, de escribir poemas, de enviar cartas, de hacer llamadas telefónicas, de contar a tus amigos y familiares detalles inapropiados, etc. ¿Te suena familiar? ¿Has pasado por ello? Yo sí.

Esta fase puede ser agotadora, pero como nos alimentamos de adrenalina y tenemos los chakras abiertos de par en par, no solemos darnos cuenta de que estamos empleando más energía de lo normal, de que no estamos durmiendo lo suficiente ni alimentándonos bien. Pero esto no puede durar y se produce un momento en que tomamos conciencia de que nuestro consumo energético es excesivo; a menudo ocurre cuando ella se da cuenta de que él deja sus calzoncillos en el suelo por vigésima vez para que ella los recoja, o él se cansa de encontrar el tubo de pasta de dientes sin tapar. De repente nos damos cuenta de que esta persona interfiere en nuestro espacio, y nuestro límite vuelve a ponerse en su lugar: seguimos manteniéndonos muy vinculados a la otra persona, pero conscientes de lo que es suyo y de lo que es nuestro en términos psicológicos y emocionales.

A continuación se desarrolla una nueva frontera que envuelve a las dos personas e indica al mundo que son una pareja. Pueden estar separados uno del otro (aunque tal vez no sea lo que prefieran) sabiendo que se aman mutuamente y que tienen un profundo vínculo que los mantendrá unidos.

A lo largo de esta relación habrá momentos maravillosos en los que, quizá durante unas vacaciones o un fin de semana, o incluso durante una noche juntos, la pareja se enamore de nuevo, con todo lo que eso significa. El lunes siguiente vuelven al trabajo sintiéndose estupendamente, y en unas horas, al entrar en la rutina cotidiana, regresan suavemente al estado amoroso. Esta pareja puede alternar muchas veces entre el enamoramiento y el estado amoroso, manteniendo así una relación fresca y excitante.

Si deciden dejar de estar juntos, aunque sientan dolor al comenzar a desmontar los vínculos, en particular en cuanto al corazón y al plexo solar, podrán hacerlo sin amargura. Después de la separación inicial, seguirán siendo amigos.

Ahora estudiemos el caso de la segunda pareja. Ninguno de ellos se siente completo, y se juntan a partir de una necesidad, ya que buscan a alguien que les haga sentirse plenos.

Están tan ansiosos por tener a alguien a quien amar y que les ame que bajan las barreras inmediatamente, dejando de lado la fase de amistad y uniéndose inmediatamente en esa misma masa amorfa. El problema es que como estaban perdidos y no eran plenos antes de comenzar la relación, tienen resistencias, a separarse cuando las cosas empiezan a ir mal, sintiéndose incapaces de hacerlo.

Les resulta difícil comunicar sus verdaderas necesidades porque temen que al hacerlo se pierdan el uno al otro. Se quedan atascados en todos los aspectos, en una situación que no les permite crecer. Puede que se produzcan fuertes disputas entre ellos durante mucho tiempo ya que separarse significa volver a estar solos, ante lo que a menudo prefieren sufrir la situación de conflicto.

Ésta es la relación codependiente, en la que cada uno depende del otro para sentirse pleno. A veces, el único modo de encontrar un poco de libertad en la relación es comenzar otra relación «satélite». Puede hacerse con otra persona (por ejemplo, la mujer puede desarrollar un vínculo muy fuerte con alguno de los hijos), o con cierta actividad (quizá darse a la bebida, trabajar en exceso o tener una aventura amorosa).

El final de tales relaciones suele estar condimentado por la acritud, la amargura e incluso la violencia y la amenaza de revancha, que en ocasiones llega a cumplirse.

Esto me recuerda a Michael, que vino a mi consulta porque tenía un problema con la bebida. Me relató detalladamente por qué se emborrachaba, culpando fundamentalmente a su esposa, con la que tenía la típica relación de amor/odio. Contó su historia a trompicones: una fantasía apenas velada y llena de mentiras mal disimuladas respecto a su adicción al alcohol y sus encuentros sexuales con otras mujeres, de los que culpaba a la frigidez de su esposa.

Era capaz de funcionar creativamente con cierta visión (su historia misma era muy creativa), pero sabía tan poco de quién era y de sus propios límites, que manipulaba a quienes le rodeaban con total desprecio por los límites que establecían. Enganchaba a otros en su mundo por cualquier medio que tuviera a su disposición y a continuación se aferraba a ellos, enfrentando con manifestaciones histriónicas y agresivas cualquier intento de la otra persona por recuperar su autonomía.

Su esposa, Margery, se había visto atrapada en este vínculo que ahora trataba de romper. Acudía a recibir terapia para afrontar el dolor que le producía observar la desintegración de lo que había considerado un romance de cuento de hadas. Se sentía dependiente y tenía a otro amante a la espera porque era incapaz de afrontar la posibilidad de quedarse sola. Ambos tenían que aprender que podían funcionar en soledad sin contar con la muleta que habían sido el uno para el otro. Los miembros de la relación codependiente pueden curarse y alcanzar la plenitud, pero muchas de estas relaciones se pierden en el camino. Cuando Michael comenzó a ponerse bien, una de las cosas que tuvo que enfrentar era que Margaret ya no podía tolerar su comportamiento y necesitaba separarse. Le había suplicado que dejara de beber y lo había conseguido, pero ya era demasiado tarde.

Separación, divorcio y el dolor de la pérdida

Debido a los vínculos que se desarrollan entre los chakras corazón de las personas que se abren mutuamente al amor, la separación nunca resulta fácil. Cuanto más profundo haya sido el amor mutuo que se ha sentido, mayor será la pena de la separación.

En otros tipos de separación pueden experimentarse penas similares, por ejemplo al afrontar la pérdida de un hogar o el exilio de un país, ya que los vínculos del corazón quedan destrozados. Al final de este capítulo proponemos una meditación que te será de ayuda si estás atravesando una situación de este tipo.

Aunque los chakras del niño no nacido son muy rudimentarios, los padres suelen desarrollar vínculos de corazón con la criatura esperada. Si el embarazo no llega a término o el niño nace muerto, los padres necesitarán una ayuda considerable para superar las heridas de la separación. Este hecho solía pasar desapercibido, aunque ahora se le presta mucha más atención. Phyllis Krystal ha realizado un valioso trabajo sobre el proceso de separación en su obra *Cutting the Ties That Bind* (Samuel Weiser, Inc, 1993).

Hayamos elegido la situación o no, los vínculos del corazón tienen que desmantelarse, cortarse y sanarse. En ocasiones, buena parte del sufrimiento se produce antes de que ocurra la separación, como en el caso de una muerte anunciada. Las separaciones de las parejas suelen estar precedidas por un distanciamiento emocional y espiritual de al menos uno de sus componentes mucho antes de que se produzca la despedida.

Disfunción del chakra corazón

Es esencial equilibrar el sistema y, como este chakra se presta a extremos más que cualquier otro, a veces resulta difícil de conseguir. La persona que tiene el corazón equilibrado suele percibir el mundo con optimismo, considerándolo un buen lugar aunque tenga que afrontar dificultades; sin embargo, cuando el chakra corazón está bloqueado, se vuelve difícil mantener esta actitud. La negatividad y el pesimismo puede resultar agobiantes y hacer olvidar todo lo bueno de la vida.

A veces parece que tenemos el chakra corazón bloqueado colectivamente, a escala social: los noticiarios están llenos de malas nuevas y nos encanta leer los tristes y dolorosos detalles de los errores y desgracias de los demás.

Los traumas o dolores emocionales sufridos entre los doce y los quince o dieciséis años afectan al desarrollo del chakra corazón. Muchas personas vienen a verme sintiéndose vulnerables y rechazadas, incapaces de amar y ser amadas, porque tienen el chakra corazón cerrado a cal y canto. Suelen mostrarse críticas y difíciles de agradar; abundan en la queja y tienen dificultades de relación. A menudo muestran un marcado disgusto por cierto tipo de individuos indeseables, incluso sienten odio y deseos de venganza por considerarse insultados por ellos, mientras que convierten en ídolos a quienes son supuestamente incapaces de hacer mal. Se sienten rechazados allí donde van y suelen retraerse del contacto o responder desde su dolor, haciendo difícil que quienes les rodean puedan mostrarse relajados y espontáneos. Muchas veces estas actitudes les impiden alcanzar la intimidad que desean tan desesperadamente.

Quienes se han visto mezclados en relaciones codependientes suelen tener grandes problemas con el chakra corazón. Evelyn era uno de estos casos. Llevaba siete años viviendo con el gran amor de su vida cuando por fin decidió buscar ayuda. Era una mujer alta, atractiva y brillante, se expresaba con precisión y mostraba evidentes dotes perceptivas y una marcada tendencia espiritual. Describía a su amante, Terry, como un hombre maravilloso del que se había enamorada casi a primera vista. Habían mantenido un vínculo estimulante y emocionante con relaciones sexuales de calidad y mucho afecto;

ambos tenían la situación económica lo suficientemente resuelta como para poder viajar y hacer lo que desearan con respecto a lo material.

Los demás les consideraban una pareja ideal, y ella era consciente de que su amor había suscitado envidias. Sin embargo, había elementos de su relación que aún no había compartido con nadie.

Había sabido desde el principio que Terry consumía drogas, aunque él afirmaba que eran parte del mundo de los negocios en el que se movía y no suponían ningún problema. Todo el mundo lo hacía, y si él no lo hiciera perdería algunos de los contactos que solía establecer cuando salía de «fiesta».

A Evelyn no le gustaban las drogas, nunca las había consumido ni había estado en un entorno donde fueran de uso común, pero pensó que la situación cambiaría y decidió no darle más importancia. Con el tiempo se fue dando cuenta de que eran un verdadero problema. De vez en cuando desaparecía algún dinero que ella creía destinado al hogar o a irse de vacaciones, y cuando planteaba la situación a Terry, él se enfadaba mucho y se ponía a la defensiva. Sin embargo, lo que más le molestaba era su propia reacción. Seguía estando profundamente enamorada de él, pero la situación le irritaba tanto que ya no podía soportarla. Admitió con lágrimas en los ojos que había agredido a Terry, y aunque él nunca respondía, le disgustaba sobremanera haber tenido que llegar hasta ese punto. Sabía que las cosas no podían seguir así. Ya no se gustaba a sí misma y a veces no podía soportar mirar a su marido. Tenía miedo de sus propias reacciones porque su grado de tolerancia estaba bajo mínimos. Lloraba al admitir que a veces sentía tanta rabia que tenía ganas de matarle.

Evelyn era enfermera y tenía una tendencia innata a ayudar a los demás debida en parte a sus experiencias familiares. Su padre había sido bebedor, y tanto ella como su familia habían sufrido mucho cuando murió en un accidente de automóvil. Evelyn, que en aquel momento tenía catorce años, se quedó con una mezcla de amor y resentimiento que nunca había podido clarificar. Se había quedado con el chakra corazón plenamente abierto, y a Terry le había bastado con entrar. Ella le había dado lo mejor de sí, rescatándole y llegando a mentir por él, del mismo modo que su madre solía mentir por su padre.

Evelyn reservaba estas verdades para las personas más cercanas y que más le amaban. Ahora había perdido la tolerancia y había cerrado repentinamente su corazón para protegerse de nuevos dolores. Sentía que había perdido una parte preciosa de sí misma. A la edad de treinta y cuatro años sentía deseos de tener familia, pero sabía que no era una buena idea quedarse embarazada en sus circunstancias. Se sentía apenada porque su ideal de relación estaba destrozado, por la parte de sí misma que había perdido y por la pérdida de su padre y de su infancia.

En el tratamiento, lo primero fue enseñarle a abrir y cerrar el chakra corazón a voluntad, de modo que pudiera dar y recibir sentimientos positivos protegiéndose al mismo tiempo de posibles daños. Tenía penas que procesar y asuntos prácticos que aclarar. ¿Qué quería hacer y dónde pensaba ir si Terry no cambiaba? ¿Podía continuar viviendo en la casa común? ¿Disponía de algún refugio al que acudir en caso de necesidad? ¿Cómo podía explicar clara y amorosamente a Terry su nueva posición evitando el enfrentamiento? ¿Cómo podía construirse un sistema de apoyo que incluyera a alguna persona de confianza a la que poder contar la verdad? ¿Y cómo podía volver a conectar con la parte espiritual de sí misma que tanto le gustaba y que sentía perdida?

Le sorprendió enormemente comprobar que el simple hecho de visualizar una preciosa flor verde o rosa sobre su chakra corazón y verla abrirse y cerrarse suavemente le permitía cierto control sobre la cantidad de dolor que sentía.

Decidió que la próxima vez que Terry consumiera drogas, ella emprendería una serie de acciones. Haría una declaración asertiva, aunque no agresiva, de sus propias necesidades y de lo que tenía planeado. Se iría de casa y permanecería alejada durante algún tiempo, en el cual trataría de cuidar de sí misma, repetiría diariamente sus afirmaciones y procuraría no mandar oleadas de odio hacia Terry pues no hacían ningún bien a nadie.

Entre tanto, le diría que estaba recibiendo terapia y que esperaba que él hiciera lo mismo; además, en cuanto se sintiera capaz, iba a tomar una decisión respecto al futuro de aquella relación.

Evelyn se quedó sorprendida al comprobar que en cuanto ella cambió su comportamiento, su marido también cambió de manera casi inmediata, aunque no dejó las drogas en el acto y necesitó recibir terapia. Sin embargo, en cuanto Evelyn recuperó parte de su autorrespeto, pudieron volver a hablar y a recobrar su confianza y amistad. En cuanto ella reconstruyó su vida y se dio cuenta de que podía prescindir de él si fuera necesario, la dinámica cambió. Pasó de una postura de codependencia a otra de autonomía, en la que podía satisfacer sus necesidades personales. A partir de ese momento la relación se establecía en términos igualitarios y fueron capaces de avanzar hacia un compañerismo real, sintiendo que su matrimonio se enriquecía con su crecimiento individual.

Muchas de las personas que sufren disfunciones en el chakra corazón, como Evelyn, llegan hasta el punto de sentirse incómodas consigo mismas además de con la situación y con la otra persona. Suelen menospreciarse y a menudo les cuesta conectar con los demás. Algunos pueden tener dificultades para alcanzar la madurez emocional y tienden a negar su responsabilidad.

Las actitudes negativas alejan a los demás y confirman la creencia de que uno no es digno de amor. Como estas personas tienen mucho miedo al rechazo, a menudo sabotearán las relaciones para descubrir en qué punto están y mantener cierto control en lugar de esperar ansiosamente a que el hacha les caiga encima. Una de las características de la persona atrapada en la negatividad es que rechaza cualquier oferta de ayuda, mediante una serie de frases que empiezan por: «Sí, pero...», que acaban exasperando al más delicado y atento de los terapeutas. Estos individuos necesitan desesperadamente la ternura, pero sienten vergüenza de admitirlo, por lo que a veces ridiculizan las emociones de los demás.

En ocasiones, aunque desde luego no siempre, las personas que han perdido la capacidad de abrir y cerrar el chakra corazón a voluntad trabajan en profesiones relacionadas con el cuidado de los demás. Están ansiosas por ayudar, pero finalmente el dolor de los demás se vuelve una carga demasiado pesada. Acaban sintiéndose exhaustas y mostrándose ineficaces porque no han aprendido el sutil arte del desapego, cumpliéndose así la peor de sus pesadillas. Su chakra corazón se ha quedado atascado en la posición abierta, lo que hace que recojan y experimenten todos los sentimientos de los demás.

Los bloqueos del corazón distorsionan nuestras emociones. Si nos sentimos incapaces de desapegarnos y aceptar los cambios, seremos incapaces de ver la cuestión desde una perspectiva más amplia. Existen muchos ejemplos de distorsiones del «amor» que acaban

produciendo efectos trágicos. Algunas personas tratan tan apasionadamente de cambiar ciertas cosas que, en su apego ciego y en la cerrada defensa de su causa, pierden de vista el hecho de que están
causando otra situación injusta y creando otra serie de víctimas.
Tal es el caso, por ejemplo, de los que protegen los derechos de
los niños no nacidos a costa de los que desean abortar, o el de los
que defienden los derechos de los animales agrediendo a los trabaja-
dores de los laboratorios. En realidad, estas actitudes no hacen más
que perjudicar la causa que pretenden defender. Si partimos desde
una perspectiva más amplia de amor y aceptación, siempre hay una
manera mejor y más poderosa de actuar: enviar el aliento de amor al
lugar donde más se necesite.

TOQUE Y COMPASIÓN

El sentido vinculado al chakra corazón es el tacto: el toque
físico (caricias tiernas, abrazos amorosos, masajes, etc.), pero
también el compasivo contacto emocional o espiritual. ¿Hasta
qué punto permites que te toquen las personas y las cosas?
¿Permites la entrada de la compasión en tu vida?

Tal vez permitas que las cosas te afecten tanto, que el dolor
y el sufrimiento, del que eres un testigo constante, te ha vuelto
inoperante. A la larga resulta más productivo poder desapegar-
se un poco.

¿Y estás en contacto? ¿Estás en contacto con el mundo
que te rodea? ¿Con las dificultades de los demás? Tal vez te
muestren su amor de un modo que no llegas a apreciar debido
a tus ideas preconcebidas de las cosas. ¿Por qué no dejar de
lado las palabras y tratar de entender el mensaje que la otra
persona trata de transmitirte? Quizá los demás no comuniquen
tan bien como tú. ¿Escuchas también lo que no te dicen? ¿Estás expresando todo lo que puedes? ¿Sientes compasión por lo
que les toca vivir? ¿O eres tan comprensivo que siempre les ex-
cusas y dejas que abusen de ti? Fundamentalmente, procura
ser compasivo contigo mismo. Permítete tocar y ser tocado de
la manera que puedas hacerlo en este momento.

Los ejercicios

EJERCICIO 1

Un chakra corazón sano produce un punto de vista positivo y una actitud optimista que puede cambiar tu vida. Para empezar, veamos lo que ocurre cuando tenemos una actitud inadecuada.

Por ejemplo, digamos que tengo un pensamiento negativo: «No puedo gustar a nadie»; si tengo ese pensamiento asumiré que, efectivamente, no le gusto a nadie. Como estoy predispuesta a que la gente me rechace y a producir disgusto en los demás, es muy posible que no me muestre abierta ni amistosa. Mi comportamiento defensivo y cerrado propiciará respuestas cada vez menos cordiales, recibiendo un *feedback* negativo que refuerza mi convicción de partida. Esto me predispone a entrar en todo un nuevo ciclo de pensamientos, suposiciones, comportamientos y feedbacks negativos, que seguiré repitiendo hasta que me encuentre sola y aislada. En realidad, soy yo misma la que hace que la situación sea así; los demás no participan. Monto el escenario, escribo los guiones, represento a los personajes y llegó a la bajada final del telón sin que haya intervenido nadie más.

Ahora invirtamos el ciclo: puedo abrir mi corazón y arriesgarme a tener una actitud positiva. Tal vez merezca el aprecio de los demás. Entonces los demás sienten aprecio por mí, por lo que les sonrío y —¡sorpresa, sorpresa!— la gente me devuelve la sonrisa. Esta respuesta positiva me reafirma y hace crecer la confianza en mí misma. Ahora soy capaz de asumir más riesgos, mi autoestima aumenta y mi mundo se va abriendo, lo que me lleva a un estado de mayor felicidad.

Me gustaría que te comprometieras a tener pensamientos positivos cada día y a ponerlos en acción. Éstas son algunas afirmaciones para comenzar, y aunque no quiero sugerir que te curarán de todos tus males, tendrán un profundo efecto en tu chakra corazón y en tu mente, ya que ésta cree cada palabra que dices. Recuerda que las mejores afirmaciones son las que tú mismo te inventas; así es que juega con ellas hasta que sientas que das con las que son más adecuadas para ti.

- Mi corazón está abierto a dar y recibir amor; estoy consiguiendo una perfecta armonía en mi vida.

- Mi primera responsabilidad es hacia mí mismo; es tratarme con amor y compasión.
- Mi vida está llena de posibilidades, maravillas y deleites. Basta con que abra mi corazón a recibirlos.
- Dejo fluir el amor hacia cada situación, sabiendo con toda seguridad que recorre mi vida.

EJERCICIO 2

Escríbete una carta como la que escribirías a tu mejor amigo, contándote tus preocupaciones, frustraciones, deseos, objetivos; y también las cosas que te gustan y de las que te sientes orgulloso. Expresa los aspectos positivos de tu vida y los que te gustaría cambiar. Séllala, y tres o cuatro días después siéntate en tu lugar de trabajo y léela cuidadosamente, con compasión y comprensión.

A continuación, desde una perspectiva muy amorosa, escríbete una respuesta expresando cómo te sientes con las cosas que te han ocurrido e incluye sugerencias respecto a lo que te queda por hacer. Quizá puedas elaborar una lista de tareas pendientes, pero no te esfuerces por acabarlo todo hoy. ¿Dónde podrías empezar? ¿Cuál es el pequeño cambio que podrías introducir hoy mismo? Siempre hay algo que se puede hacer de manera inmediata. Para acabar, plantéate un calendario realista para ir incorporando los cambios a tu vida.

Por ejemplo:

- Desde hoy me acordaré de tratarme como trataría a mi mejor amigo, y cada vez que piense o diga algo negativo respecto a mí mismo lo cambiaré por algo más compasivo y amoroso.
- Hoy mismo buscaré en el listín telefónico unas clases de gimnasia a las que empezar a acudir.
- El martes, cuando vaya de compras, me compraré unas flores.
- Destinaré parte de mi presupuesto a cosas importantes para mi bienestar y crecimiento personal: música de calidad, velas, un cristal, aceites.

- El viernes pondré a la vista mi viejo certificado de natación, en un lugar donde pueda contemplarlo y sentirme orgulloso de mis logros.
- Me masajearé el cuerpo cada día con una loción perfumada o aceite después del baño o ducha, y acudiré al masajista cuando mi presupuesto me lo permita.
- La próxima vez que mi hermana llame y me diga que va a venir con su familia a pasar el fin de semana, le pediré que me deje un poco de tiempo para pensármelo y ver si me conviene.

EJERCICIO 3

Como quiero que mi mente y espíritu se llenen de cosas buenas y hermosas, trato de suministrarle una dieta adecuada a base de buenas noticias, pensamientos positivos, música relajante, recuerdos agradables, acciones amorosas, dulces perfumes, toques delicados y hermosos paisajes.

No quiero que mi mente esté dando vueltas a desastres, asesinatos y tragedias, por lo que generalmente no leo sobre ellos ni los veo en el cine o en la televisión. Sé que existen y no trato de esconder la cabeza en la arena. Puedo enviar amor y curación a víctimas y agresores en cualquier parte del mundo, y a todos aquellos que se enfrentan a un duro programa de aprendizaje en esta vida.

¿Está tu mente más problematizada de lo necesario por el alimento que le proporcionas? ¿Te sirve de ayuda en algún sentido? Puedes preguntarte que pasaría si alimentases tu cuerpo físico de esa manera. ¿Qué crees qué le ocurriría si le dieses comida de mala calidad, sustancias venenosas y agua no potable? Echa una mirada general a tu vida y observa de dónde vienen los pensamientos negativos que tienes actualmente. ¿Los sigues necesitando? ¿Hay alguna «vieja cinta» que haya estado sonando en tu cabeza desde que eras niño? ¿Quieres volver a grabar esas cintas con algo más positivo y apropiado?

EJERCICIO 4

Haz una lista de cinco demostraciones de bondad de las que hayas sido testigo el día de hoy y amplíala enviando buenos pensamientos de luz y amor a un mínimo de cinco personas. Trata de convertir esta práctica en una disciplina diaria. Puede ser muy curativa para tu corazón y para los corazones de las personas que reciben tus envíos.

Un consejo: si hay alguna persona a la que quieras enviar algo bueno sin entrar en contacto con ella —tal vez has tomado la sabia y consciente decisión de separarte de ella—, sería mejor para ambos que no restablecierais los vínculos de corazón. En tal caso es mejor enviar luz que amor. Esa persona recibirá la luz que le envías, pero sin que tu corazón vuelva a implicarse con ella.

Las meditaciones

MEDITACIÓN 1

Como siempre, ve a tu lugar de trabajo y asegúrate de que no serás molestado durante al menos una hora. Pon un cristal cerca de ti: una pieza de cuarzo rosa, turmalina verde o alguna joya que contenga una esmeralda.

El cuarzo rosa ha sido llamado la «piedra del amor», porque favorece enormemente el amor a uno mismo y a los demás. Es muy curativa para el corazón herido y para desbloquear un corazón atenazado por el dolor. La turmalina presenta gran variedad de colores; la verde es curativa y protectora, y ayuda a despejar la negatividad. La esmeralda es la piedra del amor incondicional e inspira bondad y prosperidad, además de favorecer la intuición. Hay un viejo dicho que afirma que sólo debemos dar jade a las personas que amamos, porque el jade contiene mucho amor. Si tienes una pieza de esta piedra, es un buen momento para usarla. Antes de empezar, reenvía un poco de amor al lugar de donde procede.

Si quieres quemar aceites o inciensos, lavanda o jazmín son las opciones más adecuadas. Si tienes una flor o planta, ponla también en tu lugar de trabajo; si no es así, también puedes poner algún objeto de color rosa o verde. Asegúrate de que el teléfono esté desconectado.

Ahora ya conoces las instrucciones; por tanto sigue la rutina habitual de relajarte y ponerte cómodo. Recuerda que cualquier contenido que pueda surgir sólo es un recuerdo, y nada del pasado te puede hacer daño actualmente. Ya has sobrevivido.

En esta ocasión vas a volver de nuevo a cuando tenías entre doce y quince o dieciséis años, y vas a hacer un paquete con todos los sucesos y sentimientos de esa época de tu vida. Como siempre, no hace falta recordar cada detalle a menos que así lo elijas. Simplemente reúnelo todo en el mismo paquete para poder curarlo. Tómate el tiempo que necesites.

Enviándole un pensamiento, permite que la luz brille dentro de ese paquete, alrededor y a través de él. Permite que la luz cure toda esa época de tu vida, en particular los aspectos de ti que sientes doloridos. Deja que la luz, y con ella el amor, brillen en cada rincón tuyo, y permítete recibir la curación.

A continuación, con un rayo de luz que parte de tu corazón, envuelve a tu yo juvenil con firmeza, comodidad y seguridad. Abrázalo para que se sienta seguro. El pasado ya se fue.

Si puedes, envía tu perdón a las personas y los acontecimientos de esa época y libérate de cualquier vínculo. No tienen ninguna conexión contigo, ni tú con ellos, a menos que así lo desees. El pasado es el pasado y puede ser sanado. Ahora puedes liberarte de todo. Como siempre, si no te sientes preparado para seguir adelante, haz un alto aquí y vuelve con cuidado a tu habitación, tomándote tiempo para asentarte en tu cuerpo antes de abrir los ojos. Si puedes, elévate a un plano espiritual superior para ver que las personas que te hicieron lo que te hicieron en esa época de tu vida estaban actuando dentro de su propio proceso, a partir de su dolor y confusión. Perdónales y abandona compasivamente tu vínculo con ellos.

Seguidamente, si te es posible, elévate al más elevado plano espiritual y entiende que esas personas, de hecho, te estaban enseñando lo que necesitabas saber en esta vida del único modo en que podías aprenderlo. Eran una parte necesaria de tu proceso, lo mismo que tú del suyo. Envíales gratitud por haberte enseñado y por haber desempeñado un papel importante en tu vida, y libérales con compasión, amor y gratitud. Tómate el tiempo necesario.

Ahora todo ha quedado aclarado. Sintiendo mucho amor y compasión en tu corazón, inspíralos hacia tu yo juvenil, permitiendo que se produzcan la paz y la curación. Envuélvete en un amor ilimitado. Cuando te sientas preparado, dispónte para volver suavemente a la habitación. Siente tu presencia física. Mueve los dedos de las manos y de los pies, rodea tu cuerpo con los brazos y ámalo. Disfruta de tu ser físico. Cuando estés listo, vuelve a sentirte detrás de tus ojos, y una vez que te halles allí, siente tu vínculo con la tierra. Siéntete enraizado y abre los ojos suavemente.

Date el tiempo que necesites, toma un sorbo de agua y realiza algún estiramiento. A continuación anota lo que desees en tu diario.

Tómate un descanso si lo deseas antes de pasar a la meditación final.

MEDITACIÓN 2

Cierra los ojos. Regresa una vez más al lugar de seguridad dentro de ti. Dirige tu atención hacia el corazón. Permítete ver allí un precioso capullo de rosa. De momento tiene los pétalos cerrados. Míralo en su belleza aún informe. Obsérvalo con delicadeza, y cuando te sientas preparado, llévale el aliento de calidez y amor y observa cómo se va abriendo. Los pétalos comienzan a moverse suavemente deslizándose unos sobre otros, abriéndolo al pleno florecer, a su inmensa belleza. Es una rosa de color rosa, maravillosa y plenamente formada. Ahora está en su punto más alto: un florecimiento espectacular en toda su gloria. Aunque todos los estadios de su desarrollo han sido deliciosos, en el momento del pleno florecer alcanza la perfección. Es una flor magnífica y plenamente desarrollada.

Considera la apertura de esta rosa una metáfora de tu propio florecimiento. Ahora has alcanzado tu pleno esplendor. Estás en el momento álgido; estás, como la rosa, plenamente abierto, plenamente formado, sorprendente, hermosísimo, magnífico. Esta rosa es un regalo que te haces a ti mismo. Tú y tu pleno florecimiento son un don para el mundo. Mantén la belleza. Mantén la magnificencia. Tú eres el regalo. Permítete disfrutar de los sentimientos y saborear el momento. Permítete abarcar la magnificencia de tu madurez, tu pleno florecimiento. Disfruta.

Seguidamente deja que surja un rayo de amor del centro de la rosa y dirígelo hacia donde desees: es el amor más puro, sanador y curativo. Siente que al tiempo que lo envías también eres curado por él. Deja que brille donde más se necesite. Deja que sane allí donde toque. Permite que este amor incondicional sane el mundo. Permite que este amor incondicional sea tu eterno regalo al mundo.

Quédate el tiempo que desees, y cuando estés preparado, permite que el rayo de amor cese, aunque siempre estará disponible para ti. Permanece vinculado con la rosa, aunque ahora la cierres en tu corazón. Sonríe. Siente que te vas curando. Disfruta. Tómate el tiempo que necesites y, cuando estés preparado, vuelve a dirigir la atención hacia tu cuerpo físico. Toma conciencia de tu peso sobre el suelo. Ve asentándote firmemente, manteniéndote en contacto con la tierra. Comienza a estirarte poco a poco y sé plenamente consciente, volviendo mentalmente a la habitación. Asegúrate de volver al lugar detrás de los ojos. Siente tu cuerpo físico y pon los brazos a su alrededor. Abrázalo, ámalo.

Cuando estés preparado, abre los ojos suavemente. Tómate el tiempo que necesites. Simplemente sé.

MEDITACIÓN DE DUELO

Ve a tu lugar de trabajo llevando contigo algunas flores y tu cristal (un cuarzo rosa es perfecto) y, si lo deseas, una fotografía o cualquier otro objeto que te recuerde a la persona o cosa cuya pérdida lamentas (por ejemplo, una casa que has tenido que dejar o un objeto perdido que atesorabas; tal vez la infancia que te hubiera gustado tener). Céntrate en la respiración y espira soltando cualquier negatividad a través del chakra raíz y de las plantas de los pies.

Dedica unos minutos a mostrarte muy delicado contigo mismo, permitiendo que la luz te inunde y te rodee. Trae a tu mente a la persona o cosa cuya pérdida lamentas y permítete experimentar los sentimientos que rodean esa pérdida. Recuérdate que tienes que seguir adelante con tu vida y que, aunque soltar el vínculo puede ser doloroso, debes hacerlo para seguir adelante con tu propio crecimiento.

Ahora céntrate suavemente en el objeto de tu pena e imagina que tienes a esa persona o cosa delante de ti. Envíale el mensaje de que necesitas curarte, y de que lo vas a hacer con amor por ti mismo y por los demás.

Permite que esa preciosa luz blanca entre por la parte alta de tu cabeza y deja que te llene, penetrando en cada célula y en cada átomo hasta llenarlos de luz radiante y curativa. Percibe cómo desciende hasta las palmas de tus manos y desde ellas se expande hacia fuera a través de los chakras de las palmas. Ahora, con una respiración profunda y llena de amor, deja ir eso que tanto quieres. Pon las manos en forma de copa a la altura del corazón y sana las heridas que han quedado al deshacer los vínculos con la corriente de luz curativa que fluye desde tus palmas.

Si tienes un compañero o pariente que está sufriendo una pérdida similar, como en el caso de haber perdido un padre o un hijo común o de haber tenido un aborto, o si tienes una hermana que haya sufrido traumas y abusos infantiles, resulta muy beneficioso compartir este trabajo con esa otra persona. Preparad el ejercicio hablando de la pérdida sufrida y comentando lo que estáis a punto de hacer. Leed juntos la meditación; después dejad que la luz os inunde y poned cada uno la mano en forma de copa a la altura del corazón del otro. Permitid que el amor fluya entre vosotros y os cure. Dejad ir a la persona u objeto que habéis perdido y dedicad un rato a hablar de la pérdida y de la experiencia curativa que habéis compartido. Acabad con algún contacto físico reconfortante, abrazándoos o cogiéndoos de la mano, y tomaos algún tiempo antes de continuar con vuestras actividades diarias. Elegid un día en el que podáis pasar un rato juntos sin interrupción y sin temor a recibir visitas inesperadas. Si se ha producido una muerte en la familia, es una buena idea hacer este ejercicio con niños u otros familiares.

CAPÍTULO 8

CHAKRA DE LA GARGANTA: DECIR NUESTRA VERDAD

Que haya muchas ventanas en tu alma,
que la embellezca toda la gloria del universo.
El estrecho marco de un pobre credo no puede atrapar los
rayos brillantes
que irradian de incontables fuentes.
Deshazte de la ciega superstición;
deja que la luz se vierta a través de claras ventanas,
amplias como la verdad misma
y elevadas como el cielo.
Sintoniza el oído con toda la música silenciosa de las estrellas,
y con la voz de la naturaleza,
y tu corazón se volverá hacia la verdad y la bondad, como
la planta
se orienta hacia el Sol.
Miles de manos invisibles se estiran para ayudarte
a alcanzar sus cumbres coronadas de paz,
Y todas las fuerzas del firmamento fortificarán tu
vigor.
No temas dejar a un lado las medias verdades y agárrate a
la totalidad.

RALPH WALDO TRINE

Hemos ascendido desde nuestro instinto de supervivencia en el chakra raíz, al sacro, que pone el acento en nuestra sexualidad y en nuestra capacidad de contacto con los demás. En el plexo solar hemos explorado el poder para acabar llegando al amor incondicional del chakra corazón. Ahora entramos en el sonido y en la comunicación, porque el quinto chakra, la garganta, nos permite poner voz a las cosas. Unifica las emociones e instintos de los chakras inferiores con la visión, el pensamiento, el conocimiento y la comprensión de los superiores. Un chakra garganta bien desarrollado nos permite descubrir los dones de una buena comunicación, de la creatividad, de la integridad, de la clariaudiencia (*véase* Glosario) y del *channeling* (transmisión de enseñanza a través de un médium).

El chakra de la garganta tiende un puente entre el yo que siente y el yo intelectual, y abarca elementos como el ingenio y la capacidad de improvisación, que se verán potenciados durante su desarrollo. Cuando el chakra corazón se abre, produce una ligereza maravillosa. Será menos probable que te tomes demasiado en serio; te mostrarás más espontáneo y dispuesto a jugar, a ser como un niño y a «divertirte», aunque en caso de necesidad puedes recurrir a tu poder y capacidad de liderazgo instantáneamente. Puede que parezcas dos personas distintas, ya que adaptas fácilmente tu comportamiento a cada situación. La garganta también nos permite expresar verbalmente lo que hasta ahora sólo habíamos podido sentir. La expresión verbal nos lleva a compartir quiénes somos con el mundo externo y nos eleva por encima y más allá de otras especies. Al abrir el chakra garganta podemos dar sonido a nuestra expresión personal y única, y simultáneamente hacemos entrar en nuestro mundo a todos los que nos oyen.

Por desgracia, a menudo hablamos descuidadamente y sin pensar. Por otra parte, a medida que vamos reconociendo la responsabilidad que conlleva nuestro discurso, aprendemos a elegir las palabras con más cuidado ya que, una vez liberadas en el éter (*véase* final del capítulo), no podemos retomarlas.

Mejora tu comunicación

El chakra garganta nos impulsa a comunicarnos a través de la expresión oral. La palabra hablada es tan importante que forma la declaración de apertura del evangelio según san Juan: «Al principio era el Verbo». Es como si los seres humanos, como especie, hubiéramos comenzado con el sonido y el lenguaje. Aquí, en la garganta, nos comunicamos como sólo los humanos podemos hacerlo, desde el susurro hasta el grito, desde la canción al alarido.

Pero la comunicación, además de la palabra hablada, escrita o emitida, tiene otras vertientes. El circuito de la comunicación se completa con el oír y el escuchar. Sea cual sea el sonido: los silbidos de los delfines, el parloteo de los niños o el menor cambio en la respiración de un bebé, el oído humano está sintonizado con el sonido, aunque abarca un rango más limitado que el de otros animales.

Nuestra comprensión queda potenciada todavía más por la comunicación no verbal. Somos capaces de comunicar internamente escuchando a nuestro cuerpo y las señales que constantemente nos envía, escuchando la delicada guía de nuestra alma y también escuchando al universo y a su sabiduría superior que siempre está presente como sonido de fondo. Pero, como si fuera el rumor de las cigarras en una noche tropical, estamos tan acostumbrados a él que dejamos de distinguirlo. Tenemos que pararnos a escuchar para poder apreciar su belleza y su pleno impacto sobre nuestras vidas.

Sin comunicación, nuestros pensamientos e ideas son intangibles inexpresados y solitarios que no sirven para gran cosa aparte de expandir la mente del pensador. La comunicación toma los pensamientos y les da cuerpo, los conforma y los hace reales. Cuando compartimos lo que sabemos, la energía de nuestros pensamientos se libera en el mundo. Reunimos conciencia alrededor de nuestras ideas originales y permitimos que los demás les añadan su energía. Es como exponer una magnífica pieza de seda y permitir que los demás admiren su belleza, la toquen y compartan la magia.

He llegado a afirmar que todos los problemas de relación acaban reduciéndose a una mala comunicación, y no sólo me refiero a problemas de amor, sino también a los que tenemos con los compañeros de profesión y con casi todas las personas que nos rodean. Sé que mi afirmación puede parecer exagerada, pero no es ajena a la verdad. Si nuestra comunicación puede comenzar con una sonrisa, continuar con amor y civismo, equilibrarse con un poco de humor cuando sea apropiado y potenciarse con empatía y compasión, será difícil que fracasemos.

Encontrar nuestra propia voz

Nuestra voz es un gran don. Mi mejor amiga tiene una voz maravillosa: la riqueza de sus tonos y la cualidad de su fuerza y emotividad me llevan a asociarla con otras épocas. Por desgracia apenas la usa, en parte debido a su timidez.

Antes hemos hablado de usar los dones y habilidades de que disponemos y de construir sobre ellos. No estoy sugiriendo que mi amiga se haga cantante profesional, ya que dispone de otros talentos que puede poner en el mercado para bien de todos. Pero, si cuando recibimos un hermoso presente de un amigo le mostramos nuestro aprecio, le damos uso, o lo exponemos donde los demás puedan admirarlo, ¿por qué no hacer lo mismo con los dones recibidos de Dios? ¿Debemos caer en la falsa modestia y hacer como si no los tuviéramos? ¿O deberíamos sentirnos encantados y dispuestos a compartirlos? Todo lo que se nos da es para compartirlo con los demás de la mejor manera que podamos.

Abrir nuestra garganta para cantar nos ennoblece y, lo que es aún mejor, aclara el chakra garganta cambiando los bloqueos por comunicación, creatividad y dones superiores. Por tanto, si sabes cantar, genial; pero, aunque no sepas hacerlo, puedes canturrear o repetir rítmicamente un mantra (*véase* Glosario), que también te abrirá el chakra corazón e introducirá cambios considerables en tu vida (*véanse* ejercicios págs. 195-197).

En cualquier caso, siempre puedes sentirte agradecido por tu voz. Aunque el agradecimiento interno es perfecto y hay momentos en que la plegaria silenciosa es lo más adecuado, puedes abrir tu chakra garganta y expresar gratitud en cualquier momento.

Estoy segura de que cualquier persona que se queda en mi casa por primera vez, se sonríe por la mañana cuando me ve salir de mi habitación y observa la manera en que me dirijo a todo lo que hay en mi hogar. En primer lugar doy los buenos días a la mañana, después al cielo, y poco a poco voy pasando por la casa saludando a las cosas y dándoles los buenos días. Les doy las gracias por estar allí y por realizar su función. ¿Suena a locura? Quizá sí, pero esta expresión de gratitud establece una vibración amorosa en mi hogar.

Me agrada enormemente que mis amigos digan que sienten amor y paz cuando vienen a mi casa. En parte esta vibración está presente porque es allí donde realizo las curaciones, pero también se debe a que emito ondas sonoras amorosas cuando hablo, canto, aplaudo con las manos y muevo la energía alegremente por el lugar. También creo sonidos deliciosos con músicas, campanas, campanas tubulares movidas por el viento, gongs y otros instrumentos de percusión que me resultan agradables al oído, aclaran mi garganta y generan una energía chispeante que eleva el estado de ánimo de todos los presentes.

¿Cuentas historias alguna vez? ¿Te gustaba que tus padres te contasen cuentos cuando eras pequeño? Uno de mis amigos y compañeros de profesión es un narrador judío. Cuenta antiguas historias que han formado parte de su cultura durante siglos, generalmente aprendidas por transmisión oral. El día de mi quincuagésimo cumpleaños le invité, junto con muchos otros amigos, a celebrar mi vida, y al final de la velada le pedí que nos contara alguna historia. Ocurrió algo muy mágico. Apagamos todas las luces, dejando sólo unas pocas velas. Cuando él empezó a hablar, el ambiente cambió. La energía de los presentes dio un giro y todos nos quedamos hipnotizados por su voz y las historias que contaba. De vez en cuando me autoimponía salir de aquella especie de trance hipnótico para observar lo que estaba ocurriendo. Realmente la magia no tenía tanto que ver con las historias mismas como con el hecho de escuchar su preciosa voz. Todos teníamos el chakra garganta abierto y el amor que fluía entre nosotros tenía una cualidad muy magnética. La sanación ocurrida aquella noche fue muy especial; éste es el poder de abrirse a la creatividad, a la comunicación y al amor.

El poder de ser verdadero con uno mismo

El nombre sánscrito de este chakra es Visuddha, que significa pureza. Cuando este chakra está sano y evolucionado, nos lleva a refinar la cualidad y pureza de nuestra comunicación. Nos llama a integrar nuestra experiencia, poder, voluntad y amor y a tener el valor de expresar la verdad en el mundo tal como la conocemos. Una verdad que no es sólo una colección de hechos estáticos, sino un proceso en desarrollo, vivo y dinámico.

La verdad es única para cada uno de nosotros, y está atemperada por nuestra experiencia y crecimiento. Evidentemente los hechos son importantes, pero la verdad del chakra garganta es mucho más que eso: está dotada de integridad, profundidad y poder, y es una síntesis de todo lo aprendido hasta este momento de nuestro viaje. Está enriquecida por la intuición, la sabiduría, la claridad y la comprensión de los chakras superiores tal como los expresamos en ese momento en el mundo.

Nuestra verdad, por tanto, contiene nuestra visión, nuestros sueños, nuestras esperanzas, nuestros conocimientos, los resultados de la exploración de nuestros pensamientos y la deliberación de nuestras mentes y corazones. Es nuestra integridad más elevada, que puede ser diferente de la de cualquier otra persona. El alineamiento con nuestra integridad puede llevarnos a tener criterios o actitudes diferentes de los demás, y eso está bien. Una vez que conocemos nuestra verdad, si cruzamos los límites de conducta internos que esa verdad nos exige, estamos amenazando nuestra integridad. Mantener un comportamiento discordante con nuestra verdad es muy costoso y producirá lamentos, dolor, pérdida y vergüenza; sentiremos pena por no haber hecho caso de nuestra sabiduría interna.

Cuando hablamos desde un chakra garganta evolucionado se nos suele prestar atención porque el mensaje suena genuino y pronunciamos las palabras con el poder, la gracia y la claridad característicos de los chakras superiores.

Por tanto, el chakra garganta nos llama a alinearnos con nuestra verdad y a tener el coraje de defenderla aunque difiera de la opinión de los demás. Pero debemos acordarnos de poner nuestra verdad al día. Lo que era verdad para mí hace unos años, o incluso ayer, o hace cinco minutos, puede dejar de ser mi verdad ahora a la luz de una nueva experiencia, de nuevos hechos y de un nuevo estado emocional. El chakra garganta me exige que tenga el coraje de renovar mi verdad y, si es necesario, admitir que, por muy apasionadamente que hubiera mantenido cierto punto de vista en el pasado, ahora tengo otro.

Esta flexibilidad también me da la comprensión y la compasión necesarias para aceptar que como todos estamos en puntos distintos de nuestra evolución, nuestra comprensión de la verdad universal también es diferente. Por tanto, podemos acomodar las diferencias de opinión y de punto de vista considerándolos productos del tiempo y del proceso. Son meras instantáneas de una película continua. Mientras compartamos nuestra verdad responsablemente y estemos dispuestos a oír la de los demás, se producirá una evolución constante en el universo. Esto nos lleva a tomar la verdad de manera ligera y flexible, estando dispuestos a incorporar nuevos hechos y conceptos a nuestras vidas, tal como estás haciendo al leer este libro.

El desafío que nos presenta el chakra garganta es el de tener el coraje y la responsabilidad de alzarnos y decir nuestra verdad, de admitir que nos hemos equivocado, de cambiar de opinión y mantener nuestra verdad viva y al día a medida que surge nueva información. Este último punto está perfectamente ilustrado por la siguiente historia apócrifa: Un gran general reunió a su estado mayor por la mañana y facilitó el plan para la batalla. Sus subordinados partieron y transmitieron las órdenes a las tropas. A mediodía volvió a reunirles y les dijo que olvidaran el plan de la mañana, dándoles una nueva táctica. Volvieron a irse y pusieron en acción los nuevos planes. Al atardecer, volvió a llamarles a sus dependencias. Rescindió las instrucciones dadas a mediodía y les propuso una nueva estrategia. Uno de los generales se quejó de que empezaban a parecer unos estúpidos, ya que habían cambiado de planes tres veces el mismo día. El gran general le miró con compasión: «¿Te gustaría que hiciera el plan de la noche basándome en la información de que disponía esta mañana, o prefieres que tenga el valor de hacer lo que es justo ahora que estoy mejor informado, aunque eso me haga parecer estúpido?» El gran general acabó ganando la guerra.

Encuentra tu vocación

Mientras que la parte frontal del chakra de la garganta está relacionada con la comunicación en general, la porción posterior se centra en transmitir al mundo nuestro mensaje único y personal. Nuestra mayor oportunidad de conseguirlo es a través de nuestra profesión y vocación.

Parte del trabajo en el chakra de la garganta consiste en definir lo que queremos realmente —adónde nos lleva nuestro corazón— y tener el coraje de seguirlo. Ya hemos aprendido del principio placer/dolor del chakra sacro que el universo nos guiará, premiándonos con un movimiento de avance libre y fluido cuando estamos en la pista adecuada, y poniendo obstáculos en nuestro camino cuando no lo estamos. A continuación, lo único que tenemos que hacer es trabajar sobre ello y refinar nuestra sensibilidad para poder seguir el sendero que nos corresponde.

Hubo un tiempo en que el trabajo de mi vida era ser madre y cuidar de mis hijos. Después vino un tiempo en que trabajé de médica y sanadora a tiempo completo. Ahora continúo el camino que me lleva a dedicar más tiempo a la enseñanza, a escribir y a la sanación. Sé que todavía no he llegado a desarrollar mi pleno potencial, y también sé que estoy dedicando mi vida al amor, a la paz, a la sanación, a enseñar y a continuar con mi propio crecimiento espiritual y el de las personas que me rodean.

Descubre tu creatividad

Como en cualquier escalón de la escalera del arcoiris, usamos todo lo aprendido en los capítulos previos y lo incorporamos a nuestro nivel superior de comprensión. A este respecto, existe un vínculo especial entre el chakra sacro y el de la garganta. Las ideas que comenzaron a emerger en el nivel inferior ahora son potenciadas por la creatividad del quinto chakra: todo se vuelve posible.

La gente suele decir: «Pero yo no soy creativo». Es muy triste comprobar hasta qué punto estamos condicionados. ¿Quién nos ha dicho eso? ¿Los profesores que no pusieron nuestros dibujos sobre la pared o que no nos escogieron para el papel de Cleopatra en la obra escolar?

Todos somos seres creativos. De momento, algunos aún no hemos manifestado esa faceta, lo que a menudo se debe a que el chakra garganta que está relacionado con la creatividad no comienza a desarrollarse hasta los dieciséis años. A esas alturas de la vida, muchos ya han dejado de sentirse estimulados y animados a desarrollarse, si es que lo estuvieron alguna vez. El triste resultado es que algunos nunca llegan a disfrutar de este don de Dios y siguen creyendo que son menos que los demás. No pretendo decir que todos seamos igualmente creativos. Cada uno de nosotros ha venido a esta vida con talentos únicos. Tal vez pueda tocar una simple melodía al piano, pero sé que mi destino no es ser una gran concertista. Sin embargo, tengo dones creativos que ofrecer e intercambiar, y tú también. Yo misma soy una de esas personas que hace unos años hubiera dicho que no era creativa. Pero, como dice la canción: «Si pudieras verme ahora...»

Las cosas que más nos gusta hacer nos indican donde reside nuestra creatividad. Dirijo un taller que lleva por título: «Hacer lo que amas y amar lo que haces», que anima a los participantes a encontrar las actividades que más les gustan y las habilidades de que disponen. Basándose en ellas pueden desarrollar un estilo de vida verdaderamente creativo y próspero, alegre y alineado con su integridad, que haga un uso positivo de su energía y les permita ganarse la vida. La ventaja para el resto del mundo es que además de ser útiles y eficaces, irradian amor y felicidad a su alrededor porque disfrutan de lo que hacen. Eso es ser creativos.

Vivir con integridad

Vivir con integridad es una parte importante del trabajo a realizar aquí, en el chakra de la garganta.

Así como mi verdad es una cuestión muy personal, también lo es mi integridad, que está en función de ella. Tengo que actuar íntegramente, incorporando las normas de conducta dictadas por mi comprensión y por mi condicionamiento. Este segundo es, en buena medida, el resultado de algunas constantes que he elegido en esta ocasión al decidir reencarnarme. Tanto el hecho de haber nacido de mis maravillosos padres en un pueblecito del nordeste de Inglaterra y de haber recibido una educación simple basada en valores rurales, como el hecho de ser de una mujer caucásica del siglo XX, son factores muy importantes para el desarrollo de mi integridad. Todo habría sido muy diferente si hubiera nacido treinta años después en un pueblecito de Etiopía o hace dos siglos en un palacio de la India. Las constantes, mi condicionamiento y mi desarrollo espiritual, han conformado mi integridad. En mi chakra garganta debo encontrar el coraje de seguirla en palabra y en obra.

Por ejemplo, mi integridad no me permitiría abandonar basuras en la naturaleza ni ensuciar el medio ambiente sin sentir vergüenza, pero me permite olvidar de vez en cuando algún mandato creado por los seres humanos que parece no tener nada que ver con mi vida. No me cabe duda de que si mis hijos estuvieran muriéndose de desnutrición, mis valores serían diferentes. Tampoco estoy sugiriendo que se puedan ignorar las reglas y las leyes. En todo caso, pienso que los mayores progresos ocurren cuando, en función de nuestra integridad, ponemos en cuestión lo que percibimos como equivocado, restrictivo o innecesario. Otros de los grandes asuntos del chakra de la garganta, relacionado con la verdad y la integridad, es la moralidad. Se trata de otra cuestión muy personal, variable y en constante desarrollo según nuestras circunstancias.

Hace un tiempo hubo un programa de televisión que animaba a los participantes a revisar sus posturas morales revelando una historia muy poco a poco y preguntándoles cuál sería el mejor camino a seguir. Generalmente los concursantes comenzaban adoptando unas decisiones que les parecían moralmente correctas, para acabar descubriendo, una vez conocida toda la información, que su comportamiento hubiera sido totalmente diferente. Aunque sus criterios de integridad y moralidad no habían cambiado, las nuevas circunstancias que se les presentaban les llevaban a cambiar sus juicios.

Cuando reviso mi vida a veces me siento sobrecogida por lo que he hecho, aunque, por una u otra razón, mis acciones siempre me parecían aceptables en el momento. Asimismo, a veces he mirado atrás y he pensado en lo que me he perdido por mantener mis criterios y valores morales. Pero tengo que aceptar que me encontraba ahí. Lo que entonces me parecía ético y justo no tiene por qué coincidir con mi opinión actual. Tengo que admitir que fue así, perdonándome y sintiendo amor por mí misma y por los demás implicados, y aceptando que aquello fue parte esencial de mi propio proceso y también del suyo. El desarrollo actual de mi chakra garganta (y de todos los demás) no me permitiría repetir algunas de las cosas que hice sin sentirme culpable, pero me permite hacer sin reservas cosas que no habría hecho hace cinco o diez años, o incluso ayer.

ÉTER

El elemento del chakra garganta es el éter, el campo unificador del que surge todo y en el que nadan todas las cosas; es como un océano. Todas las partículas, toda la materia, todas las cosas físicas surgen de ese campo, de esa matriz. Y además de surgir de él, son parte de él y lo comprenden. Las moléculas que han existido desde el principio de los tiempos, que han sido recicladas, reformadas, cambiadas y empleadas en las más diversas reacciones químicas continúan siendo parte de él. Algunos lugares pueden parecer vacíos, pero eso se debe a que hay una escasez de moléculas y allí apenas flota nada. El espacio no existe y la separación entre nosotros tampoco. Todo mantiene una conexión con todo los demás, aunque sea infinitesimal, a través de esta matriz: el éter.

En el capítulo 7 describí que todo lo que hacemos tiene un efecto de carambola. Aquí quiero refinar ese concepto. Como todos estamos unidos y moviéndonos conjuntamente en la matriz universal, si hago un gesto amoroso, éste lo moverá todo a su paso, afectando a todas las demás cosas, y finalmente volverá a mí y me afectará amorosamente. Esta premisa sigue siendo cierta cuando hago algo sin una intención pura. Aunque tarde mucho tiempo, acabará teniendo un efecto de rebote sobre mí.

Clariaudiencia, telepatía y channelling

Cuanto más ascendemos en la escala de la espiritualidad, más dones adquirimos. Algunas de las capacidades más maravillosas de un chakra garganta bien desarrollado son la clariaudiencia y la telepatía.

Clariaudiencia es el don de la escucha interna, que es una cosa diferente de oír con nuestros oídos físicos. La clariaudiencia puede ser desarrollada incluso por los sordos. Personalmente la concibo como un conocimiento que «oigo» en mi mente y parece venir de ninguna parte.

El *channeling* es un fenómeno que ha estado produciéndose durante siglos, aunque su cualidad ha cambiado a lo largo de los últimos años. Nos permite abrir canales para comunicar con maestros superiores y expresar, en un lenguaje plenamente entendible, sabiduría y conocimientos. Esta información ha incrementado nuestro conocimiento de asuntos tan variados como la «muerte», el universo mismo, la astrofísica y la esencia de la vida. Existen maravillosas enseñanzas explícitas de seres desencarnados como Seth, Gildas y Orin, por nombrar sólo algunos de ellos.

Como la mediunimidad relacionada con el plano astral está tan de moda, el *channelling* relacionado con otros niveles más elevados ha recibido agudas críticas. El verdadero *channelling*, que es directo y preciso, requiere un corazón incondicionalmente amoroso, tener los chakras entrecejo y coronario desarrollados y un chakra garganta muy evolucionado. Ya he mencionado anteriormente que las personas dotadas de grandes poderes suelen ser muy humildes (no es falsa modestia) ante el hecho de haber sido elegidos para expresarlos. Presta atención a los que alardean de poder, ya que ese orgullo suele proceder más del ego que del espíritu.

Uno de estos dones es la telepatía, que todos poseemos en cierta medida, especialmente con las personas a las que amamos y con las que estamos en sintonía. La mayoría de las madres pueden sintonizar con sus hijos y saber si les está pasando algo incluso a gran distancia. Los amantes llegan a saber exactamente lo que su pareja está pensando o está a punto de decir (desgraciadamente pierden esta capacidad cuando se instauran otras formas de comunicación más pobres). La mayoría de nosotros conocemos la experiencia de ir a telefonear a alguien y recibir su llamada en ese momento. La telepatía es un desarrollo de estas capacidades tan comunes y a menudo subestimadas, y viene determinada por el desarrollo del chakra de la garganta. En realidad no existe espacio vacío entre nosotros. En último término todos estamos unidos en el espíritu. Por tanto, si envío un mensaje en el éter a una persona, acabará captándolo.

Digamos que envío un pensamiento amoroso a mi hijo. La vibración amorosa de mi pensamiento sale al éter y se dirige hacia su diana: él lo recibirá, aunque quizá en una dimensión no consciente. En cierta medida no importa demasiado si no toma conciencia de que el amor procede de mí, ya que, en cualquier caso, su vida se verá potenciada. Por lo tanto, puedo cambiar las cosas radicalmente enviando mensajes de amor. Asimismo, también puedo hacer mucho daño enviando mensajes de odio. Pero, como todo acabará volviéndome, tengo que tener mucho cuidado de que todo lo que envíe consciente o inconscientemente sea amoroso y por el mayor bien de la persona implicada.

En el capítulo 7, cuando comentamos acerca del trabajo con el perdón, sugerí que se enviase luz en lugar de amor en algunos casos. Esto es muy importante si no deseas implicar tu chakra corazón con alguien de quien te quieres separar, aunque sigas deseando enviarle pensamientos positivos.

La telepatía sólo es una extensión algo más precisa de este mismo fenómeno. Consiste en tomar conciencia de los mensajes que enviamos como formas-pensamiento y en ser capaces de leerlos casi a voluntad. Como todas las demás capacidades espirituales, la telepatía es susceptible de abuso; por tanto, ten cuidado y no invadas a los demás si descubres que tienes este don. También suelo desconfiar mucho de las personas que emplean sus dones espirituales como juegos de salón, y evito a los que me piden que los emplee así. Es inevitable que algunos se sientan atraídos por lo desconocido, pero procura no verte arrastrado por ellos. Hemos de usar nuestras capacidades para los propósitos que fueron creadas y creo que, como en el caso de cualquier otro don, si abusamos de la telepatía no merecemos tenerla y posiblemente la perdamos.

Disfunción del chakra garganta

El chakra de la garganta gira a la velocidad de la luz azul clara, bañando el cuello y los órganos que lo rodean: la garganta misma, las cuerdas vocales, las glándulas tiroides y paratiroides y también la boca, la tráquea y el esófago, las orejas, las vértebras cervicales y el plexo carotídeo.

Un chakra garganta perezoso o bloqueado se manifestará físicamente en forma de dolores de garganta recurrentes, resfriados, glándulas inflamadas, dolores de cuello y problemas dentales. Los síntomas de hipotiroidismo e hipertiroidismo son muy numerosos. Entre los primeros se incluyen la letargia, el aumento de peso, el desánimo y el resecamiento de la piel y el pelo; algunos de los segundos son: pérdida de peso, ansiedad, dificultades para conciliar el sueño y un aumento de la energía acompañado de nerviosismo. (*Véase* Apéndice A sobre endocrinología.)

Cuando Melvin vino a verme, estaba enfadado y deprimido. Era un hombre brillante, de poco más de treinta años, que se sentía desilusionado con la vida. Decía que, allí donde iba, la gente empezaba por mostrarse amable y abierta, pero después de un tiempo descubría que tan sólo se interesaban por sí mismos. Se había movido mucho por el mundo, y en varias ocasiones pensó que había encontrado la profesión adecuada, el entorno justo y la novia ideal; pero siempre acababa mal. Poco a poco había ido perdiendo la esperanza de encontrar a alguien que tuviera integridad o incluso sentido común. Era totalmente inconsciente de su arrogancia y continuó sermoneándome sobre la estupidez y la insensibilidad con que tenía que lidiar a diario.

Se expresaba claramente, explayándose, y con mucha autoridad. Podía imaginarme que, en una primera impresión, las personas se sentirían atraídas por su brillantez mental y la pasión que desplegaba por el tema elegido. También podía imaginar que después de un rato sus interlocutores se aburrirían porque se hablaba a sí mismo más que a los demás, e ignoraba otros puntos de vista.

A pesar de su discurso elaborado, del empleo colorista que hacía de las palabras y de su entusiasmo por ciertos temas, a Melvin le faltaban algunos puntos esenciales para la buena comunicación. Parecía incapaz de escuchar con atención, era desconsiderado y le costaba aceptar los hábitos sociales que indican que se ha de permitir hablar a la otra persona. Dejaba de aprender muchas cosas porque creía que lo sabía todo, y daba la sensación de que nadie tenía tanta autoridad como él. Esto minaba la autoestima de muchas de las personas con las que entraba en contacto. No me cabe duda de que sus compañeros le considerarían presuntuoso y ofensivo, ya que tachaba de frívolos los comentarios ligeros, y acusaba a los demás de falta de profundidad, simplemente porque no se tomaban tan en serio a sí mismos. Para Melvin, la vida era un asunto muy serio en el que sólo cabían el blanco y el negro, no el gris.

Era la demostración perfecta de lo que es un problema en el chakra garganta porque confundía la profusión verbal con la comunicación. Se tomaba a sí mismo y al mundo con absoluta seriedad y, como muchos otros que tienen este chakra bloqueado, se sentía en una especie de cruzada. Por desgracia, la gente como él no hace mucho bien a su entorno, porque alienan con sus ataques a quienes les rodean.

Este tipo de personas suelen ser muy populares en un principio, pero acaban marginando a los demás, sintiéndose incomprendidos o creyendo que están rodeados de subnormales. No llegan a reconocer la regla de oro de que si uno se siente incomprendido constantemente, el común denominador es él mismo. En casos así, probablemente hay que tratar el problema de incomunicación y falta de comprensión. El bloqueo en el chakra de la garganta produce bloqueos de la creatividad, lo que a veces supone una búsqueda inquieta e interminable del propio lugar en el mundo. No puede sorprendernos que a Melvin ya no le quedaran profesiones que probar ni lugares donde ir y tampoco candidatas para novia.

Cuando estamos en nuestro camino sentimos que es exactamente eso: un camino. Nos movemos constantemente, subiendo la colina siguiente, cambiando las cosas poco a poco, añadiendo y construyendo sobre lo que tenemos para llegar a donde queremos ir. Nuestro chakra garganta es esencial en este proceso. Sin embargo, como todos los demás chakras, no existe ni funciona de manera aislada y requiere la visión del sexto chakra, el amor del cuarto, el poder, la voluntad y el potencial del tercero y las ideas y opiniones del segundo para florecer plenamente y llevarnos hacia nuestro objetivo.

AFIRMACIONES

Hasta el momento hemos empleado las afirmaciones en todos los capítulos, y por supuesto, hemos hecho uso del poder del chakra garganta para hacerlas funcionar. El poder de la palabra como herramienta creativa no puede subestimarse, en especial si está embellecida por la visión. El proceso de crear nuestro mundo con afirmaciones puede compararse a cualquier otro proceso de creación.

Digamos que tenemos una silla preciosa. ¿Cómo ha llegado a estar donde está? Alguien, en alguna parte, tuvo una imagen mental de lo que podía crear. A continuación, a partir de su visión elaboró un modelo, dibujo o expresión verbal. Seguidamente puede que fuera refinando el modelo hasta sentir que todo encajaba. Después vino el proceso de construcción y, finalmente, la silla llegó a existir.

Las afirmaciones nos ayudan a conformar nuestro mundo y a cambiar nuestras vidas. En primer lugar, tenemos que tener la visión. ¿Qué es lo que verdaderamente queremos crear? Lo estudiaremos más de cerca en el capítulo siguiente. A menudo pregunto a las personas qué es lo quieren, y no lo saben. Así es imposible crear nada. Recuerda lo que dijimos al principio del libro: la sanación es un proceso activo. Tienes que hacerlo *tú*. Habrá personas que te ayudarán y guiarán, pero sólo tú puedes sanar tu vida. ¿Qué es lo que realmente quieres? Una vez que lo sepas puedes comenzar a crearlo siguiendo un proceso similar al de crear la silla. Las afirmaciones son como el dibujo o el modelo. Si lo deseas, también puedes hacer un dibujo real, que suele denominarse el «mapa del tesoro». O puedes hacer un collage y ponerlo donde lo veas cotidianamente para así concentrarte en tu creación. El refinamiento y el toque final hasta sentir que lo tienes todo en orden es parte importante del proceso. Afortunadamente esto es algo muy fácil de hacer en las afirmaciones, ya que puedes cambiarlo todo con una sola palabra.

Los ejercicios

Los cristales que son especialmente útiles para el chakra de la garganta son la turquesa y el lapislázuli. Aparte de ser un poderoso protector, la turquesa potencia la comunicación, la expresión creativa y el equilibrio emocional. El lapislázuli fortalece la tiroides y aumenta las habilidades psíquicas, al tiempo que incrementa la expresión creativa y mejora la vitalidad. La plata es conocida por mejorar el discurso y fortalecer la fe en el yo superior; por tanto, si tienes alguna joya de plata con alguna de las piedras mencionadas, sería bueno que la llevaras puesta.

Los aceites de aromaterapia más adecuados son lavanda o jacinto, que tienden a ser relajantes, y pachulí o almizcle blanco que estimulan la creatividad.

EJERCICIO 1

Este ejercicio te ayuda a limpiar el espacio empleando sonidos. Los sonidos agradables nutren el sentido del oído y mejoran la creatividad, potenciando también las demás habilidades de comunicación al limpiar el chakra garganta.

Algunos de los sonidos más agradables para mí son la voz humana, los cantos de los pájaros, la música, las campanas, las campanitas tubulares movidas por el viento, el trueno, el sonido de agua corriente y la lluvia, aunque también hay muchos otros. El ruido y los sonidos discordantes resultan molestos para mi chakra de la garganta, y cuando tengo que soportarlos me cuesta un buen rato volver a sentirme creativa.

Los sonidos agradables y armoniosos son útiles para cambiar las vibraciones del espacio que ocupas; puedes experimentar colgando unas campanitas tubulares cerca de tu ventana, poniendo música que cambie tu estado de ánimo (*véase el* siguiente ejercicio) o invirtiendo en una casete de sonidos naturales, como de lluvia o de olas rompiendo en la playa. También puedes crear tus propios sonidos cantando, dando palmas, tarareando, tocando el tambor, o empleando otros instrumentos de percusión. Cualquiera que sea tu elección, te sorprenderá percibir la diferencia que se produce en el espacio y también en tu energía personal. ¡Pruébalo!

EJERCICIO 2

La música es la sustancia conocida que más altera la mente humana, ¡y además es legal! Hay ciertas piezas musicales recomendadas para cada chakra; estoy segura de que encontrarás las que mejor se adaptan a ti. Puedes elegir una pieza terrenal y enraizada para el chakra raíz, una pieza fluida que sintonice con el elemento agua para el chakra sacro, una pieza épica y poderosa para el plexo solar o una melodía suave para el chakra corazón.

Todas ellas se perciben en el chakra de la garganta. La música es una cosa muy personal y nuestros gustos van cambiando a medida que evolucionamos. Pero la música curativa puede ser muy diferente de la que te gusta llevar en el coche o de la que usas para bailar en el salón de tu casa. Si deseas una música en la que poder perderte, limpiar tus chakras y elevarte a otro lugar, tal vez quieras probar algunas de mis favoritas, pero, por favor, busca también las tuyas.

La pieza musical que empleo para movilizar y elevar la energía y hacer una poderosa curación, especialmente cuando trato de airear mis enfados, es la banda sonora de *El último mohicano* (versión de 1992), sobre todo la cara A. Es de una calidad asombrosa y puede obrar milagros en lo relativo a provocar la catarsis (*véase* Glosario). Recuerda que la catarsis es más benéfica cuando se produce la curación del espacio liberado después de expresar la emoción. Si estás solo y experimentas una catarsis, pon a continuación algo muy suave.

Los sonidos de gaitas sintonizan con mi chakra raíz, y también lo hacen los tambores.

Para el segundo chakra puedes probar con una grabación de olas rompiendo en la playa, de lluvia que cae o del correr de un arroyo. Pero también hay piezas de música clásica muy fluidas que tendrán un efecto muy positivo en este chakra. Mis preferidos son Grieg y Chopin. Ve a escucharlos a tu tienda de música. El plexo solar responde a músicas poderosas y emotivas. Una de las piezas que más me conmueven es el quinto concierto de piano de Rachmaninov, escrito cuando él mismo estaba saliendo de una depresión. Sus acordes menores consiguen cambiar mi estado emocional de manera sorprendente.

La banda sonora de *Memorias de África* (MCA Records, 1986) me mueve el corazón, como también lo hacen algunas piezas de piano de David Lanz. Hay tantas músicas románticas, tanto clásicas como modernas, que la posibilidad de elección es amplísima. Puede que para el chakra garganta te interese probar alguna pieza vocal. Me gusta el canto gregoriano, y uno de mis favoritos es *Canticles of Ecstasy* de Hildegard von Bingen (Deutsche Harmonia Mundi, BMG music, 1994).

La música de Terry Oldfield es genial para el chakra del entrecejo. Hay mucho donde elegir. Una de mis favoritas es *Music for Hea-*

ling (Stephen Rhodes, New World Music). ¡Para el chakra coronario la mejor música es el silencio! En cualquier caso, conozco a gente que emplea para este chakra sonidos naturales, como cantos de pájaros. Si deseas un tema musical, uno de los que mejor va es *Return of the Angels* (Philip Chapman, New World Company).

Para el chakra garganta

Tómate algún tiempo, desconecta el teléfono y colócate cómodamente en tu lugar de trabajo. Ten la música preparada para no tengas que moverte demasiado. Puedes realizar este ejercicio sentado o tumbado, como prefieras. Cierra los ojos. Haz unas cuantas respiraciones profundas, imagina una preciosa flor azul cielo a la altura de la garganta y observa cómo se van abriendo sus pétalos. Pon la música y permite que te lleve donde necesites ir. No hace falta que escuches activamente si no lo deseas. Deja que fluya hacia ti a través del chakra garganta abierto. Sé parte de ella. Siente su poder.

Deja que la música acabe completamente antes de moverte. A continuación, toma el cuaderno o diario y permítete expresar lo que tengas en mente. No te preocupes por la gramática, ni porque tu escrito tenga sentido, ni por la ortografía o cualquier otra cosa. Simplemente deja que tu mano se vaya moviendo y vierte lo que desees comunicar. Deja que fluya y procura no pensar. Deja que vaya apareciendo en la página. Si sientes que te resultaría más fácil hablar que escribir, emplea una grabadora. A continuación, asegúrate de ponerle fecha a la cinta antes de guardarla para poder volver a escucharla.

EJERCICIO 3: CANTAR, REPETIR MANTRAS Y EMITIR LA PROPIA NOTA

La repetición y el canto de palabras o sonidos pueden formar parte de la práctica sagrada. Este ejercicio suele ser muy eficaz para inducir estados alterados, potenciar la conciencia y favorecer la concentración al preparar la meditación.

Existen antiguos cánticos e invocaciones que podrías usar, pero también puedes inventártelos empleando las palabras o sonidos que desees. El simple hecho de repetir o cantar tu propio nombre puede resultar muy intenso; se ha de empezar silenciosamente e ir cambiando el tono, el poder y la textura de la voz, percibiendo las diferencias que se crean. La realización de este simple y poderoso ejercicio puede hacer que te sientas inundado por una corriente de amor y autoestima. Personalmente, todo lo que necesito es la palabra «Om», que puedo emplear como cántico, mantra o para emitir mi nota personal. Esta última práctica siempre provoca diversión y/o vergüenza en mis cursos hasta que los asistentes comienzan a apreciar el efecto del cántico. Como verás en las instrucciones que siguen, puedes emitir tu nota empleando cualquier palabra o sonido, y puedes hacerlo en cualquier lugar. Esta práctica también limpiará el espacio y cambiará la energía.

Así es como ha de hacerse: cierra los ojos, céntrate en cualquiera de los chakras, llena tus pulmones de aire permitiendo que se abra tu garganta y emite cualquier nota que te resulte cómoda. A continuación puedes jugar con ella, cantándola dulce y delicadamente o con fuerza y poder. La energía dentro de tu cuerpo y la del espacio que te rodea cambiará completamente según la vibración de las ondas sonoras que vas emitiendo.

Ahora elige otro chakra diferente. Descubrirás que la nota será diferente sin tener que pensar en ello. Este ejercicio está especialmente indicado para cantantes y para quienes desean emplear su voz profesionalmente, como las personas que hablan en público. Seguidamente cierra los ojos. Concéntrate en tus chakras, uno a uno, sin emitir sonidos. A continuación concéntrate en elevar la energía de los chakras inferiores hacia la garganta y en hacer descender la de los superiores hacia el mismo lugar. Ahora, con el poder concentrado de todos tus chakras, abre la garganta y emite la nota de tu alma. Emítela con poder y claridad. Toma otra respiración y vuelve a emitirla, manteniéndola todo el tiempo que puedas. Percibe cómo aumenta su poder. Siente que estás emitiendo una energía clara y preciosa, un maravilloso sonido amoroso, vibraciones curativas que se expanden hacia el universo. Emite tu nota con orgullo, haciendo que el universo te oiga; hazte oír realmente. Con este simple sonido pones tu verdad e integridad en el mundo.

Este ejercicio puede ayudar a cambiar tu vida si lo combinas con las demás prácticas curativas que estás desarrollando.

EJERCICIO 4

Para esta práctica necesitarás tu cuaderno y media hora libre de interrupciones. La mayoría de nosotros no disponemos de todo lo que nos gustaría tener, lo que a menudo se debe a que no sabemos muy bien lo que queremos. Quiero que dediques unos minutos a considerar cuáles son tus preferencias en cuanto a tu hogar, tu carrera profesional, tus relaciones, etc. ¿Qué quieres realmente? Procura concretar tus ideas y anotarlas. Probablemente tengas que añadir elementos nuevos a la lista a medida que pase el tiempo y te sientas más cómodo preguntándote qué deseas (*véase* el ejercicio «Cadillac frente a Volkswagen» en la página siguiente).

Del escrito realizado, extrae afirmaciones positivas y en tiempo presente. Por ejemplo, si has escrito: «Quiero una casa en el campo con una verja blanca y un corral detrás para mi caballo», la afirmación correspondiente es: «Tengo una casa en el campo..., etc».

Llevo muchos años trabajando conmigo misma y continúo repitiendo mis afirmaciones cada día. Cubren todos los aspectos de mi vida: salud, relaciones, hogar, trabajo, prosperidad..., todo. Tengo una pila de libros de afirmaciones que he ido acumulando con los años, y de vez en cuando los miro y repaso lo que he creado, dando gracias por la evolución de mi vida. Siempre pongo fecha a mis afirmaciones. Puede que tenga que trabajar en un área concreta durante días o semanas antes de conseguir lo que deseo (o algo aún mejor); a continuación paso a otra cosa.

En mis afirmaciones hay ciertos elementos permanentes que repito varias veces al día, como una letanía; a veces lo hago mientras estoy en un atasco o cuando no puedo seguir adelante con la actividad que tengo entre manos. Puede que diga o repita lo mismo muchas veces, cambiando una palabra aquí o allá para darle más significado. Siempre acabo con una declaración que Shakti Gawain emplea en su libro *Visualización creativa* *: «Estas cosas, o algo mejor, se están manifestando ahora mismo en mi vida», y a continuación pronuncio unas palabras de gratitud porque sé que se están manifestando, aunque quizá de momento estén ocultas a mi vista.

---

* *Visualización creativa*, Editorial Sirio, Málaga, 1990.

CADILLAC FRENTE A VOLKSWAGEN

Visualiza exactamente lo que deseas y no temas pedirlo. No recuerdo dónde oí la historia siguiente, pero la he empleado frecuentemente en mis talleres y la mayoría de la gente la encuentra útil y divertida. Espero que se me perdone por no haber pedido permiso para contarla.

Un hombre murió y fue al cielo. Salieron a buscarle a la puerta y le iban escoltando por el sendero cuando su acompañante se disculpó porque había todo tipo de objetos nuevos amontonados a ambos lados del camino.

—Lo siento —dijo— pero nos hemos quedado sin espacio para almacenar todas estas cosas que tenemos preparadas para la gente; de repente, dejan de quererlas.

—No me puedo imaginar que nadie rechace estas cosas tan maravillosas —dijo el hombre—. Mira ese Cadillac de ahí. ¿Por qué alguien rechazaría semejante regalo?

—Bueno, es interesante que lo menciones —replicó el escolta—, porque estaba preparado para ti.

—Pero yo nunca rechazaría algo así —dijo el hombre sorprendido.

—Sin embargo, en tus oraciones insistías en que fuera un Volkswagen —replicó el acompañante—, y eso fue lo que te dimos.

Saber lo que realmente queremos tiene sus ventajas.

Las meditaciones

MEDITACIÓN 1

Ve a tu lugar de trabajo, desconecta el teléfono y concédete aproximadamente una hora para realizar esta meditación. Como siempre, ponte cómodo, céntrate en la respiración y abandona cualquier pensamiento negativo.

Una vez que estés relajado, dirige tu atención a cuando tenías quince o dieciséis años. Vas a reunir en un paquete la época de tu vida transcurrida entre esa edad y los veintiún años. No hace falta que entres en detalles a menos que así lo desees. En cualquier caso, has de saber que todo lo que te ocurrió en ese tiempo sólo es un recuerdo. Ya has sobrevivido. Nada de entonces puede hacerte daño actualmente. Tómate el tiempo que necesites.

Ahora envía luz y amor desde tu corazón para envolver a tu ser de aquel tiempo. Abrázate y protégete tierna y delicadamente, con seguridad y amor, tal como necesitabas ser abrazado en aquel tiempo. Y si eres capaz de hacerlo, envía luz y perdón para limpiar y sanar esa etapa de tu vida.

Elévate a un nivel espiritual superior. Tal vez puedas ver que la gente, incluyéndote a ti mismo, hizo lo que hizo debido a su propio proceso y al lugar de su vida en que se encontraban en ese momento. Tal vez estaban atravesando una época de dolor y frustración. A continuación, si puedes, envíales perdón y compasión. Libérate y libérales de una vez por todas. Libera esa época de tu vida.

Seguidamente, si puedes, pasa a la tercera fase. Asciende a un nivel espiritual aún más elevado y vuelve a mirar. Quizá ahora puedas ver que los que eran parte de tu vida en ese momento te estaban enseñando lecciones que tú mismo te habías propuesto aprender. Te estaban ayudando a ser más completo, y al mismo tiempo tú les estabas ayudando a ellos. A continuación, si puedes, envíales perdón, amor, compasión y gratitud. Libérales; déjales ir.

Te has liberado de esa época, permite que el pasado sea saneado. Cuando estés preparado, da gracias al poder superior en el que creas.

Permite que tu ser de adolescente o joven adulto vuelva a entrar en tu corazón y percibe una sensación de paz y totalidad. Quédate en esa sensación el tiempo que desees. Cuando estés preparado, comienza a regresar delicadamente a tu cuerpo físico. Siente los dedos de los pies y muévelos. Mueve los dedos de las manos. Realiza algún estiramiento, con cuidado.

Cuando sientas que estás de vuelta en el lugar detrás de los ojos, toma conciencia de tu presencia física y agradécela. Ama tu cuerpo. Abre los ojos y regresa a la habitación.

Toma un trago de agua y registra lo que desees en tu cuaderno.

MEDITACIÓN 2

Ve a tu lugar de trabajo, desconecta el teléfono y ponte cómodo. Pon cerca de ti tus cristales, aceites y tal vez una flor azul o dos. Emplea el método habitual para relajarte y soltar la negatividad.

Ahora concéntrate suavemente en la garganta, en la parte anterior del cuello, y visualiza esa zona manteniendo los ojos cerrados. Imagina una preciosa luz de color azul claro. Un azul fresco y vibrante, un azul claro, translúcido, brillante.

Observa el brillo de esa luz que se expande a lo lejos, a distancia, en todas las direcciones. Observa que se dirige hacia todos los seres, enviando luz al mundo, al yo superior de los demás. Luz curativa, clara, brillante, que va aclarando los caminos de la comunicación como una antorcha. Envía mensajes de amor al mundo por esa maravillosa vía de luz. Envía un amor poderoso y una comunicación curativa, sabiendo y estando convencido de que cada pensamiento que piensas en este momento de claridad será recibido por la persona a la que esté dirigido.

Envía mensajes mentales, comunica telepáticamente con amor y claridad. Envía mensajes al universo, más allá de este planeta, cruzando los horizontes del espacio y del tiempo a todo lo bueno que existe y que está por venir, a todo el bien que ha existido y existirá. Emite un poderoso mensaje de amor y gratitud, y un profundo deseo de amor y comunicación. Limpia tu verdadera senda.

A continuación, permite que cualquier información que redunde en tu mayor bienestar te entre por el chakra garganta, siguiendo este precioso sendero de luz azul: sabiduría respecto a tu vocación, respecto al camino que debes transitar, respecto a tu verdad última. Permite que la información penetre en ti. Sé un receptor pasivo, no pienses, no trates de hacer que ocurra ni realices ningún tipo de esfuerzo.

Ahora enchufa tu grabadora o toma el cuaderno de notas y el bolígrafo. Abre la garganta y expresa tu mensaje. Deja que fluya sin interrupción y sin inhibición. Capta para siempre esa sabiduría que fluye.

Cuando sientas que has captado en la casete o en la página todo lo que deseabas expresar por el momento, deja a un lado tu cuaderno o grabadora.

Vuelve a cerrar los ojos y, si es necesario, vuelve a relajarte. Permite que se abran tus chakras con un pensamiento. Absorbe el poder de cada uno de ellos hacia la garganta: la estabilidad del primer chakra y la flexibilidad del segundo, el poder y el potencial del plexo solar y el amor del corazón; la visión del chakra entrecejo y la comprensión del chakra coronario. Absórbelos todos en la garganta y permite que su poder combinado se exprese por ella.

Abre la garganta. Deja que se exprese todo el poder de tu ser en una sola nota emitida con tu respiración. Manténla todo el tiempo que puedas y seguidamente toma otra respiración y vuelve a hacer oír tu voz. Deja que la vibración alcance los rincones más lejanos del universo. Sé consciente de que a medida que el sonido se expande por el universo, va cambiándolo todo a su paso. La vibración se va extendiendo para tocarlo todo y el amor que envías con el sonido afectará a cada cosa. Repite tu emisión las veces que desees, y cuando estés preparado deja de emitir el sonido sabiendo que su reverberación continuará eternamente.

Mantente en silencio en tu espacio y permite que te hable la voz del universo. Escucha la voz del universo hablándote amorosamente.

Quédate todo el tiempo que desees, y antes de comenzar el regreso, da las gracias.

Cuando estés preparado, inicia el regreso a tu habitación. Permite que tus chakras se cierren con un pensamiento hasta sentirlos seguros y cómodos.

Comienza a tomar conciencia de tu presencia física. Siente los dedos de las manos y de los pies. Muévelos ligeramente. Estírate suavemente. Ama tu cuerpo y, cuando sientas que has vuelto al lugar detrás de los ojos, ábrelos cuidadosamente y regresa a la habitación. Toma un trago de agua y registra lo que desees en tu cuaderno.

CAPÍTULO 9

CHAKRA DEL ENTRECEJO: UN CAMINO ADELANTE CON SABIDURÍA

Nuestro miedo más profundo no es el de ser inadecuados. Nuestro miedo más profundo se debe a que tenemos un poder ilimitado. Es nuestra luz lo que más nos aterroriza, no nuestra sombra. Nos preguntamos: ¿Quién soy yo para mostrarme brillante, espléndido, fabuloso y lleno de talento? Pero, en realidad, ¿quién eres para no mostrarte así?

Eres un hijo de Dios. El hecho de que juegues a ser menos de lo que eres no beneficia al mundo. El hecho de reducirte para que los demás no se sientan inseguros a tu lado no es nada recomendable. Hemos nacido para manifestar la gloria de Dios, que habita en nuestro interior. Y no está sólo en algunos de nosotros, ¡está en todos!

A medida que dejamos brillar nuestra luz, inconscientemente damos permiso a los demás para que hagan lo mismo. A medida que nos liberamos del miedo, nuestra presencia libera automáticamente a los demás.

NELSON MANDELA. Discurso de toma de posesión de la presidencia de Sudáfrica, 1994.

Cuanto más alto llegamos, más tranquilo y refinado es nuestro poder y más liberados nos sentimos. El nombre sánscrito de este chakra, *Anja,* significa «mandar», y aquí es donde finalmente asumimos el mando de nuestra vida. El chakra entrecejo organiza y combina todo lo aprendido hasta ahora y lo moldea en una agradable sinfonía. Aunque todo el viaje de ascenso nos ha ayudado a responsabilizarnos de nuestra vida y llevarla hacia delante, aquí hacemos posible ese control de un modo mágico. Éste es el lugar de la manifestación y de los milagros.

El despertar de este chakra, con sus dones de inspiración, intuición, percepción, sabiduría y visión, puede elevarnos a un éxtasis inimaginable. Nos ofrece regalos que tal vez apenas hemos imaginado y que ni siquiera nos hemos atrevido a soñar. Son los dones mágicos que forman parte de los sueños infantiles, las posibilidades que podíamos concebir cuando éramos jóvenes, cuando aún nos reconocíamos como espíritus poderosos y todo era posible. Lo que soñábamos antes de que nos dijeran que dejáramos de lado esos vuelos de fantasía y asentáramos los pies en el suelo; antes de que la educación, la ciencia y el pensamiento racional se adueñaran de la situación.

Ahora podemos repasar alguno de esos sueños y, con los pies firmemente plantados en la energía estabilizante de la tierra y el chakra base enraizándonos en nuestro ser físico, podemos volver a explorar las alegrías de la visión y del pensamiento ampliados. Permítete ascender a los reinos del espíritu. Aquí puedes ver más allá de tu ser físico, oír más allá de tu oído humano y emplear la intuición más allá de la explicación racional.

Tu vida cotidiana puede enriquecerse si habitas en dos planos simultáneamente. El efecto general será que tu vida espiritual se convertirá en tu segunda naturaleza, y todos los intercambios serán más alegres y estimulantes, todas las experiencias más ricas y vibrantes, y la vida recobrará su maravilla a medida que tomes conciencia del aprendizaje que te brinda cada suceso existencial. Tendrás que enfrentarte a nuevos desafíos: entender porque te has saltado el cruce habitual y estás yendo al trabajo por otro camino; por qué el peatón que ha cruzado la calle mientras estabas en el semáforo te ha mirado de manera tan profunda; por qué alguien parece hostil o celoso, o por qué la vida te ha traído a este lugar.

A lo largo de este viaje nos hemos centrado en perdonar el pasado para no tener que arrastrar equipaje innecesario. Ahora podemos vislumbrar que el único camino de avance era estar donde estábamos; por eso podemos perdonar y comprender. Nos sentimos bendecidos por todas las experiencias vividas hasta ahora. Aunque la gran comprensión está aún por venir en el séptimo chakra, la sabiduría a la que podemos acceder en el sexto está más allá de cualquier enseñanza, más allá de la comprensión intelectual, más allá del aprendizaje académico. ¿Conoces a personas quienes te encanta escuchar y podrías hacerlo durante horas a pesar de que no tienen estudios? Estas personas hablan desde otra perspectiva; la sabiduría parece brotar de sus bocas, a menudo de un modo colorista y pintoresco, porque emplean ejemplos y analogías de la vida cotidiana.

Mi padre era una de estas personas. Podía escucharle durante horas, ya que extraía comprensiones increíbles de los detalles más cotidianos. He conocido a gente así en muchos rincones del mundo; ancianas africanas que en el lenguaje más simple revelaban verdades que podían cambiarte la vida. Esta sabiduría demuestra que la persona tiene el sexto chakra abierto y en funcionamiento. En sus libros *A Story like the Wind* y *A Far Off Place,* también ambientados en África, Lauren van der Post emplea este tipo de sabiduría y transmite mensajes maravillosos.

Si vuelves a observar el diagrama del caduceo (*véase* página 83), verás que hay un bastón central alrededor del cual se enroscan las dos serpientes. En términos simbólicos, este bastón significa la energía del canal central, *sushuma,* y las dos serpientes representan los dos canales laterales, *ida* y *pingala* (*véase* Glosario). El punto más elevado donde se encuentran estos tres canales es el sexto chakra. Es el primero de los dos chakras situados en la cabeza, ambos en contacto directo con el cerebro y muy vinculados a él.

El chakra del entrecejo, a veces llamado erróneamente tercer ojo, está situado por encima y en medio de los ojos físicos. Este chakra está vinculado con la visión por partida doble: por un lado, en el sentido práctico y puramente fisiológico, y por el otro, en relación a la visión interna y a la intuición. Aquí es donde se produce la visión interna. El chakra del entrecejo unifica a los demás en preparación para el ascenso final al chakra coronario, donde la espiritualidad halla su pleno florecimiento.

Magia, milagros y manifestación

Una vez más, en este chakra podemos volver a la magia de nuestra infancia, a las posibilidades ilimitadas, a las capacidades que siempre hemos tenido pero que han quedado ahogadas a lo largo de la vida. Ahora las redescubrimos y refinamos. En el entrecejo afrontamos nuestro verdadero poder de seres espirituales.

Si has trabajado con ellos, las revelaciones de los chakras inferiores habrán cambiado tu vida, pero es aquí donde la magia se vuelve realidad. Limpiando y desarrollando este chakra llegamos al punto en que aprendemos a manifestar cosas materiales casi con un pensamiento. El pensamiento nos permite enviar poderosas energías curativas, cambiar nuestras vidas y ser un modelo para los que nos rodean. Regocíjate, porque aquí puedes empezar a tener lo que tu mente y tu corazón desean.

En el capítulo anterior hemos estudiado el poder de la afirmación, aprendiendo que su repetición puede cambiar nuestra vida y que debemos reajustarlas hasta que encajen plenamente con nuestro propósito. Es evidente que debemos seguir haciendo el trabajo con el resto de los chakras, pero el entrecejo lleva la manifestación a una etapa más avanzada. Al abrirse el entrecejo, las cosas se vuelven aún más fáciles; la vida fluye de un modo aún más maravilloso. El secreto consiste en estar abierto al flujo del espíritu. Cuando nos encontramos en este estado, puede ocurrirnos cualquier cosa, ya que proyectamos poderosas imágenes en el mundo y hacemos de ellas nuestra realidad.

Shakti Gawain ofreció una nueva comprensión del poder personal a través de su pequeño libro *Visualización creativa* a toda una generación. Desde entonces, la visualización ha sido empleada a diario por mucha gente. Actualmente se reconoce como una poderosa herramienta terapéutica en el tratamiento de enfermedades. Por ejemplo, visualizar células sanas desbancando y destruyendo las células cancerígenas ayuda a combatir el cáncer, y visualizar que se tienen los bronquios abiertos ayuda a evitar los ataques de asma. Todos podemos mejorar cada área de nuestra vida empleando la visualización.

Muchos deportistas emplean la técnica de visualizarse ejecutando su ejercicio o jugando a la perfección; algunos se niegan a entrar en acción sin haber repasado mentalmente sus movimientos. Un riguroso estudio realizado sobre jugadores de baloncesto probó, más allá de cualquier duda razonable, que quienes se visualizaban ganando el partido mejoraban sus resultados. Piensa en la gran diferencia que puede producir en tu vida dedicar tiempo a esta práctica (*véanse* los ejercicios al final del capítulo).

Ver, clarividencia y visión

Éste es el chakra de la vista. Aquí es donde empezamos a despertar y a clarificar nuestra visión interna. Estimulados por la apertura a nuestra creatividad en el chakra sacro, que después se ve potenciada en la garganta, ahora añadimos la visión para tener una imagen precisa de lo que queremos hacer con nuestra vida. Juntando la visión, el pensamiento creativo, el buen corazón, la intención pura y la confianza, podemos hacer que las cosas ocurran.

Por la sincronicidad de los eventos, el universo empuja nuestra vida hacia delante, hacia el lugar donde tenemos que estar; y si somos sabios, le seguiremos. Aunque siempre existe el libre albedrío, tenemos que recordar que estamos aquí por una razón y que no podemos apartarnos impunemente del camino que tenemos destinado.

Si tengo que trabajar en un lugar concreto haciendo una cosa determinada, allí es donde estaré. El universo me llevará allí de alguna manera y, si soy sensible, seguiré sus indicaciones. A veces he intentado ignorar estas señales y hacer las cosas a mi modo; entonces el universo me ha dado un empujón para volver a ponerme sobre la pista. Mi viaje será mucho más divertido y agradable si sigo las directrices del universo, que puede producir lo que desee siempre: que lo que pida sea para mi mayor bien y el mayor bien de los demás. Aquí es donde entra en acción mi visión interna. Y las visiones que tengo no tienen por qué ser sólo para mí. Puedo tener visiones para el mundo, como por ejemplo que todos nos sintamos tan fortalecidos por el amor que ya no necesitemos cerrar nuestros chakras; visiones de solucionar la pobreza, visiones de amor y respeto universales en las que se sustituyan los conflictos armados por la paz y la negociación.

Puedes tener multitud de visiones, algunas serán pequeñas y podrán realizarse instantáneamente, y otras tendrán que formar parte
de una visión grupal para convertirse en realidad. En cualquier caso,
las visiones pueden cambiar las cosas radicalmente desde el momento de su concepción. Los visionarios aportan grandes regalos al mundo. ¿Por qué no cerrar los ojos y crear ahora mismo una gran visión
para el planeta?

El chakra entrecejo también nos permite tener otro tipo de visión. Generalmente sólo vemos el contorno de los objetos físicos. Por
ejemplo, puedo ver una caja cerrada y percibir su forma, color, textura, etc., pero no podré ver su contenido a menos que sus paredes sean
transparentes. Puedes ver el contorno y la forma de tus amigos, pero
generalmente no podrás ver lo que ocurre dentro de ellos desde el
punto de físico. Estamos limitados a esta visión porque creemos que
eso es todo lo que podemos ver. Pero ¿por qué no habrías de ser capaz
de ver más? Lo único que te impide hacerlo es una serie de moléculas
dispuestas de tal modo que parecen bloquear tu visión. Si estás entre-
nando tu mente para que pueda manifestar lo que le dices, ¿por qué
no vas a poder entrenarla para que traspase ese velo de moléculas?

El desarrollo del sexto chakra te permite ver más allá, y con cierta práctica puedes aprender a mirar dentro de las personas y cosas.
En este sentido, hay sanadores que tienen un talento particular. Pueden diagnosticar usando la visión interna y canalizar la curación empleando el chakra del entrecejo, siempre que sus chakras corazón y
coronario también estén abiertos. Barbara Brennan nos ofrece una
descripción preciosa de la visión interna en su libro *Manos que curan*.

Aunque este chakra se desarrolla de manera natural entre las
edades de veintiuno y veintiséis años, algunos no llegan a desarro-
llarlo en esta encarnación. También puede ocurrir que tengas que
volver muchas veces a este chakra para perfeccionar sus dones. Muchos de los dones comentados aquí no se desarrollan hasta que re-
gresamos a nuestros chakras en la segunda mitad de la vida, a los
cuarenta o cincuenta años.

Quizá el más conocido de los dones que produce la estimulación
del sexto chakra es la clarividencia (*véase* Glosario), la visión clara,
que nos permite mirar más allá de los horizontes del espacio y del
tiempo. Este don tiene implicaciones prácticas, ayudándonos a locali-

zar personas y objetos perdidos y a vislumbrar otros tiempos, o simplemente a verlo todo con más claridad. Como ocurre con el resto de estos dones, se puede aprender a emplear la clarividencia, en cierto modo, si dispone del tiempo necesario y tiene voluntad de trabajar en ello.

El «Continuum» temporal

En este chakra tenemos que afrontar el tiempo y lo que este concepto significa. Las estaciones, la noche y el día y las fases de la Luna nos recuerdan el carácter cíclico de los procesos naturales. ¿Es el tiempo un sistema exclusivamente humano diseñado para ayudarnos a organizar nuestras vidas y mantener una comunicación consistente? ¿Para permitirnos entendernos cuando hablamos de horas, días, semanas y años?

En realidad el tiempo existe como un *continuum*. ¿Por qué no podríamos ver presente, pasado y futuro de una vez? Si nos desprendiéramos de las anteojeras que nos ponen la educación, la tradición y las limitaciones autoimpuestas, ¿podríamos mirar hacia las dos direcciones del continuum? ¿O descubriríamos que la totalidad del tiempo se encuentra en este momento?

El chakra entrecejo nos permite aplanar las montañas que nos impiden ver más allá de los horizontes del tiempo y del espacio y emplear dicha información para nuestro bien superior.

A medida que has ido avanzando en este viaje puede que hayas tomado conciencia del pasado, tal vez incluso del pasado remoto. Puedes haber tenido recuerdos de experiencias pasadas, tanto de esta vida como de vidas anteriores. Por ejemplo, puedes haberte sentido especialmente atraído hacia cierto lugar o momento histórico. También puedes haber tenido encuentros con gente que sentías que ya conocías de antes o que has conocido desde siempre; y probablemente es así. Estas conexiones kármicas no dejan de ser habituales.

Como nuestro pensamiento está acostumbrado a memorias y recuerdos, este tipo de experiencias son mucho más fáciles de aceptar que los vislumbres del futuro, aunque las instantáneas de vidas pasadas son mucho más que meros recuerdos. Como ya he comentado anteriormente, el pasado está ahí para darnos la oportunidad de aprender de él. Si descubres que estás teniendo muchas experiencias de este tipo, quizá sea una buena idea prestarles atención, tal vez realizando un curso de vidas pasadas. El trabajo con vidas pasadas a menudo nos permite entender la causa de nuestros comportamientos actuales y de nuestras relaciones, en especial si son destructivas y repetitivas.

Volver al pasado y sanarlo puede resultar muy benéfico porque nos permite liberarnos de traumas que hemos traído hasta la vida presente. Pero, si decides emprender este trabajo, asegúrate de contar con la ayuda de un guía habilidoso que pueda entenderte, entender la situación, y afrontar cualquier experiencia que pudiera surgir.

Algunos dicen que ya tenemos suficiente con los asuntos de esta vida como para mirar a otro lado. Esto es cierto para la mayoría; sin embargo, para algunos resulta muy fácil encontrar la causa de sus dificultades existenciales en otras vidas y sanarla. Por tanto, si al leer esto sientes una genuina curiosidad mezclada con un ligero sentimiento de excitación ante la posibilidad de regresar a tus vidas pasadas, tal vez podrías beneficiarte de esta experiencia.

¿Y el futuro? Simplemente es la continuación del tiempo; cuando lo miramos de la manera adecuada, no es muy difícil de vislumbrar. Por favor, recuerda mi advertencia anterior de que estos dones no deben emplearse como juegos de salón. Cualquier excursión que emprendamos en el tiempo ha de ser para nuestro máximo bienestar personal y para el máximo bienestar colectivo. A menos que trabajes como clarividente profesional, es aconsejable y sabio que te limites a planificar y manifestar tu propio futuro.

Distintos tipos de memoria

La memoria está gobernada por el chakra coronario, y si no limpias esa zona, puedes verte inundado por recuerdos durante largo tiempo olvidados. Si la memoria que viene a ti al realizar los ejercicios es dolorosa, recuerda que ya has sobrevivido a aquella realidad y ahora sobrevivirás a su recuerdo. Trátate con delicadeza y compasión, y comparte la experiencia con esa persona en la que confías que mencionamos en el capítulo 2 (un oído amistoso y dispuesto).

La memoria está tan integrada en nuestra vida cotidiana que apenas le dedicamos atención, a menos que por alguna razón empecemos a tener problemas para recordar el pasado. La memoria funciona en tres etapas: para empezar debemos tener la concentración suficiente como para establecer una huella de memoria (a menudo, lo que aparece como un problema de memoria es, en realidad, un problema de concentración); en el segundo estadio organizamos y almacenamos los recuerdos; y en el tercer estadio recuperamos la información cuando la necesitamos.

La memoria puede ser a corto o a largo plazo. Por ejemplo, los datos que recordamos de lo aprendido en la escuela forman parte de nuestra memoria a largo plazo. La memoria a corto plazo se encarga de saber lo que hemos tomado para desayunar o un número de teléfono que nos han dado. A medida que envejecemos, vamos perdiendo memoria a corto plazo y sin embargo seguimos siendo capaces de recordar maravillosas historias de nuestra infancia.

Hasta ahora hemos repasado nuestros recuerdos intelectuales, pero también tenemos recuerdos físicos. Por ejemplo, mi cuerpo tiene recuerdos almacenados en sus tejidos. Puede reaccionar ante una situación aunque no la recuerde intelectualmente. Un ejemplo de ello es la insensibilidad pélvica sentida por muchas mujeres que han sido objeto de abusos sexuales cuando tratan de hacer el amor. También hay memorias emocionales, como cuando me siento ansioso o atemorizado en determinada situación sin recordar haber pasado antes por ella. La memoria intelectual ha quedado reprimida, pero los sentimientos permanecen. Tomar conciencia de estos distintos tipos y grados de recuerdo puede ayudarnos a clarificar lo que nos ha ocurrido en el pasado y cuáles son nuestros traumas pendientes de curación.

El empleo de la intuición

En el plexo solar tomamos conciencia de nuestras sensaciones viscerales. Ahora estas mismas sensaciones se refinan para dar lugar a la intuición en el chakra entrecejo.

La intuición es un sexto sentido muy práctico aunque a menudo ha sido objeto de burla, y se ha atribuido principalmente a las mujeres: «intuición femenina». Es probable que en el pasado este sentido haya sido exhibido principalmente por mujeres, ya que tienden a sentirse menos inhibidas a la hora de interpretar hechos o situaciones que se resisten a las pruebas científicas.

De hecho, la intuición es una función del lado derecho del cerebro, en el que reside el principio femenino. Sin embargo, como dije en el capítulo 5, el ser evolucionado ha logrado tal equilibrio entre lo masculino y lo femenino que puede expresar este don con la misma pericia.

El pensamiento racional y la lógica están gobernados por el lado izquierdo del cerebro (masculino). Por desgracia, la educación moderna, de clara tendencia científica, suele subordinar a la lógica los dones más creativos y femeninos, siendo la intuición uno de ellos. A veces he sufrido el ridículo en mi práctica profesional por seguir mi sensación visceral o el dictado de mi intuición y otros dones espirituales, a pesar de que los hechos parecían indicar lo contrario. Esto no significa que no haya llevado a cabo investigaciones científicas para confirmar mis diagnósticos intuitivos. La clave de la cuestión es que podemos ofrecernos lo mejor y ofrecérselo a los demás integrando la ciencia con la espiritualidad.

A menudo he dicho que si alguien me llamara y me dijera que debíamos encontrarnos en la estación de King's Cross a la una, y mi intuición me dictara que lo hiciéramos en la estación de Waterloo a las dos, entonces iría a Waterloo a las dos. En cualquier caso, las cosas no suelen ser tan precisas. Hay muchos factores que entran en juego y uno de los más determinantes es nuestro estado de ánimo. Si estoy en un estado en el que me siento conectada y operativa, entonces sigo mi intuición.

Puedo emplear mi intuición de manera precisa para elaborar un diagnóstico y para emprender un tratamiento mucho antes de contar con las pruebas científicas que confirmen mi corazonada. Puedo sintonizar con el principio del historial médico de una persona y, antes de que me lo cuente, hacer un seguimiento preciso de lo que le ha ocurrido. Por otra parte, también puedo desechar completamente mi intuición cuando me empeño ciegamente en una línea de acción determinada, ignorando los datos más evidentes sobre las personas cuando insisto en creer lo mejor respecto a ellas, aunque esto segundo suele ocurrirme más en mi vida personal que en la profesional. La conclusión que se debe extraer es que nuestra intuición puede ser una herramienta muy útil que hemos de refinar hasta la perfección, a pesar de que a veces nos olvidamos de ella o descuidamos su uso.

Sanación

La sanación es el tema del presente libro, y puede darse de muy diversas formas. Puede ser tan simple como ayudarte o ayudar a otra persona a sentir un poco de paz interna, y tan dramática como detener una hemorragia o curar un miembro fracturado.

La sanación, en el sentido formal, tal como es practicada por los sanadores, requiere que se tenga abierto el corazón y el chakra coronario, además de poder emplear la visión del entrecejo. Cuanto más asciendas por el sistema de los chakras, más despertarán tus poderes curativos.

Una palabra de precaución. ¡Canalizar una sanación hacia alguien sin contar con su permiso es un asalto! Sólo en casos de necesidad perentoria, como en un accidente, podemos prescindir del permiso del paciente. El hecho de que pensemos que estamos haciendo algo amoroso no significa que sea aceptable para todos. Cada uno de nosotros tiene derecho a decidir cómo quiere ser tratado y, excepto en circunstancias muy especiales, nadie tiene derecho a prescindir de los deseos de los demás.

La persona que recibe la sanación también puede bloquear la energía que le llega, pero ésa no es la cuestión. Si sientes que tienes vocación de sanador, por favor sométete a la formación adecuada en una escuela que tenga una buena reputación. La formación pertinente siempre incluirá una exposición y un trabajo sobre los principios éticos.

Se ha dicho que con un corazón puro y buenas intenciones no se puede hacer ningún daño, pero no es del todo verdad. Recuerdo a un terapeuta alternativo que, mientras trabajaba con uno de mis pacientes, comenzó a realizar una sanación por contacto sin avisar a la persona ni pedir su consentimiento. El resultado fue desastroso. Ciertas situaciones que habíamos estado trabajando muy lenta y cuidadosamente saltaron a primer plano y aquel terapeuta novato fue incapaz de tratarlas. Algunos pueden argumentar que esos asuntos tenían que emerger de todos modos y ser procesados, pero siempre es necesario un terapeuta con la suficiente experiencia para lidiar con el dolor que emerge. La lección que nos presenta esta historia es: por favor, no intervengas si no has sido invitado y si no cuentas con la formación y la supervisión adecuadas. Una cuestión muy distinta es coger a tu hijo y verter sobre él un flujo de amor para ayudarle, o proyectar amor sobre una situación que lo necesita. Pero, si tienes dudas, ¡no te inmiscuyas!

Enviar mensajes mentales

Esta sección podría llamarse «telepatía elemental», pero ese nombre parece cubrir con un manto de misticismo algo que hacemos espontáneamente muchas veces al día.

Telepatía es transmitir información de una mente a otra sin que medie el discurso ni la escucha. Es un don que recibimos en el chakra garganta pero que refinamos en el entrecejo. Podemos aprender a hacerlo más metódicamente trabajando con otra persona; así intercambiaremos el papel de emisor y receptor.

A todos nos ha ocurrido alguna vez que mientras estamos pensando en una persona y queremos hablar con ella, recibimos su llamada. Asimismo, si dos personas se conocen bien, una puede captar mensajes de inquietud emitidos por la otra. En un viaje a Estados Unidos tuve ocasión de conversar con un joven que me contó su experiencia: cayó enfermo en un lugar de África donde se encontraba casi completamente incomunicado. Su madre estaba en una conferencia en Escandinavia y, de repente, supo que tenía que tomar un avión y volver a casa aunque nadie le había dado un mensaje explícito. Cuanto más despejado esté nuestro chakra del entrecejo, más nítida será la comunicación. Como cualquier otro poder espiritual, la telepatía es susceptible de abuso y no debe emplearse sin permiso de la otra persona, excepto en los casos mencionados. La mejor regla orientativa es preguntarnos cómo nos sentiríamos si alguien nos lo hiciera a nosotros. Me atrevo a pensar que te sentirías violado, y a mí me ocurriría lo mismo. Aunque la mayor parte del tiempo me siento muy dispuesta a compartir mis pensamientos, son lo más íntimo de mí y tengo todo el derecho a que lo sigan siendo.

Inspiración

A veces, cuando trabajo con mis clientes en sus afirmaciones o trato de que averigüen lo que realmente desean, siento una conexión especial con ellos y les pido que cambien una palabra aquí o allá para variar sutilmente el significado hasta que veo y siento que logran el alineamiento. Algo encaja y de repente todos sus chakras se abren a la vez: están equilibrados y alineados. Algo cambia en sus ojos: se sienten inspirados, están traspasados por el espíritu. Han creado una conexión con una energía superior que, una vez experimentada, es difícil de olvidar. Este estado resulta difícil de describir, pero, una vez sentido, sabes perfectamente hacia dónde orientarte.

En mí suele producirse un sentimiento de excitación y una gran abundancia de energía. De repente todo está diáfanamente claro y sé que cada cosa está en su lugar. Siento que me elevo delicadamente, y durante un momento apenas me atrevo a respirar. Después me relajo en ello y allí está: una corriente de energía viva que me recorre. A partir de ese momento desaparece cualquier posible duda sobre la adecuación de lo que hago o digo. Es algo similar a la espiritualidad descrita en el capítulo 3.

Una vez llegados a este punto, tomamos conciencia de un cambio interno que nos da una nueva e inspirada conexión con lo divino, sea lo que sea para cada uno de nosotros. A medida que nos aproximamos a esta experiencia sentimos una profunda reverencia, un júbilo mezclado con excitación que provoca nuestro llanto. En el entrecejo es donde empezamos a sentir la verdadera devoción.

A veces, cuando estamos enfocados en lo divino, apenas podemos respirar, y tampoco parece que lo necesitemos. El más maravilloso sentimiento de amor interminable nos atraviesa y gira a nuestro alrededor. Suelo percibir una sensación peculiar en el estómago, excitante pero ligeramente incómoda, y me veo inundada por el poder y la alegría absolutos. Esto es devoción.

Este sentimiento es distinto del profundo amor que siento por mi compañero, por mis hijos o por mis padres. Es cualitativamente diferente y de una intensidad casi asfixiante. Es mi amor por Dios. No puedo dar una descripción más completa. Sólo espero que llegues a sentirlo por ti mismo, porque cuando lo sientas, sabrás lo que necesitas en esta vida y, sean cuales sean las dificultades que tengas que afrontar, sabrás que pueden resolverse. Ningún obstáculo podrá interponerse en tu camino y tendrás un acceso directo a Dios.

Tal vez tomes conciencia de las grandes almas que te rodean, de presencias increíbles que están allí para darte la bienvenida y ayudarte a llevar el amor a todos aquellos con los que entres en contacto. Puede que te veas inundado por ideas, energía, sabiduría o conocimiento, o puedes quedarte transfigurado en medio de los sentimientos de amor y paz. En mi caso, estas maravillosas sensaciones se manifiestan de muy diversas maneras, pero, por muy diferentes que sean, es innegable que se trata de lo mismo. Me siento inundada de gratitud por todas las cosas.

Desde ese lugar puedo enviar un amor y una luz ilimitados. Y no sólo a los enfermos y necesitados, sino a todo el universo. Puedo enviar un poderoso mensaje de amor pidiendo que vaya al lugar donde más se necesite. Desde este punto, con todos mis chakras abiertos y claros, puedo irradiar amor con todo mi corazón, mi alma, mi poder. Puedo enviar mi intenso amor incondicional al lugar donde sea necesario. Puedo enviar curación, suave pero poderosa, a todo el planeta. Puedo enviar mensajes de amor universal desde el planeta al resto del universo, de modo que otras formas de vida puedan sentir el amor que aquí reside. Puedo enviar amor tanto hacia el pasado como hacia el futuro para sanarlos. Puedo enviar amor a lo largo del continuum de tiempo, estallando como un millón de estrellas en el éter. Puedo enviar amor y curación en penetrantes rayos de luz, en fuertes corrientes y ríos rugientes. Lo envío con poder y con delicadeza, en pequeños goteos de luz o en rayos láser tan poderosos que pueden abrirse paso a través de cualquier oscuridad. Envío un amor que puede curar el mundo. Envío esta devoción que abre múltiples posibilidades y hace que mi vida, mi espíritu y mi amor no tengan final. Y doy gracias a Dios.

Todo lo que hemos venido haciendo hasta ahora es una especie de plegaria. Es amor práctico, perdón y una lucha por mejorar nuestra propia vida y la de los demás. Esto es oración.

Como ya hemos visto, es muy probable que después de una intervención quirúrgica las personas que tienen creencias espirituales o religiosas se recuperen más fácilmente. Además de confortar, la plegaria formal, tanto solitaria como en compañía, puede tener unos beneficios muy reales en la calidad de vida de los participantes.

Hay otro tipo de oración menos formal que añade una dimensión completamente diferente a la vida. ¿Qué crees que ocurriría si en lugar de orar con palabras, visualizases todo aquello que pides? Además de para pedir cosas, puedes emplear la visualización para agradecer lo que ya tienes. En lugar de confeccionar una lista de cosas, puedes visualizarte en una vida perfecta para ti, en la situación perfecta, sintiéndola, tocándola y oliéndola: siendo esa situación. Visualízate exultante de salud y energía, disfrutando del amor, con un cuerpo fuerte y vigoroso, con amigos que te ofrezcan su compañía sin agobiarte, en un hogar tranquilo y pacífico, haciendo lo que más te gusta hacer y disponiendo de seguridad económica. Imagínatelo, visualízalo, siéntelo y da gracias por ello. Todo esto está entrando en tu vida en este momento aunque aún no puedas verlo. Está un poco más allá de los horizontes del espacio y del tiempo.

Trabajo con colores

No podemos dejar este chakra de la visión sin mencionar el trabajo con los colores. Este es un apartado que solía ignorar, pero me bastó una sesión con mi querido amigo y colega Theo Gimbel, de la Universidad Hygeia para la Terapia con Colores, situada cerca de Stroud, Inglaterra, para convencerme de su gran valor terapéutico y de sus enormes posibilidades diagnósticas en manos de un experto.

Un test muy simple pero enormemente eficaz es el Test de Colores Luscher. Ciertamente no puede sustituir la evaluación o terapia del profesional, pero la precisión con que describe los rasgos personales y el lugar donde te encuentras en la vida puede resultar sorprendente. Es de esperar que te abra el apetito y desees investigar más.

En nuestro viaje a través de los chakras hemos mencionado los colores asociados a cada centro energético, y el simple hecho de llevar puesta ropa del color correspondiente puede ayudar mucho a abrir el chakra que estás trabajando. Por ejemplo, si tienes problemas de comunicación, un bonito pañuelo azul puede ayudarte mucho. Si apenas encuentras alegría en tu vida y te sientes atrapado en la amargura y el enfado, ponte algo de color amarillo. El rojo te ayudará a tomar conciencia de tu poder y a afirmar tu voluntad, mientras que el verde o rosa te ayudarán a mostrarte amable y amoroso. El violeta es un buen color para los sanadores (uno de mis favoritos), como también lo es el azul brillante profundo, que abre el chakra del entrecejo y favorece la intuición, la curación y la clarividencia. Si tienes problemas con tu sexualidad o tus relaciones, pon algo naranja a tu alrededor. Descubrirás que cambiar la distribución de colores que tienes en tu casa afectará profundamente cada elemento de tu vida, desde tu estado de ánimo hasta tus relaciones o tu prosperidad.

Disfunción del chakra entrecejo

Este chakra puede funcionar muy bien en algunos de sus aspectos, aunque esté bloqueado y subdesarrollado en otros. Puedes tener una mente racional brillante, viva y muy analítica pero carecer de la belleza de la sabiduría, la autoconciencia y la capacidad de transcender el pensamiento racional. La educación tradicional suele adormecer la intuición y la creatividad, y sin la sensibilidad del chakra entrecejo puede producir una arrogancia intelectual que minusvalore todo lo que no pueda ser probado científicamente.

Conozco a un hombre intelectualmente estimulante y de una brillantez académica incomparable. Tiene la memoria afilada, el ingenio irónico y potencialmente cruel. Siempre que no esté enfadado puede parecer cordial y amistoso. Sin embargo, las fuerzas que le impulsan son la avaricia, la competitividad y la falta de seguridad interna. Su arrogancia intelectual le hace incapaz de tener la sensibilidad necesaria para ver el punto de vista de la otra persona, darle libertad y respetar las creencias que no coinciden con las suyas. Cuando no posee el control de la situación, se siente amenazado. Aunque durante algún tiempo puede parecer que cuenta con el respeto de los demás, en último término siempre se ve rodeado de aduladores o de personas que le tienen miedo.

Este hombre es un buen ejemplo de lo que es un bloqueo en el sexto chakra, aunque evidentemente ésa no es su única dificultad. En cualquier caso, como es muy diestro en diversas áreas y no es consciente del daño que hace a su alrededor, es poco probable que esté dispuesto a realizar el trabajo espiritual que podría transformar su vida completamente. Es una de esas personas que mencioné al hablar de la prosperidad: aunque parece próspero, no lo es en el verdadero sentido de la palabra. Lo único que este tipo de personas poseen es dinero.

Normalmente, los bloqueos hacen que la persona sea incapaz de plasmar sus ideas creativas. Este tipo de individuos siempre están haciendo planes que nunca llegan a realizarse. Parecen ser inconscientes de este hecho, olvidando lo que deseaban hacer sin darse cuenta de la frustración que causan a los demás, o proyectando sobre otros la frustración que ellos mismos sienten. Además, tienden a culpar de sus fracasos a otros. Aunque pueden ser muy brillantes, nunca llegan a realizar su potencial, ya que su visión es muy complicada o negativa, y sólo funcionan bien en un entorno en el que pueden asumir el control. Nunca llegan a sentir las alegrías que hemos descrito anteriormente y tienden a ridiculizar a los que las sienten. Pueden ser muy crueles en sus desesperados intentos de menospreciar a los demás, pasar por encima de las emociones más sutiles y probar que su visión negativa del mundo es la correcta. A veces, si su mundo se ve amenazado por la enfermedad de un ser querido o por una pérdida, se desbloquean muy rápidamente y pueden convertirse en fanáticos religiosos, aunque incluso entonces no se prestarán completamente al trabajo que tendrían que hacer para cambiar sus vidas radicalmente. El bloqueo del chakra entrecejo suele ir acompañado por el bloqueo del chakra coronario, por lo que no saben realmente a qué nos referimos cuando hablamos de espiritualidad.

Si te encuentras con personas así, protégete. Suelen ser muy poderosas, brillantes y afables, y al principio puede que te seduzcan porque presentan muy bien sus ideas. Pero tienden a negar los acuerdos alcanzados, a no cumplir los compromisos contraídos y uno acaba preguntándose por su salud mental.

Desde el punto de vista físico, la zona más afectada por el bloqueo del sexto chakra es la visión, por lo que puede producirse tensión en los ojos, conjuntivitis, problemas de vista y ceguera. También pueden producirse dolores de cabeza, migrañas y problemas de memoria. Una característica particular de este chakra es que el problema no suele manifestarse físicamente, si es que llega a hacerlo, aunque a veces las pesadillas pueden dar una clave.

PLEGARIAS NO ESCUCHADAS

Hay una canción de Garth Brooks cuyo estribillo dice: «Y doy gracias a Dios por las plegarias no escuchadas». Estoy segura de que todos tenemos algunas plegarias no escuchadas. Cuando volví de África a Inglaterra, al principio no sabía qué hacer conmigo misma porque me sentía en estado de conmoción; había perdido mi hogar, mi empleo y gran parte de lo que me era más querido. Fui a realizar una entrevista para un trabajo a tiempo parcial que estaba muy bien pagado y quedaba cerca de mi casa. Estaba ansiosa por conseguirlo porque en ese momento parecía satisfacer todas mis necesidades. Fui descartada en la segunda entrevista y me sentí muy decepcionada. Sin embargo, en unos pocos meses mi vida cambió de manera irreconocible y comencé una nueva especialidad profesional en psiquiatría, alejándome de la cirugía, que había sido mi primer amor. A menudo miro atrás y doy las gracias con fervor por no haber conseguido lo que había pedido tan desesperadamente. ¡Ciertamente no habría sido para mi mayor bien!

Los ejercicios

Los aceites particularmente útiles para trabajar con este chakra son el de violeta y el de geranio rosa. ¿Por qué no quemarlos en el vaporizador mientras haces el trabajo?

Hay cuatro piedras que son idóneas para la apertura y clarificación del entrecejo. Mi favorita, que llevo puesta cada día, es la amatista. Además de limpiar, fortalecer, energetizar y proteger, potencia la espiritualidad, disipa la ilusión y fortalece la inspiración, el amor divino y la intuición. Teniendo en cuenta todos estos beneficios, ¿cómo podrías pasar sin ella?

La segunda, la celestina —una piedra muy hermosa—, es útil tanto para el entrecejo como para la garganta, ya que favorece la inspiración, acelera el crecimiento espiritual y nos hace más conscientes de la intervención divina, ayudando también a la expresión creativa.

La alejandrita es difícil de encontrar e incluso un pieza pequeña puede resultar muy cara. Sin embargo, es poderosa y al mismo tiempo suave, y nos ayuda a equilibrar mente, cuerpo y espíritu, a volver a sentir alegría y amor cuando nos estamos recuperando de algún trauma serio. En el entrecejo nos ayuda a abrir y clarificar nuestra visión interna, lo mismo que la última piedra de mi elección, el diamante Herkimer, un cristal claro y brillante que no es tan caro como su nombre parece sugerir.

Ve a tu lugar de trabajo con el aceite y la piedra que desees usar; también puedes llevar una flor de color azul oscuro o un trozo de tela del mismo color; llévate también tu cuaderno y concédete abundante tiempo libre de interrupciones. Comienza como siempre, con las respiraciones, relajando tu cuerpo y soltando cualquier negatividad.

Ejercicio 1

Cierra los ojos e imagina una pantalla de cristal claro, absolutamente libre de cualquier imagen. Si aparece algún objeto sobre ella antes de comenzar el ejercicio, deja que desaparezca.

Me gustaría que creases tu mundo ideal en esa pantalla. Es como una pantalla de cine: la imagen puede cambiar cuando desees. Empieza por cualquier área de tu vida, tal vez tu hogar, tu profesión o tu relación íntima, y visualízala con todo detalle. Puedes ver toda la imagen tal como quieres que sea. Permite que se desarrolle ante tus ojos y cámbiala hasta que te sientas bien con ella. ¿Puedes ver los colores, los pequeños detalles? ¿Puedes oír el canto de los pájaros, si es que hay alguno en tu campo de visión, o el sonido de la música? ¿Brilla el Sol? ¿Ves nubes en el cielo? ¿Tiene jardín tu casa ideal?

¿Puedes ver un animal doméstico jugando por allí? ¿Eres rico? ¿Es una casa grande, o pequeña y cómoda? ¿Es ligera y aérea o tiene luces suaves y un aire de misterio?

¿Y cuál es tu trabajo ideal? ¿Qué es lo que haces? ¿Estás dentro de una oficina o te ves trabajando en exteriores? ¿Estás solo en un estudio o estás con más gente? ¿Qué ropa llevas puesta? ¿Qué sientes? Observa la escena y hazla perfecta para ti.

¿Cuál es tu relación perfecta? ¿Estás casado o estás viviendo con alguien? ¿O disfrutas de tu soledad compartiendo determinados momentos con alguna persona especial? ¿Incluye esa relación la sexualidad, o es de cercanía y apoyo mutuo sin necesidad de intimidad sexual? ¿Es con una persona del otro sexo o del tuyo? ¿Qué es lo correcto para ti? Obsérvalo, siéntelo y recuérdalo.

Ahora reza una plegaria de la manera que prefieras, con la absoluta confianza de que, siempre que lo que pidas sea beneficioso para ti y no dañe a nadie, podrás tenerlo o tener algo aún mejor.

Da gracias.

Quédate en la pantalla de cristal todo el tiempo que desees y, cuando estés preparado para volver, toma nota de los detalles para poder recordarlos; también puedes volver a ella y recrear las imágenes cuando desees. Toma contacto con la tierra, vuelve a la habitación, abre tu cuaderno y describe tu mundo perfecto.

Al describir tu mundo, afírmalo. Tal vez te descubras haciendo afirmaciones sobre la marcha porque este proceso se ha convertido en tu segunda naturaleza. Cuando hayas acabado, envía tus agradecimientos donde desees.

Date cuenta de que puedes volver a tu visión para hacerla real, para realizarla, para crear lo que deseas en tu vida. No te sorprendas si la visión ha cambiado desde que comenzaste a trabajar sobre ti mismo, o si continúa cambiando ahora mismo. Puede que lo que pensabas que necesitabas hace algún tiempo ya no te parezca tan importante. Quizá hayas visualizado a tu compañero perfecto con un rostro hermoso y ojos marrones, para descubrir seguidamente que los rasgos más importantes son la lealtad, la fiabilidad y el sentido del humor, y que lo demás apenas cuenta. O quizá tu necesidad de tener mucho dinero en el banco ha sido reemplazada por una buena capacidad adquisitiva, y te ves apoyando una causa justa con el dinero que te sobra.

Por otra parte, también puedes descubrir que ya posees buena parte de tu mundo ideal. Se ha ido desarrollando a medida que realizabas tu viaje y repetías las afirmaciones diarias. ¿Has practicado las afirmaciones? Este es un buen momento para volver a ellas y tachar lo que ya has creado. Como siempre, da las gracias.

Ejercicio 2

Si quieres poner a prueba tus dotes clarividentes, éste es el modo de empezar. De momento no es más que un poco de diversión, pero, si quieres desarrollar este don, te recomiendo que te plantees participar en un curso de desarrollo psíquico para formarte convenientemente.

Tal vez haya un objeto que no puedes encontrar. Empecemos por ahí. Si dispones de un cristal de cuarzo claro, ponlo cerca de ti; si no es así, no importa. Los videntes emplean bolas de cristal porque ayudan a enfocar y aclarar la mente, pero a estas alturas ya has aprendido a hacerlo.

Cierra los ojos y aclara tu mente; si lo deseas, usa la misma pantalla mental que en el ejercicio anterior. Ahora dirige tu mente hacia el objeto perdido. Obsérvalo con todo detalle y sitúalo en la pantalla de cristal. Sigue enfocándolo y deja que se despliegue una escena a su alrededor. Trata de reconocer lo que se va desplegando. Obsérvalo con cuidado. Tómate el tiempo que necesites y deja que se desarrolle sin pensar en ello ni hacer que ocurra. Sé muy observador. Tal vez reconozcas repentinamente alguna parte de la escena: un objeto, un lugar. ¿Puedes ver dónde está? No te desanimes si no da resultado la primera vez. Mantén un estado de ánimo lúdico y verás que cuanto más confíes en que puedes hacerlo, más fácil resultará.

Como siempre, da gracias y siente el cuerpo antes de volver a la habitación.

Ejercicio 3

Es un buen momento para que te diviertas y te mimes un poco. Busca en la guía telefónica un terapeuta especializado en terapia cromática y concierta una cita para que te lea tus colores. Descubrirás que es una entretenida aventura que cambiará tu energía, elevará tu estado de ánimo, complementará tu coloración natural y mejorará tu complexión, haciendo que tengas un aspecto mucho más joven. Sirve tanto para hombres como para mujeres, por supuesto.

No tiene por qué costarte una fortuna; tampoco tienes que pensar en deshacerte de la parte de tu guardarropa que no sea del color adecuado. Coméntaselo a tus familiares y amigos para que puedan ayudarte a cambiar los colores que usas. Cuando te compres ropa nueva irás reemplazando gradualmente lo que tienes por otras cosas que te encajen más. Pero, de momento, mereces un premio y podrías comprarte al menos una pequeña cosa. ¿Un pañuelo de seda? ¿Una bufanda? Diviértete.

Las meditaciones

MEDITACIÓN 1

El entrecejo es el punto de la visión, la sabiduría y la capacidad de mando. Hemos andado un largo trecho del camino y estás es un estado más claro y saludable que al principio. Sin embargo, siempre queda trabajo por hacer hasta que nos llega el momento de regresar a casa. Por tanto...

Ve a tu lugar de trabajo con las flores, los aceites, los cristales y cualquier otra cosa que desees llevar. Ponte cómodo y dispón de todo el apoyo que necesites para mantener la posición física durante un buen rato.

Concéntrate en la respiración y relaja el cuerpo, soltando cualquier negatividad a través del chakra base y las plantas de los pies. Siente cómo te llenas de amor casi automáticamente en cuanto adoptas esta posición. El simple hecho de estar así es curativo. Disfruta de la sensación. Percibe todo lo que has avanzado para poder conectar tan fácilmente y sentir el flujo energético. Siente la paz. Siente la alegría. Siente el amor. Siente tu espiritualidad.

Ahora, amándote, regresa al punto de tu vida en que tenías veintiún años y envíate amor y perdón a ti mismo, a los demás y a los sucesos de aquel tiempo. Deja que tu mente deambule hasta la edad de veintiséis años y deja que el amor que fluye desde ti limpie, sane y perdone todo ese período.

A continuación, como has hecho tantas otras veces, elévate espiritualmente para darte cuenta de que cualquiera que pudiera haberte hecho daño en esa época estaba viviendo su propio proceso, y perdónale. Envíale amor.

Cuando estés preparado, vuelve a elevarte al nivel más alto, donde además de perdonar puedes sentirte agradecido por las enseñanzas que te han brindado esas experiencias. Tómate el tiempo que necesites. Da gracias.

Cuando te sientas preparado, recupera la sensación de tu cuerpo. Mueve los dedos de las manos y de los pies. Estírate y vuelve pausadamente a la habitación. Toma un trago de agua y registra lo que desees en tu cuaderno. Tómate el tiempo que necesites antes de pasar a la siguiente meditación.

MEDITACIÓN 2

Acomódate en tu lugar de trabajo e indúcete el estado de relajación habitual. Suelta cualquier negatividad a través de las plantas de los pies y del chakra raíz.

A continuación dirige la atención al lugar que queda ligeramente por encima de los ojos, entre las cejas: el chakra del entrecejo. Siente ese punto y visualízalo brillando con una maravillosa luz azul resplandeciente. Con un único pensamiento amoroso, haz que toda esa zona sea limpiada por la luz. Observa el brillo de la luz, que ahora es de un azul aún más intenso, profundo y rico, tal vez con un tono violeta.

Desde detrás de ese punto de luz en tu frente, y a través de su centro, emite un rayo de luz blanca resplandeciente. Brillando con fuerza y claridad, esta luz llega más allá del horizonte del espacio y del tiempo.

Las personas y cosas que actualmente están presentes en tu vida han venido desde muy lejos. Hubo un tiempo en que no conocías a la gente que ahora te es cercana. Estaban en un lugar y en un tiempo diferentes. Se dirigían hacia tu vida pero aún no podías verlos. Estaban haciendo su camino, lo mismo que tú, hasta que os encontrasteis en un punto concreto del espacio y del tiempo. Ahora mismo hay otras personas que también están haciendo su camino hacia ti.

En este momento, aclara tu visión y sigue esa luz maravillosa que brilla a través de tu entrecejo. Esa luz es un foco que penetra más allá de los horizontes del tiempo y el espacio, alcanzando un lugar que todavía no has tenido ocasión de ver; ese tiempo y espacio están poblados por los que ahora se están dirigiendo hacia tu vida, del mismo modo que tú te diriges hacia la suya. Son las personas que te traerán amor y alegría, esperanza y belleza, trabajo y oportunidades. Son las personas de tu futuro, del mismo modo que tú eres una de las personas de su futuro.

Seguidamente permite que se acerquen a ti. Permítete verlos. Tal vez no puedas ver sus rostros, pero puedes ver sus formas. Obsérvales aportando regalos increíbles a tu vida y ofreciéndoles los tuyos.

Envíales un rayo de luz para abrazarles. Envíales alegría y esperanza. Envíales una cálida bienvenida y date cuenta de que a medida que el tiempo y el espacio entre vosotros disminuye, ellos se convierten en ti y tú te conviertes en ellos.

Puede tratarse de almas que has conocido desde siempre. Puede que no las conozcas de antes; pero el hecho de que vayan a entrar en tu vida indica que te aportarán el amor, el crecimiento y la experiencia que necesitas para continuar con tu viaje de crecimiento espiritual. Tenéis lecciones que ofreceros mutuamente. Podéis hacer todo lo que tengáis que hacer con amor.

Quédate un rato. Siente la maravillosa energía existente entre vosotros. Disfruta del sentimiento de amor que fluye de ti y les abraza.

De momento estás aquí y ellos tienen que quedarse a cierta distancia de ti. Para acabar, envíales un último rayo de amor y la promesa de que, cuando llegue el momento, os reuniréis con alegría, con apertura, con una sensación de hermandad, como iguales.

Y seguidamente deja que se vayan. Deja que se retiren a donde tengan que ir en sus vidas.

Dales gracias y permite delicadamente que el rayo de amor sea reabsorbido; inicia el retorno hacia la habitación. Toma conciencia de tu chakra entrecejo y deja que se cierre hasta el punto en que te sientas cómodo. Puedes volver a abrirlo cuando desees.

Toma conciencia de tu cuerpo físico. Siéntelo. Comienza a mover suavemente los dedos de las manos y de los pies y, cuando estés preparado, abre los ojos. Tómate el tiempo que necesites. Bebe un trago de agua. Registra lo que desees en tu cuaderno. No te olvides de volver a conectar el teléfono.

CAPÍTULO 10

CHAKRA DE LA CORONA: CORONAR NUESTRA ESPIRITUALIDAD

Contempla la dulce luz que inunda el cielo oriental.
En señal de alabanza, el cielo y la tierra se juntan.
Y de nuestros cuádruples poderes manifestados se eleva un cántico de amor,
    tanto desde el ardiente fuego como desde el agua que fluye,
    de la tierra de dulce olor y del viento rugiente,
    desde el profundo e impenetrable vórtice de esa luz dorada que baña al victorioso,
    la voz sin palabras de la naturaleza se eleva en miles de tonos para
    proclamar:
Alegría a vosotros, hombres de la Tierra.
Un peregrino ha regresado de la otra orilla.
Ha nacido un ser consciente.

TRADICIÓN VÉDICA

Mientras escribía *Chakras*, a veces pensaba en cómo afrontaría este capítulo del chakra de la corona (o coronario), ya que sus maravillas no pueden describirse con palabras. Podría dedicar horas a la escritura de este último capítulo del libro, pero el único modo de que sepas a qué me refiero es experimentarlo.

    Es tan ilimitado, tan sin fronteras, tan falto de sustancia material..., y sin embargo lo abarca todo en un instante. En un momento puedo estar en la Atlántida y en el siguiente en el siglo XXI. Puedo estar allí, sentir, oír, visualizar sin que haya tenido lugar ningún cambio material en absoluto. Puedo crear, percibir y experimentar desde dentro con infinito detalle y a una velocidad infinita. Estoy en un círculo inacabable en el que sólo existe la conciencia. La conciencia que hace que todo lo demás sea posible. La conciencia que me permite manifestar todo lo que tengo. La conciencia que es invisible y, sin embargo, visible en todo lo que es.

Kahlil Gibran emplea una metáfora maravillosa. Afirma: «El trabajo es amor que se ha hecho visible». Quizá podamos extenderla y decir que la manifestación es conciencia que se ha hecho visible. Aquí estamos en el pináculo de nuestro viaje, el momento para el que hemos estado trabajando: la apertura final del chakra coronario. Éste es el chakra que estaba tan cuidadosamente protegido por los elaborados tocados de los antiguos reyes y por las coronas de los monarcas modernos. La costumbre real de llevar corona procede de antiguos tiempos en los que los reyes eran considerados dioses.

Los reyes-dioses de las estatuas del antiguo Egipto aún siguen inspirando temor con sus decenas de metros de altura y sus adornos tallados en piedra para proteger los chakras. En las artes antiguas de la mayoría de las culturas y religiones pueden distinguirse vestigios de los chakras, y aun en los casos en que las señales de otros chakras han desaparecido, las del chakra coronario siguen presentes, generalmente en forma de halo.

En este chakra llegamos a la comprensión, al conocimiento y a la verdad universal, y desde aquí podemos transcender todo lo que habíamos conocido hasta ahora. Desde aquí podemos programarnos para alcanzar lo inalcanzable, para tocar lo intocable y para encontrar, al principio por lapsos de tiempo muy breves, la paz absoluta en la que todo queda suspendido y tenemos una conciencia plena. Estamos en éxtasis.

Cuando aprendemos a mantener más tiempo este estado y finalmente lo compatibilizamos con la vida humana, cambiamos permanentemente y nos mantenemos calmados y serenos la mayor parte del tiempo. Nos ocurre algo increíble. Hemos vislumbrado el cielo; hemos experimentado la dicha; estamos transformados y ya no volveremos a ser los mismos. Cuando trabajamos con el chakra coronario, irradiamos amor y paz hacia todos los que nos rodean. Aunque todo esto requiere tiempo, dedicación y paciencia, merece cada uno los esfuerzos realizados. Pero no debemos olvidar que, aunque alcancemos este estado, seguimos siendo seres humanos ordinarios, haciendo cosas ordinarias con los pies asentados en el suelo.

Éste es el paso final que nos libera totalmente de la depresión y de la apatía, del miedo y de la confusión, y nos lleva al estado de atención y de clara conciencia.

Conocimiento y verdad

Hablamos de la verdad en el chakra de la garganta y aquí volvemos a encontrarnos con ella. La verdad universal existe como un único y solitario estado. Toda la verdad que ha sido y será existe en un momento único.

Hemos mencionado el hecho de que todos estamos en camino hacia la verdad universal y simplemente nos encontramos en distintos puntos de ese camino, planteándolo desde distintos ángulos, reuniéndonos como peregrinos en la Meca de la verdad y el conocimiento. Éste es nuestro primer objetivo: llegar a un punto de conocimiento, de iluminación, de volver a ser uno con el gran cuerpo de Dios.

Del mismo modo que existe la verdad, también existe el conocimiento. Ya existe todo el conocimiento que ha sido y será. Como la semilla contiene el modelo de la planta, y la tira de ADN contiene la clave de toda la persona, este momento contiene toda la verdad. Sólo tenemos que encontrarla. Generalmente sólo tomamos trocitos de la verdad porque nos especializamos en un campo de conocimiento. Lo digerimos y después mordemos otro trozo. A medida que crecemos, vamos refinando y afinando lo que sabemos, descartando las formas más elementales en favor de otras más elaboradas.

Pero, en el chakra coronario, de repente somos libres de las limitaciones del cerebro humano y podemos sumergirnos en la verdad, ya que transcendemos y tenemos una conexión con la fuente divina. Aquí, al fin, podemos entender rindiéndonos a eso que es mucho mayor que nosotros y de lo que, sin embargo, somos parte importante.

En este punto de nuestro desarrollo se nos llama a volver a dedicar nuestras vidas a lo que sentimos que es más importante para nosotros: el amor, la paz, la enseñanza, la sanación, nuestro crecimiento espiritual y el crecimiento espiritual de los demás. Tómate un momento para pensar por qué estás donde estás y cuál es tu dedicación.

¿Qué es lo que nos queda por conocer antes de dar un paso para abrir nuestro chakra coronario?

Meditación libre

Tengo un disco en el ordenador que se pone en marcha cuando lo arranco. Su función consiste en buscar errores, trocitos de información atascados aquí o allá. Limpia y ordena el disco duro, reuniendo las cosas que se parecen entre sí. Permite que mi ordenador trabaje más rápido, y a la larga me ahorra tiempo y frustraciones. Asimismo tengo una máquina en mi piscina que da buena cuenta de las hojas y demás sustancias que caen al agua, para dejarla limpia y clara.

En mi opinión, la meditación hace una combinación de estas dos funciones en la mente humana. Barre cualquier embrollo que no tenga suficientemente aclarado, aliviándome de la carga de tener que arrastrarlo y, por tanto, descargándome de tensiones. Y lo más sorprendente es que no tengo que hacer nada especial, aparte de poner en marcha el programa y relajarme. No tengo que pensar, organizarme, preocuparme. Cierro los ojos, me enfoco un momento en la respiración y entro en el estado de meditación donde todo ocurre como por arte de magia.

Lo mejor de todo es que además de que mi mente está más dispuesta a trabajar eficazmente sobre la información y las demandas cotidianas, también se acumulan beneficios físicos mientras me quedo allí sentada. Mi cerebro se relaja completamente y emite las mismas ondas cerebrales que si estuviera dormida, aunque me mantengo muy consciente. La presión sanguínea y el ritmo del corazón descienden ligeramente, y la respiración también desciende tanto en ritmo como en profundidad hasta que parezco quedarme suspendida en el espacio y en el tiempo; apenas necesito estímulos. Mi estado de ánimo mejora automáticamente, y cualquier dolor que pudiera estar sintiendo desaparece. Posteriormente, cuando salgo de este estado, percibo que mi tiempo de reacción se acorta, mi memoria se hace más precisa, mis procesos de pensamiento más claros y soy capaz de concentrarme de una manera increíble.

Hemos ido realizando meditaciones guiadas a lo largo de todo este viaje y te sugiero que continúes haciéndolas cuando desees. Es bueno seguir limpiando y equilibrando los chakras tal como lo estás haciendo, especialmente si existe alguna razón por la que te sientas irritado o herido. Por favor, no vayas por ahí llevando más equipaje del estrictamente necesario. Recuerda que nuestro objetivo es aprender de lo que ocurre, por muy doloroso que pueda ser, y buscarle la ventaja: siempre se puede encontrar una.

Ahora, si todavía no lo has hecho, también quiero que experimentes la meditación libre que acabo de describir. Millones de personas la han probado desde que los Beatles la popularizaron en la década de los sesenta.

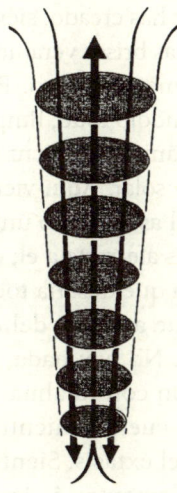

energía espiritual

energía de la tierra

Figura 10

Alcanzar el alineamiento

Hemos ido estudiando poco a poco el sistema de chakras para comprender sus funciones, sus dones y cuál es la causa de que no funcione tan bien como podría.

Ahora podemos observar el sistema como una totalidad (*véase* figura 10). Aquí tenemos una serie de chakras limpios y no obstruidos formando una serie de circuitos de interconexión. Podemos ver, y tal vez sentir, lo fácil que es permitir que una brisa energética los recorra hacia arriba y hacia abajo. Podemos sentir que una energía se eleva desde la tierra y que la energía espiritual desciende desde lo alto. Podemos sentir el increíble sustento que nos proporciona la energía que nos recorre, nos llena e irradia desde nosotros.

Quedándote con esta imagen en tu mente, a continuación puedes intentar entrar en la transcendencia. Cierra un momento los ojos y visualiza tu núcleo, como si en el centro de ti hubiera un espacio vacío que hubiera quedado limpio después del trabajo realizado. Siéntete complacido contigo mismo y permítete descansar. Siente ese espacio y, casi sin esfuerzo, deja que se llene de la energía dorada de la tierra y de la luz blanca procedente de lo alto. Sonríe internamente mientras la energía fluye hacia el espacio que has creado: siéntela cálida y resplandeciente, como la más delicada de las brisas veraniegas, llenándote y haciéndote pleno de un modo totalmente nuevo. Permite que rezume en tus tejidos. Siente cómo va curándolo todo, limpiándolo todo. Siéntete ligero y siente que tu estado de ánimo comienza a mejorar ahora que notas cierta excitación en el plexo solar. Aquí viene. Siente tu espiritualidad. Siente que casi te levanta del asiento. Lo único que te retiene es el chakra raíz, pero ya no necesitas aferrarte a él; estás a punto de trascender.

Ésta es una experiencia que desafía toda descripción. Abandónate delicadamente. Siente que a través del chakra coronario te elevas hacia el espacio y más allá. No hay nada, absolutamente nada. Simplemente estás en comunión con tu alma. Siente que te elevas y que pierdes la sensación de tu cuerpo mientras te mezclas con el gran cuerpo del espíritu. Siente el éxtasis. Siente esa sensación de la nada. Sé en este momento. Simplemente sé. Apenas necesitas respirar. En estos momentos apenas necesitas nada material porque tienes el cuerpo suspendido y estás libre en el espíritu. Has trascendido.

Quédate el tiempo que desees, pero, cuando estés preparado, debes regresar. Tienes que permanecer en este plano terrenal; debes regresar y enraizarte debidamente en tu cuerpo físico. Regresa a través del chakra coronario. Siéntete dentro de tu cuerpo. Comienza a sentir su peso sobre el asiento. Siente la ropa sobre tu piel. Siente los dedos de los pies. Muévelos. Siente los dedos de las manos y muévelos también. Ahora sé consciente de tu presencia física y, cuando estés plenamente aquí, abre los ojos.

Permítete un poco de tiempo antes de continuar con tus actividades. Puede que te sientas un poco «volado»; si es así, procura aterrizar. Toma un trago de agua y tal vez una galleta o aperitivo para que el cuerpo tenga trabajo que hacer.

No hace falta que registres esta experiencia si no lo deseas. Suele resultar difícil de poner en palabras. Si no has conseguido trascender, no te preocupes. Tal vez puedas volver a intentarlo empleando una grabación de audio. El silencio es lo que más favorece la trascendencia, pero, en ocasiones, sobre todo al principio, puede que necesitemos un poco de ayuda. Puedes conseguirlo, aunque requiere cierta práctica. En mis talleres aún no he conocido a nadie que no lo haya logrado, si bien había personas que no estaban dispuestas a intentarlo, lo que es una opción perfectamente legítima. Si éste es tu caso, siempre puedes retomar este ejercicio cuando te sientas preparado.

Si lo has conseguido, puede que ahora sientas una sensación curiosa en tu chakra corazón, en el plexo solar, o en algún lugar cercano. Puede que tengas las emociones a flor de piel y puede que quieras reír o llorar. También puedes sentirte un poco aturdido y lleno de preguntas, o anonadado y maravillado. Tómate el tiempo que necesites antes de pasar a otra cosa. Es mejor no comenzar las actividades diarias hasta transcurridos unos diez minutos. Disfruta de la sensación y prepárate para volver a ponerte en marcha. Descubrirás que estás más alerta, que te sientes más amoroso, que quieres y puedes hacer las cosas bien.

La práctica del channelling

Vuelve a mirar la figura 10. Puedes ver que cuando tienes todos los chakras abiertos y alineados, forman una especie de tubo o canal que ha quedado despejado. Puedes invitar a que entre algo por la parte superior, y lo hará, porque ahora el espacio está limpio. Pero sé consciente. Prepárate y no te precipites ni adelantes aconteci-mientos.

Cuando deseo que algo entre, antes de empezar pido que sea la energía más pura, más amorosa, más curativa y más elevada que pue-da soportar. No quiero que fluya cualquier cosa a través de mí.

Quiero hacer esta práctica con toda la precisión posible, inde-pendientemente de si la hago para mí misma o para ayudar a otra persona durante una lectura o sesión de terapia. También quiero qui-tar de en medio a Brenda para que mis procesos de pensamiento no interfieran con lo que venga a través del canal que he limpiado. Esto significa que tengo que dejarme de lado amorosamente; generalmen-te puedo sentir que la esencia de mi ser físico se queda un poco a la izquierda y ligeramente por delante de mí.

Puede que todo esto te suene extraño y sea muy diferente de como lo haces tú. Céntrate momentáneamente en tomar distancia de lo que está a punto de ocurrir, de modo que no impliques tu vida y tus pensamientos en ello. Cuanto más puedas quedarte a un lado, más precisa será la lectura.

A continuación, emite el mensaje de que te gustaría obtener la sabiduría más elevada posible, la forma de curación más pura, la in-formación más precisa, y después hazte a un lado y espera. Cuando hayas practicado mucho y seas un experto, verás que la corriente se abre muy rápidamente, pero al principio puede llevar algún tiempo. Sabrás que está ocurriendo porque serás como un observador, cons-ciente de que no tiene nada que ver contigo.

La primera vez que me ocurrió fue algo espontáneo y no usé este método que he descrito. Estaba en una conferencia, y en el momento en que me dirigía hacia el estrado con unas cuantas notas, pedí a lo divino, como siempre, que diera a la audiencia lo que más necesitara de mí. Abrí la boca para empezar y de repente oí que se estaba dando una conferencia muy elocuente que no tenía nada que ver conmigo ni con las notas que tenía preparadas. Supe que lo que estaba salien-do de mi boca, además de no estar preparado, era mucho mejor de lo que yo podría haber hecho. Simplemente estuve allí, escuché y dis-fruté del aplauso final sintiéndome un poco embaucadora.

Fue una sensación parecida a cuando era pequeña y la sanación fluía a través de mí. Ahora he aprendido a acceder a este estado a voluntad y a no dejar que me atraviese cuando no lo deseo. Además, actualmente esta corriente puede seguir operando mientras trabajo, de modo que recibo mensajes sobre el paso siguiente de la terapia de un cliente o cuáles son sus necesidades. Puedo «oír» la información y ponerla en práctica mientras sigo hablando y escuchando lo que la persona dice. A veces la cosa se complica un poco y tengo que pararme a «escuchar» antes de continuar.

Muchas de las personas que canalizan información dicen que les es transmitida por espíritus guía específicos. He mencionado algunos de los más conocidos en el capítulo 8. Yo misma no lo entiendo así. Quizá algún día lo haga, o tal vez lo que ocurre es que realizo otro tipo de trabajo y no necesito que sea así. No lo sé. En cualquier caso, siempre me sentiré agradecida de que en mi caso este proceso ocurra de esta forma y de que se vierta sobre mí un flujo constante de información ya elaborada. Mi boca va expresando mientras yo me quedo a un lado. Unas veces recuerdo lo que se ha dicho y otras no y, en realidad, no importa demasiado.

Si deseas probar el *channelling*, necesitas tener a tu lado alguna herramienta para registrar lo que digas, que puede ser papel y bolígrafo, una grabadora, o un amigo en quien confíes para que tanscriba tus palabras, siempre que no haga comentarios ni estalle en carcajadas.

Por favor, empieza siempre por tomar contacto con la tierra, pide recibir sólo lo mejor y hazte a un lado. Lo que tenga que venir vendrá a ti, estoy segura. Ábrete y deja que ocurra lo que tenga que ocurrir. Puedes descubrir que te atraviesa un flujo de conciencia para a continuación detenerse, con lo que parece que pierdes la conexión. Esto suele ocurrir cuando tu mente conecta con los contenidos y te implicas en lo que está ocurriendo. Si te sucede esto, te darás cuenta inmediatamente: es casi como si cayeras a tierra y se pudiera oír el ruido sordo del batacazo; en ese momento te sientes un poco estúpido porque ni siquiera sabes de qué estabas hablando. No te preocupes; todo está bien. Vuelve a centrarte y sigue adelante.

Cuando sientas que la transmisión se ha acabado por el momento, o te sientas cansado y quieras parar, basta con tener este pensamiento y recuperar tu lugar. Da las gracias. Vuelve a asentarte firmemente en el suelo. Siente tu cuerpo físico y haz todo lo que sueles hacer: toma un trago de agua y tómate el tiempo que necesites antes de retomar tus actividades.

Una pista práctica: mientras estés en ello, no te preocupes de lo que puedas estar diciendo ni de lo que ocurre, de lo precisa que pueda ser la información ni de si estás haciendo el ridículo. Si lo haces, interferirás en el proceso y perderás la conexión inmediatamente. En cualquier caso, hasta lograr la maestría de este arte, por favor no trates de canalizar nada para otros, porque tal vez no serías muy preciso y les estarías dando una información que ellos se creerán. Por favor, respeta lo que está ocurriendo.

La otra pista práctica es que debes expresar lo que te venga tal como es. A veces sentimos el impulso de encontrar el sentido a lo que expresamos. He descubierto que cuando lo hago, se pierde la esencia que era tan importante para la otra persona. Cuando uso las cartas de los ángeles (*véase* Capítulo 2), a menudo me sale la carta de la «obediencia», y estoy segura de que es para recordarme que debo decir las cosas como son, porque es así como los clientes necesitan oírlas. No debo alterar el mensaje, tratar de que sea más digerible ni dar mi opinión en modo alguno. Nuestra integridad hace que lo pasemos mal cuando nos apartamos de lo que sabemos que es correcto.

ILUMINACIÓN

Éste es un estado increíblemente maravilloso, interminable, en eterna expansión y que nunca llega a completarse. Podemos entrar en él y explorarlo, pero muy pocos llegarán a su plena realización en esta vida. Y quizá tampoco en muchas vidas futuras. Sin embargo, es el estado por el que luchamos incluso antes de ser conscientes de que lo estamos haciendo.

Al decir todo esto, puede parecer que estuviera denunciando tus falsas expectativas de un final feliz. Al llegar aquí, al final del arco iris, no encontramos el vellocino de oro. Pero hemos encontrado oro a lo largo de todo el viaje. Ahora eres más pleno, más sano, más real y más amoroso. Eres más abierto y tienes nuevas (o más bien has desarrollado antiguas) capacidades y has dejado atrás buena parte de lo que te inquietaba. Te has quitado de encima los viejos dolores, penas y resentimientos, has encontrado un modo mejor de vivir que tiene en su centro el amor, tanto humano como celestial, y ahora ya sabes demasiado como para volver a donde estabas antes.

Pero siempre hay más que conocer, más que explorar, más que descubrir. Y así es como debe ser.

Meditación final

Los colores que deben emplearse son blanco, púrpura y oro. Aunque dentro de ti está todo lo necesario para completar esta meditación, si tienes algo majestuoso de color púrpura, o del color blanco de la inocencia, o de color dorado, póntelo o llévalo contigo al lugar de trabajo.

Las piedras más útiles para este trabajo son los diamantes, maestros de la curación. Señoras, éste es el momento de ponerse los diamantes. Purifican el espíritu y reflejan la conciencia más alta, al tiempo que inspiran inocencia y serenidad. El oro lo equilibra todo y favorece la iluminación; por tanto, si tienes un anillo de oro o cualquier otra joya con un diamante engarzado, límpiala y póntela.

La piedra celestina, que mencioné en el último chakra y que favorece la toma de conciencia de lo divino, o la turmalina blanca, que también ayuda a conectar con la conciencia superior, son muy apropiadas para este trabajo. También lo es nuestro viejo amigo el cuarzo claro, que favorece la meditación, la comunicación y la sanación.

Si deseas usar el vaporizador o quemar incienso, el ámbar es una buena elección. A continuación ve a tu lugar de trabajo y lleva contigo lo que desees. Tal vez quieras poner música, aunque el mejor acompañante del chakra coronario es el silencio. Es importante que realices esta última meditación aquí, en tu lugar de trabajo, pero en una próxima ocasión quizá desees realizarla en la naturaleza, en un lugar inspirado y alejado de tu vida cotidiana. A mí me gustan las playas, los parajes pantanosos y los bosques. Comprueba que se trata de un lugar seguro. Aunque llegados a este punto ya estamos muy protegidos, por favor, sé responsable y no hagas locuras.

Como siempre, céntrate en la respiración, relaja el cuerpo y
suelta cualquier negatividad. Céntrate en ti mismo. Con gran respeto
y reverencia, céntrate en el chakra coronario y permite que se abra
con un único pensamiento amoroso, visualizándolo como una preciosa corona de luz por encima de tu cabeza. Deja que se abra y que
expanda su circunferencia, sintiendo su maravilla y su belleza. Permítete enviar amor al punto más elevado posible y da la bienvenida
de regreso a ese rayo de luz y amor que se vierte a través de tu chakra
coronario. Permítete sentir su irradiación, su maravilla.

Ahora deja que descienda hasta el entrecejo, donde cambia a un
color azul profundo o violeta. Siéntete lleno de sabiduría, de comprensión. Deja que siga fluyendo hacia la garganta, donde cambia a
un maravilloso tono azul turquesa o azul cielo. Siente que rebosas
creatividad, verdad, integridad. Permite que fluya hacia el corazón,
donde vuelve a cambiar a un verde maravilloso. Siéntete lleno a re-
bosar de amor incondicional por ti mismo y por el universo. Deja
que siga fluyendo hacia abajo, hacia el plexo solar, donde adquiere
un tono amarillo brillante. Siéntete lleno de poder, con la voluntad
reforzada al aceptar la responsabilidad de ser el gran ser que eres.
Deja que la luz siga bajando hacia el chakra sacro, donde adquiere
una tonalidad naranja brillante. Siéntete como un poderoso ser sexual, capaz de relacionarte con los demás como iguales en todos los
aspectos. Finalmente, deja que la luz llene tu chakra raíz, donde toma
un color rojo rubí que llena tu pelvis y te mantiene firme, vincu-
lándote con la tierra de la que ha surgido tu cuerpo físico y a la que finalmente volverá.

Ahora obsérvate en todo tu esplendor. Ve quién eres realmente.
Permítete sentir una mezcla de orgullo y humildad por ser la maravillosa criatura en la que te has convertido mientras continúas siendo
parte de una totalidad maravillosa.

Respira, inspira el poder y la majestad. Sé quien eres. Siéntete
plenamente vivo. Simplemente sé.

Deja que las energías te atraviesen y rodeen. Déjate curar totalmente. No permitas que nadie te arrebate este estado: esto eres tú.
Disfruta. Simplemente sé.

Quédate el tiempo que necesites y, cuando estés listo, ciérrate con
cuidado, protegiendo los chakras con la capa de terciopelo que men-

cionamos en los ejercicios de protección *(véase* pág. 72); vuelve a sentir tu presencia física. Comienza a mover suavemente los dedos de las manos y de los pies y, cuando lo desees, regresa a la habitación.

Toma un trago de agua y asegúrate de estar bien en contacto con la tierra antes de reemprender las actividades cotidianas.

Mensaje final

Hemos llegado al final de nuestro viaje compartido. O quizá no. Aún queda mucho por recorrer y —¿quién sabe?— quizá compartamos otro trecho de camino en el futuro. Me ha encantado viajar contigo.

Te deseo amor y alegría, risa y felicidad, buenos compañeros de camino y que tu viaje de vuelta a casa sea seguro y maravilloso.

APÉNDICE A

CONEXIONES ENDOCRINAS Y NEUROLÓGICAS

Las principales glándulas endocrinas constituyen el punto de encuentro entre los chakras y el cuerpo físico. Este apéndice está destinado a ser una referencia simple y rápida más que una disertación sobre endocrinología. Si quieres ampliar conocimientos sobre estos temas, te recomiendo que hables con tu médico o que te compres un libro de texto.

Si tienes alguna disfunción en alguna de las áreas mencionadas, el trabajo en el chakra adecuado servirá de ayuda, aunque, como siempre, por favor piensa con mucho cuidado antes de desoír o ignorar los consejos médicos que hayas recibido. El trabajo con los chakras puede ser un añadido benéfico al tratamiento tradicional, pero no tiene el propósito de reemplazarlo.

Casi todas nuestras actividades, desde hacer el amor, ir a dormir, llorar o enfadarnos, hasta sentir nuestra identidad sexual, elegir nuestro compañero de vida, huir cuando tenemos miedo o defender nuestro terreno para proteger a los más jóvenes, tienen una base hormonal. Lo mismo ocurre con todas las funciones fisiológicas, desde el circuito de la orina hasta el mantenimiento de la temperatura corporal y la regulación del equilibrio del agua y la sal, o el aumento del ritmo cardíaco cuando hacemos ejercicio. Sin un buen control sobre nuestros mecanismos internos a través del proceso conocido con el nombre de homeostasis, nuestro cuerpo físico puede degenerar y llegar a morir.

Chakra raíz

Órgano asociado: glándulas adrenales.

Funciones: Consta de dos partes separadas: la médula y el córtex. La médula segrega adrenalina, que tiene una acción directa sobre el corazón, los vasos sanguíneos, los pulmones y los músculos en la denominada respuesta de lucha o huida. El córtex segrega esteroides, que son esenciales para equilibrar los niveles de energía físicos y emocionales, y nuestra respuesta a la conmoción y a la tensión. También produce aldosterona, que interviene sobre el equilibrio del agua, del sodio y del potasio.

Disfunción: Un funcionamiento por debajo del nivel requerido produce la enfermedad de Addison y el hipoaldosteronismo. Una activación excesiva puede producir la enfermedad de Cushing, hiperaldosteronismo y un exceso de hormonas sexuales. Esto último puede causar complicaciones en el desarrollo de los órganos sexuales o la aparición de características sexuales secundarias durante la pubertad que afectarán al desarrollo del pecho, a la forma corporal o la distribución de pelo en el cuerpo, dificultando también la menstruación y la reproducción.

Chakra sacro

Órgano asociado: ovarios en las mujeres, testículos en los hombres y el sistema linfático.

Funciones: Los ovarios y los testículos (las gónadas) segregan hormonas que están íntimamente relacionadas con la pubertad, la fertilidad, la menstruación, el embarazo, la menopausia y el impulso sexual (libido).

El sistema linfático no es un órgano endocrino, pero como está tan vinculado con el chakra sacro, éste parece un buen lugar para mencionarlo. Entre sus funciones se incluyen el transporte de fluido linfático, agentes infectantes como las bacterias, y ciertas células, como las cancerígenas. Las glándulas, que se encuentran distribuidas por todo el cuerpo, se hinchan con las infecciones formando una red de barreras que impiden la propagación de la enfermedad. Son parte importante del sistema de defensa corporal.

Disfunción: Los problemas en el sistema gonadal pueden dificultar todos los procesos mencionados anteriormente, impedir el cierre de la epífisis (los puntos de crecimiento de los huesos, que generalmente se cierran después de la pubertad) y causar la osteoporosis.

Los problemas del sistema linfático producen el hundimiento de las defensas corporales, infecciones recurrentes, hinchazón de las glándulas y retención de fluidos.

Chakra plexo solar

Órgano asociado: páncreas.

Funciones: El páncreas segrega dos hormonas principales, la insulina y el glucagón, ambas esenciales para el metabolismo de los hidratos de carbono. Producen efectos opuestos y su equilibrio es importante para mantener los niveles de glucosa. La glucosa es el único alimento que llega al cerebro, y por tanto el efecto de la insulina y del glucagón en el funcionamiento cerebral es de primera importancia.

Disfunción: La principal patología asociada al páncreas es la diabetes melitis, aunque también se pueden producir fluctuaciones menores en los niveles de azúcar en sangre que afectarán de manera importante a nuestro nivel de energía física.

Chakra corazón

Órgano asociado: timo.

Funciones: aún no han sido comprendidas plenamente, pero el timo es importante en el desarrollo del feto y en la respuesta inmunológica corporal, especialmente en la producción de células T.

Disfunción: Sigue sin estar plenamente comprendida (¡o tal vez soy yo la que no acaba de entenderlo!). Las enfermedades autoinmunes, de las cuales la más conocida actualmente es el SIDA, son afectadas por el timo, lo mismo que ciertas formas de cáncer. En los adultos, la atrofia del timo suele comenzar en la pubertad, aparentemente en respuesta a un aumento de las hormonas sexuales secretadas en ese momento. Parece degenerar durante el embarazo y continúa haciéndolo durante el resto de la vida.

Chakra de la garganta

Órgano asociado: tiroides y paratiroides.

Funciones: La glándula tiroides afecta nuestro metabolismo de diversas formas: crecimiento, control de la temperatura, producción de energía y asimilación de grasas e hidratos de carbono. En los niños también está relacionada con el desarrollo intelectual.

Las cuatro glándulas paratiroides son esenciales para el metabolismo del calcio, relacionado con la salud de los huesos y dientes y también con el correcto funcionamiento de los músculos, incluyendo el corazón. Además, son esenciales para la asimilación de la vitamina D, actuando también sobre los riñones y el tracto intestinal.

Disfunción: los principales rasgos del hipertiroidismo son aceleración del pulso, sudoración, intolerancia del calor, insomnio, excitabilidad, nervios, irritabilidad, pérdida de peso y menstruación irregular. Las principales características del hipotiroidismo son la depresión, el aumento de peso, la formación de escamas en la piel y el pelo, letargo, hipersomnia (deseo de dormir en exceso), intolerancia del frío, falta de memoria y de concentración.

Los principales rasgos del hiperparatiroidismo son el dolor de cabeza y la confusión mental, exceso de sed y urinación, piedras en los riñones y en la vejiga y calcificación de la córnea.

Entre las principales características del hipoparatiroidismo están los cambios degenerativos en dientes, huesos y uñas, y las cataratas.

Chakra del entrecejo y chakra de la corona

He puesto los dos juntos porque aún existe cierta controversia respecto a cuál de estos chakras está relacionado con estas glándulas. Están tan vinculados anatómicamente en el cerebro que siento que es mejor comentarlos conjuntamente. La sabiduría que recibo afirma que la pituitaria y el hipotálamo están asociados con el entrecejo, y la pineal con el chakra coronario, pero respeto enormemente a las fuentes que afirman lo contrario.

Órganos asociados: glándulas pituitaria, hipotálamo y pineal.

Funciones: El hipotálamo es una parte del cerebro que segrega hormonas que a su vez regulan el flujo hormonal de la pituitaria. La glándula pituitaria regula todo el sistema endocrino. Tiene dos lóbulos, anterior y posterior. El anterior segrega una hormona que estimula a todas las demás hormonas del sistema endocrino. El posterior estimula la contracción del útero durante el embarazo e inicia la producción de leche materna.

La glándula pineal segrega melatonina, que estimula el sueño y gobierna en los animales los hábitos de emigración e hibernación. Parece controlar nuestro reloj corporal y nuestros ritmos biológicos cotidianos. También puede tener cierto efecto en la libido y en el comportamiento maternal, y posiblemente en el envejecimiento. Además, está relacionada con la desorientación temporal que se produce al viajar en avión.

Disfunción: Como la pituitaria organiza hasta cierto punto todas las glándulas endocrinas, su disfunción puede muy bien afectar a todos los sistemas corporales, siendo sus efectos demasiado numerosos como para enumerarlos. Un mal funcionamiento de la pineal puede afectar a la actividad sexual y causar trastornos del sueño.

Estos datos no están destinados a ser una disertación médica sino una referencia rápida que espero contribuya a tu comprensión del sistema de chakras y cómo éste afecta a tu cuerpo físico.

Además de estar íntimamente conectado con cada una de las glándulas endocrinas, cada chakra tiene una conexión con un plexo nervioso, ganglio o conjunto de nervios, que se unen para abastecer un área corporal concreta; en el caso del sexto y séptimo chakras, la conexión es con el cerebro mismo. El sexto chakra también tiene una conexión con el plexo carótido.

Chakra raíz: plexo coccígeo, red de nervios que cubre la zona anal y genital.

Chakra sacro: plexo sacro, que abastece el trasero, los muslos y los miembros inferiores. Una de sus ramas conecta con el esfínter anal.

Chakra del plexo solar: plexos gástrico e hipogástrico que abarcan el sistema digestivo.

Chakra corazón: plexos pulmonar y cardíaco, que hasta cierto punto son una extensión uno del otro y cubren el tracto respiratorio, el corazón, la aorta y la vena pulmonar.

Chakra de la garganta: plexo faríngeo, que cubre la zona de la garganta, la faringe, la lengua y el paladar. El plexo braquial, que abastece los brazos, también se incluye en la zona de influencia de este chakra.

Chakra del entrecejo: plexo carótido, que proporciona fibras a la cabeza, al cuello y a los oídos.

Chakra de la corona: córtex cerebral que lo controla todo.

PRUEBAS DE LA EXISTENCIA DE LOS CUERPOS ETÉRICOS

Durante siglos, los escritos de las más diversas culturas y religiones han hecho referencia a la existencia de un campo de energía, generalmente descrito como luz, que se extiende a partir del cuerpo físico.

Existen antiguos pergaminos que describen el aura tal como era percibida por los místicos y sanadores, y se han encontrado muñecos en los más diversos lugares del mundo con los chakras claramente marcados.

El arte y la literatura del antiguo Egipto, de India y de Sudamérica retratan y representan el aura, y en algunos casos también los chakras. La Cábala denomina a esta radiación «luz astral», mientras que los escritos y el arte de los primeros cristianos dan testimonio de la presencia de halos alrededor de la cabeza, y a veces de todo el cuerpo, de las figuras religiosas. En los escritos védicos hindúes, teosóficos, budistas y en las enseñanzas de los nativos norteamericanos también hay constantes referencias a la luz emitida por el cuerpo.

Del antiguo Egipto nos llega la confirmación de estas pruebas visuales en el hecho de que los reyes vestían ropajes especiales para proteger los chakras; nótese la falsa barba que protege el chakra garganta y la elaborada prenda de la cabeza, con la serpiente en la frente, que protege el entrecejo y el coronario.

Sin embargo, a medida que vamos avanzando hacia los tiempos modernos, la gente se vuelve más escéptica y está menos dispuesta a aceptar la presencia de auras y chakras sin contar con pruebas irrefutables.

Hasta el presente siglo no hemos estado adecuadamente equipados para llevar a cabo estudios controlados que eluciden el misterio de la fuerza de vida. Con este propósito, el campo energético ha sido sometido a rigurosos exámenes que han puesto a prueba su consistencia, composición y propiedades. Se han medido sus características electromagnéticas y electrostáticas, y su energía ha sido fotografiada empleando el método Kirlian. En Estados Unidos, el doctor Valerie Hunt, especialista de este campo durante casi treinta años, ha registrado las radiaciones electromagnéticas de los cuerpos de muchos sujetos. Actualmente existen documentos en vídeo que muestran el aura y sus cambios de color y textura a medida que los individuos filmados van tomando parte en diversas actividades. Los resultados son muy importantes porque se ha conseguido cuantificar el aura científicamente y, lo que es aún más crucial, al fin han quedado validadas las afirmaciones de todos los místicos y sanadores a lo largo de los siglos cuya integridad había sido puesta en cuestión y ridiculizada. Me gustaría remitirte a las siguientes obras de referencia: *Manos que curan* de Barbara Brennan, *The Chackras,* de C.W. Leadbeater, y *Los Chakras. Las ruedas de la energía vital* *, de Anodea Judith; en ellas encontrarás excelentes relatos de las investigaciones y pruebas de la existencia de los cuerpos etéricos.

---

* Andrea Judith, *Las ruedas de la energía vital,* Ediciones Robinbook, Alicante, 1993.

GLOSARIO

ADN: ácido desoxirribonucleico; compuesto que se presenta en forma de tiras que contienen la información genética codificada, que es única y específica de cada individuo.

Afirmaciones: declaraciones positivas en presente que nos permiten visualizar y finalmente crear una nueva realidad. Las afirmaciones nos ayudan a conformar nuestro mundo y a cambiar nuestras vidas (*véase* Capítulo 8, pág. 191).

Catarsis: proceso por el que las denominadas emociones negativas (tristeza, ira, pena, etc.) que han quedado enterradas vuelven a salir a la superficie y son expresadas.

Célula-T: célula de la sangre, especializada, que es esencial en la respuesta del sistema inmunológico. Existen diversas categorías; unas ayudan a acabar con las células cancerígenas, otras impiden que el cuerpo ataque a sus propias células, y otras procesan información.

Clariaudiencia: don psíquico de oír a grados de vibración que habitualmente están más allá de la percepción humana. Se activa en el quinto chakra (garganta).

Clarividencia: don psíquico de ver más allá de lo que es habitual en la percepción humana. Esta capacidad se activa en el chakra entrecejo.

Compañero del alma: un alma que hemos conocido a lo largo de muchas encarnaciones y con la que tenemos mucho en común en cuanto a características y objetivos. Encontrar a nuestro compañero o compañera del alma no significa que nos quedemos para siempre con él o ella. La conexión puede ser extraordinariamente profunda y maravillosa, permitiendo que se completen muchas cosas para ambos y cada uno pueda seguir avanzando. Podemos tener más de un compañero del alma en la misma vida.

Conexión kármica: conexión con un alma con la que nos hemos reencarnado en el pasado y con la que tenemos algo pendiente. Puede que reencarnemos con las mismas almas una y otra vez hasta completar un proceso de mutua enseñanza y aprendizaje.

Deuda kármica: se produce cuando no estamos en equilibrio al final de una vida y llevamos asuntos inconclusos por trabajar a la siguiente.

Éter: *véase* capítulo 8, pág. 187.

Formación autogénica: una forma de aprender a controlar y cambiar las funciones fisiológicas que para la mayoría de nosotros son involuntarias; por ejemplo, la presión sanguínea o el pulso.

Ida: uno de los canales laterales *(nadis)* que se enroscan alrededor del canal central de energía, tal como se representa en el caduceo (pág. 83). Representa lo femenino.

Karma: ciclo de causa y efecto en el que acabamos por llegar a un estado de equilibrio. En pocas palabras: extraemos de la vida lo que ponemos en ella. Cosechamos lo que sembramos. El karma mantiene su continuidad a lo largo de las encarnaciones.

Kundalini: la energía almacenada en el chakra raíz, a menudo representada simbólicamente como una serpiente que, cuando se libera, abre y alinea todo el sistema de chakras, estimulándolo intensamente con una poderosa fuerza creativa.

Mantra: palabras, frases o sonidos que repetimos internamente o en voz alta para transformar nuestra conciencia y entrar en un estado meditativo.

Pingala: uno de los tres canales centrales de energía, que representa lo masculino. A veces los dos canales laterales, de los que éste es uno, reciben el nombre de *nadis*.

Plano astral: quizá la más conocida de las capas áuricas. Es el lugar que podemos experimentar en sueños, en experiencias cercanas a la muerte, en psicosis, en experiencias inducidas por las drogas. Es el lugar en el que algunas personas flotan cuando dejan el cuerpo por sentirse tensas o traumatizadas, aunque pueden permanecer vinculadas a la situación como observadoras. (En términos psiquiátricos esto se conoce como despersonalización.) Después de la muerte, algunas almas permanecen temporalmente en el plano astral antes de liberarse hacia planos superiores. En la trascendencia atravesamos y nos elevamos por encima del astral, volviendo a atravesarlo para enraizarnos en el cuerpo.

Sanación por imposición de manos: el método de sanación en el que el sanador toca a la persona (no hace falta que se quite la ropa). Muchos sanadores mantienen sus manos dentro del aura sin hacer contacto con el cuerpo físico. Hasta cierto punto, el hecho de entrar en contacto o no, depende de la preferencia personal; para mí, hay momentos en los que la curación del aura es más poderosa, y en otros, soy guiada a tocar.

Sushuma: el canal central que recorre la columna y conecta las raíces de cada uno de los chakras. Es el canal a través del cual asciende la kundalini.

FENG SHUI PARA EL CUERPO

DANIEL DE SANTOS
284 págs.

El arte y la práctica del manejo de la energía aplicado al equilibrio cuerpo-mente.

Esta obra revolucionaria aplica por primera vez los principios energéticos orientales del Feng Shui a nuestro más íntimo hogar: nuestro cuerpo

EL LIBRO DE LOS CHAKRAS

OSHO
320 págs.

Una extraordinaria recopilación de textos de Osho sobre los chakras. La kundalini, la armonía entre los cuerpos sutiles y su desarrollo. Naturaleza y potencialidad de los chakras. El sistema de yoga de Patánjali y su comprensión de los cuerpos sutiles.

DAN-TIEN

CRHISTOPHER MARKET
186 págs.

Tu centro secreto de energía
El Dan-Tien (denominado hara en Japón) es el centro de energía vital y de sabiduría primigenia que reside en nuestro interior. Los maestros taoístas han enseñado durante miles de años a reunir la energía de vida (el chi) en este lugar con el fin de centrar la conciencia y el poder personal, así como para promover el bienestar y la longevidad.

TÚ SÍ PUEDES SER FELIZ PASE LO QUE PASE

RICHARD CARLSON
154 págs.

Cinco principios que tu terapeuta nunca te reveló
Esta sencilla y práctica guía nos enseña que podemos ser felices ahora mismo, incluso antes de haber resuelto nuestros problemas. Basta con entender y practicar cinco sencillos principios para descubrir un nuevo modo de vivir que nos permite expresar nuestras emociones naturales y librarnos de sentimientos y pensamientos negativos.

Si deseas recibir información gratuita sobre nuestras novedades

- Llámanos

o

- Manda un fax

o

- Manda un e-mail

o

- Escribe

o

- Recorta y envía esta página a:

ARKANO BOOKS

Alquimia, 6
28933 Móstoles (Madrid)
Tel.:   (91) 614 53 46
Fax: (91) 618 40 12
e-mail: alfaomega@sew.es - www.alfaomegadistribucion.com

Nombre: ....

Primer apellido: ....

Segundo apellido: ....

Domicilio: ....

Código Postal: ....

Población: ....

País: ....

Teléfono: ....

Fax: ....

Chakras